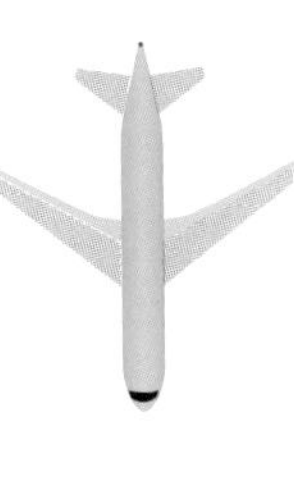

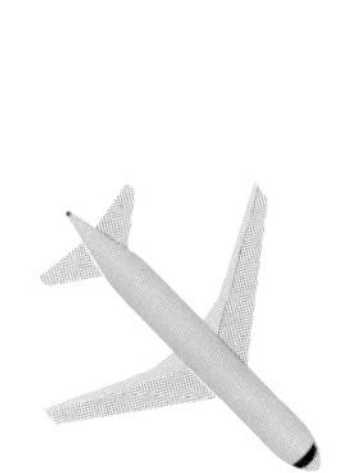

나만의 여행을 찾다보면 빛나는 순간을 발견한다.

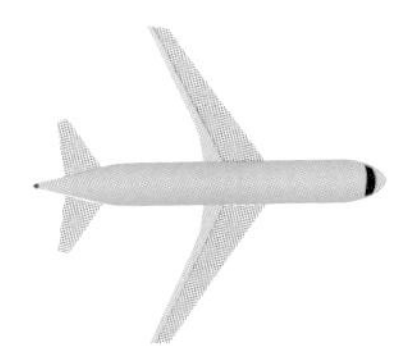

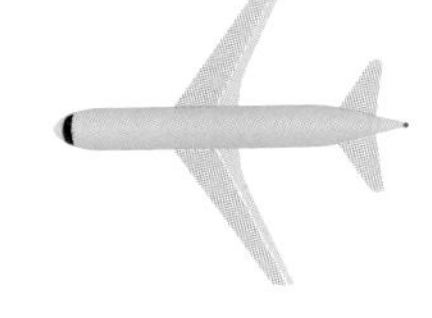

잠깐 시간을 좀 멈춰봐.
잠깐 일상을 떠나 인생의 추억을 남겨보자.
후회없는 여행이 되도록
순간이 영원하도록
Dreams come true.

Right here.
세상 저 끝까지 가보게

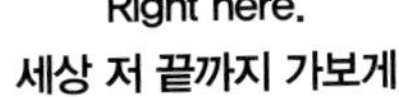

뉴 노멀New normal 이란?

흑사병이 창궐하면서 교회의 힘이 약화되면서 중세는 끝이 나고, 르네상스를 주도했던 두 도시, 시에나(왼쪽)와 피렌체(오른쪽)의 경쟁은 피렌체의 승리로 끝이 났다. 뉴 노멀 시대가 도래하면 새로운 시대에 누가 빨리 적응하느냐에 따라 운명을 가르게 된다.

전 세계는 코로나19 전과 후로 나뉜다고 해도 누구나 인정할 만큼 사람들의 생각은 많이 변했다. 이제 코로나 바이러스가 전 세계로 퍼진 상황과 코로나 바이러스를 극복하는 인간의 과정을 새로운 일상으로 받아들여야 하는 뉴 노멀New normal 시대가 왔다.

'뉴 노멀New normal'이란 시대 변화에 따라 과거의 표준이 더 통하지 않고 새로운 가치 표준이 세상의 변화를 주도하는 상태를 뜻하는 단어이다. 2008년 글로벌 금융위기를 겪으면서 세계 최대 채권 운용회사 핌코PIMCO의 최고 경영자 모하마드 엘 에리언Mohamed A. El-Erian이 그의 저서 '새로운 부의 탄생When Markets Collide'에서 저성장, 규제 강화, 소비 위축, 미국 시장의 영향력 감소 등을 위기 이후의 '뉴 노멀New normal' 현상으로 지목하면서 사람들에게 알려졌다.

코로나19는 소비와 생산을 비롯한 모든 경제방식과 사람들의 인식을 재구성하고 있다. 사람 간 접촉을 최소화하는 비대면을 뜻하는 단어인 언택트Untact 문화가 확산하면서 기업, 교육, 의료 업계는 비대면 온라인 서비스를 도입하면서 IT 산업이 급부상하고 있다. 바이러스가 사람간의 접촉을 통해 이루어지므로 사람간의 이동이 제한되면서 항공과 여행은 급제동이 걸리면서 해외로의 이동은 거의 제한되지만 국내 여행을 하면서 스트레스를 풀기도 한다.

소비의 개인화 추세에 따른 제품과 서비스 개발, 협업의 툴, 화상 회의, 넷플릭스 같은 홈 콘텐츠가 우리에게 다가오고 있으며, 문화산업에서도 온라인 콘텐츠 서비스가 성장하고 있다. 기업뿐만 아니라 삶을 살아가는 우리도 언택트Untact에 맞춘 서비스를 활성화하고 뉴 노멀New normal 시대에 대비할 필요가 있다.

뉴 노멀(New Normal) 여행

뉴 노멀New Normal 시대를 맞이하여 코로나 19이후 여행이 없어지는 일은 없지만 새로운 여행 트랜드가 나타나 우리의 여행을 바꿀 것이다. 그렇다면 어떤 여행의 형태가 우리에게 다가올 것인가? 생각해 보자.

장기간의 여행이 가능해진다.

바이러스가 퍼지는 것을 막기 위해 재택근무를 할 수 밖에 없는 상황에 기업들은 재택근무를 대규모로 실시했다. 그리고 필요한 분야에서 가능하다는 사실을 알게 되었다. 재택근무가 가능해진다면 근무방식이 유연해질 수 있다. 미국의 실리콘밸리에서는 필요한 분야에서 오랜 시간 떨어져서 일하면서 근무 장소를 태평양 건너 동남아시아의 발리나 치앙마이에서 일하는 사람들도 있다.
이들은 '한 달 살기'라는 장기간의 여행을 하면서 자신이 원하는 대로 일하고 여행도 한다. 또한 동남아시아는 저렴한 물가와 임대가 가능하여 의식주를 저렴하게 해결할 수 있다. 실리콘밸리의 높은 주거 렌트 비용으로 고통을 받지 않는 새로운 방법이 되기도 했다.

자동차 여행으로 떨어져 이동한다.

유럽 여행을 한다면 대한민국에서 유럽까지 비행기를 통해 이동하게 된다. 유럽 내에서는 기차와 버스를 이용해 여행 도시로 이동하는 경우가 대부분이었지만 공항에서 차량을 렌트하여 도시와 도시를 이동하면서 여행하는 것이 더 안전하게 된다.

자동차여행은 쉽게 어디로든 이동할 수 있고 렌터카 비용도 기차보다 저렴하다. 기간이 길면 길수록, 3인 이상일수록 렌터카 비용은 저렴해져 기차나 버스보다 교통비용이 저렴해진다. 가족여행이나 친구간의 여행은 자동차로 여행하는 것이 더 저렴하고 안전하다.

소도시 여행

여행이 귀한 시절에는 유럽 여행을 떠나면 언제 다시 유럽으로 올지 모르기 때문에 한 번에 유럽 전체를 한 달 이상의 기간으로 떠나 여행루트도 촘촘하게 만들고 비용도 저렴하도록 숙소도 호스텔에서 지내는 것이 일반적이었다. 하지만 여행을 떠나는 빈도가 늘어나면서 유럽을 한 번만 여행하고 모든 것을 다 보고 오겠다는 생각은 달라졌다.

유럽을 여행한다면 유럽의 다양한 음식과 문화를 느껴보기 위해 소도시 여행이 활성화되고 있었는데 뉴 노멀New Normal 시대가 시작한다면 사람들은 대도시보다는 소도시 여행을 선호할 것이다. 특히 유럽은 동유럽의 소도시로 떠나는 여행자가 증가하고 있었다. 그 현상은 앞으로 증가세가 높을 가능성이 있다.

호캉스를 즐긴다.

타이완이나 동남아시아로 여행을 떠나는 방식도 좋은 호텔이나 리조트로 떠나고 맛있는 음식을 먹고 나이트 라이프를 즐기는 방식으로 달라지고 있다. 이런 여행을 '호캉스'라고 부르면서 젊은 여행자들이 짧은 기간 동안 여행지에서 즐기는 방식으로 시작했지만 이제는 세대에 구분 없이 호캉스를 즐기고 있다. 유럽에서는 아프리카와 가까운 지중해의 몰타가 호캉스를 즐기기 좋은 곳으로 유럽여행자들에게 인기를 끌고 있다.

코로나 바이러스로 인해 많은 관광지를 다 보고 돌아오는 여행이 아닌 가고 싶은 관광지와 맛좋은 음식도 중요하다. 이와 더불어 숙소에서 잠만 자고 나오는 것이 아닌 많은 것을 즐길 수 있는 호텔이나 리조트에 머무는 시간이 길어졌다. 심지어는 리조트에서만 3~4일을 머물다가 돌아오기도 한다.

환상적인 그리스의 섬에서 하루를?

그리스에는 6,000개가 넘는 섬들이 이오니아와 에게 해에 위치하고 있다. 신혼여행뿐만 아니라 오래 머무르고 싶은 장기 여행자가 늘어나면서 가장 아름다운 해변, 자연의 불가사의, 유적지를 간직한 섬에서 지내고 싶어 한다.

어떤 섬들은 여름 동안 파티 명소로 유명하지만, 연중 내내 기온이 온화하고 동굴 탐험부터 거북이 관찰까지 다양할 즐길 거리가 있는 그리스 섬들은 봄부터 가을까지 인기가 많다. 고대부터 유적을 간직한 도시국가, 그리스 요리나 수상 스포츠 등 그리스 섬에서는 특별한 경험들을 저렴하게 원하는 대로 해볼 수 있다.

Mikonos
미코노스

미코노스는 6월부터 9월까지 성수기에는 키클라데스 최고의 '파티 섬'이라는 명성을 누리지만, 하얀 교회들, 16세기 풍차, 길게 이어진 백사장이 미코노스에서 지내고 싶도록 만든다. 해안가에서 전통적인 그리스 해산물 요리를 즐기거나, 미코노스 마을의 좁고 구불구불한 거리를 따라 상점과 바Bar를 방문하면서 행복하게 현지에 젖어 들 수 있다.

새벽까지 칵테일을 마시고 싶다면 파라다이스 비치에서 밤늦게까지 즐겨보자. 여름 동안 세계적으로 유명한 DJ들이 수상 경력이 있는 나이트클럽에 출연하여 어디든 사람들로 인산인해이다.

Santorini
산토리니

키클라데스의 화산섬인 산토리니는 미코노스와 함께 그리스를 대표하는 섬이다. 산토리니는 다양한 빛깔의 절벽, 검고 붉은 해변, 시골의 포도원, 거대한 화산 분화구 덕분에 전 세계인들의 관심을 받고 있다. 산토리니에는 다른 섬들 같이 백사장 해변은 없을지 몰라도 명소, 아름다운 풍경, 새하얀 주택과 교회들이 있는 매력적인 언덕 마을이 있다.

고풍스러운 마을, 고대 유적지, 절벽과 아름다운 경치를 감상할 수 있는 세계 최고의 하이킹 투어도 오래 머문다면 가볼만 하다. 절벽 꼭대기 마을인 칼데라스에서 현지인들과 와인과 음식을 즐겨보자. 신혼부부들은 보트 투어를 하거나 섬 온천에서 수영을 즐기며 휴식을 취하는 것을 좋아한다.

Corfu
코르푸

1864년 그리스와 통합된 코르푸는 영국, 프랑스, 베네치아 통치하에서 보낸 세월을 반영하는 건축과 문화가 있어 관광객보다 그리스인들이 선호하는 섬이다. 거친 산세와 녹음이 해안과 외딴 만의 자연적 화려함을 더해주고 있고, 코르푸에서 가장 오래된 마을인 올드 페리시아를 둘러싼 포도원에서 휴식과 와인 시음 투어를 즐기면서 하루를 보낼 수 있다.

역사에 관심이 많다면 코르푸 타운의 베네치아 양식의 요새와 팔레이오 카스트리차에 있는 13세기에 지어진 수도원이 유명하다. 섬 전체를 보려면 판토크라토르 산의 정상에 올라가면 탁 트인 전망에 놀랄 것이다.

Milos
밀로스

밀로스는 훼손되지 않은 자연경관 덕분에 '색채의 섬'이라는 별명을 얻은 키클라데스의 화산섬이다. 청록색 바다로 이어지는 바위산들은 현지인들의 사랑을 받아 왔지만, 조용한 섬을 찾는 해외 관광객은 비교적 드물기 때문에 때 묻지 않은 섬이라고 부르는 것이다.

아마 해안의 전망과 어딘가 다른 세상을 연상시키는 지형으로 유명할 것이다. 뼈처럼 새하얀 화산암에 둘러싸인 만에서 일광욕을 즐기고 싶다면 사라키니코 해변으로 가자. 클레프티코 해변에서 바닷물을 통해서만 접근할 수 있는 동굴과 노두 지역은 탐험의 대상이다. 머무는 동안 2천여 년 이전으로 거슬러 올라가는 밀로스의 고대 지하 카타콤도 추천한다.

Crete
크레타

크레타 섬은 유럽에서 가장 오래된 도시가 있는 섬으로 섬 자체가 커서 볼거리가 많다. 많은 해변, 숨겨진 술집, 여름의 파티 분위기 덕분에 유럽의 많은 해외 관광객들이 몰려드는 곳이지만, 기원전 7,000년부터 이어져 온 도시인 크노소스의 궁전은 역사에 관심이 있다면 찾아가고 싶은 섬이기도 하다.

미노아 궁전과 청동기 시대의 고고학적 유적으로 독특하게 느껴지는 크레타 섬은 산맥, 계곡, 해변에서 붐비는 인파를 벗어나 평화롭게 쉴 수 있는 해변이 많기도 하다. 크레타 사람들이 세계 최고의 해변이라고 부르는 엘라포시니 해변에서 일광욕을 즐겨보고, 전통적인 타베르나에 음료 몇 잔을 마시고 말리아에 가서 해가 뜰 때까지 파티를 즐기며 여유를 가져보는 것도 추천한다.

Rodos
로도스

유네스코 세계 유산 도시가 있는 로도스는 도데카니사 제도 중 가장 큰 섬이다. 로도스 섬이 활기는 띠는 여름에는 나이트클럽으로 파티를 즐기는 사람들이 전 세계에서 모여든다. 중세 성곽, 고대 유적지, 그림 같은 마을, 모래사장 해변이 있는 로도스 섬은 1년 내내 인기가 있다.

섬과 같은 이름의 로도스 시는 섬에서 가장 크고 오래된 도시로 풍부한 문화유산과 중세의 매력으로 유네스코 세계 유산 도시로 지정되었다. 박물관, 고고학 유적지, 모래사장 외에도 로도스 섬은 온천, 울창한 초목의 풍경 등 자연의 경이로움을 확인할 수 있다.

Zakynthos
자킨토스

그릿의 아름다운 해변을 보여주는 엽서를 한번 더 보게 만드는 해변, 거북이, 수상 스포츠로 한번쯤은 봤던 섬이다. 자킨토스의 북쪽과 서쪽은 산지가 대부분을 차지하며, 그리스에서 가장 사진이 예쁘게 나오는 해변들이 동부 해안을 따라 퍼져있다.

새하얀 석회암 절벽, 황금빛 모래사장, 바다 동굴의 천장을 비추는 청록색 바다가 펼쳐지는 황홀한 섬이다. 자킨토스는 그림같이 예쁜 섬들로 둘러싸여 있는데, 거북이 섬이라고도 불리는 라가나스Raganas 해변에서는 유리 바닥 보트 투어로 거북이를 쉽게 볼 수 있다.

Naxos
낙소스

그리스에서 미국의 하와이 느낌을 받고 싶다면 낙소스를 추천한다. 거의 100km에 달하는 모래사장과 맑은 바닷물이 있는 낙소스는 '그리스의 하와이'로 불린다. 자연 그대로의 아름다움 외에도 낙소스는 유려한 역사가 살아 숨 쉬는 곳이에요. 중세의 베네치아 저택, 고대 그리스 유적지, 13세기에 지어진 언덕 꼭대기 성곽과 많은 박물관이 있어요.

서쪽 해안으로 가면 수상 스포츠, 스노클링, 일광욕을 즐기는 사람들을 볼 수 있고, 구시가지의 좁은 골목을 걸어 다니며 간단한 음식도 즐길 수 있다. 해변에서 여유를 즐기고 싶다면 해안가 옆의 전통 바에서 테이블을 잡고 낙소스 토종 시트러스 리큐어인 키트론 몇 잔을 마셔보자.

아테네에서 어디를 꼭 가야할까?

매력이 넘치는 역사적인 도시인 아테네는 잊히지 않은 유럽의 도시이다. 로마보다 앞선 고대 건축물과 유적지에 활기찬 광장과 시장들이 따뜻하고 맑은 하늘을 선사하고 밤에도 활기차 관광객들의 사랑을 받기에 부족함이 없다. 과거를 깊이 파고들거나 그리스 요리에 빠지거나 사람들의 생활을 만끽하며 아테네를 구경하다 보면 하루는 너무나 빨리 지나간다.

신타그마 광장 (Syntagma Square)

아테네 구경을 시작하기 가장 좋은 장소인 신타그마 광장은 도시에서 가장 눈에 띄고 번화한 장소이다. 도시의 교통 연결을 위한 중심 허브이며, 주변에는 고급 호텔들로 둘러싸인 광장이 왜 관광객과 현지인에게 인기 있는 만남의 장소인지 쉽게 알 수 있다. 광장에는 신타그마 분수, 무명용사의 무덤과 광장의 한 측면 전체를 차지하는 그리스 의회 건물이 계단 위에 있다.

주소_ Syntagma Square, Athens 105 63, Greece

경비대 교대식

신타그마 광장의 계단 위로 올라가면 맞은편에는 죽은 그리스 군인들을 기념하는 무명의 용사 기념비가 있다. 그리스의 엘리트 부대이자 대통령 경비대인 에브조네스가 24시간 내내 기념비를 지키며 매시간 교대식을 한다. 경비대는 전통적인 옷차림의 에브조네스 행진을 하면서 교대식을 하기 때문에 관광객들은 정시에 맞춰 교대식을 구경할 수 있다.

관광개이 구경하기 좋은 시간은 대규모 교대식이 열리는 일요일 오전 11시이다. 그리스의 엘리트 부대인 '에브조네스'는 주름 잡힌 흰색 킬트인 푸스타넬라 전통 의상을 입고 있으며, 의식에는 전체 경비대와 군악대가 참여한다.

주소_ Leoforos Vasilisis Amalias 133, Athens 105 57, Greece

아크로폴리스(Acropolis)

유네스코 세계문화유산으로 등재되어 있고 기원전 448년에 세워진 유구한 역사를 지닌 아크로폴리스는 서유럽에서 가장 중요하고 영향력 있는 고대 유적지이다. 아테네로 여행을 왔다면 누구나 찾아가야 하는 건축적으로 놀라운 집성체를 돌아보지 않을 수 없을 것이다. 아크로폴리스에서도 파르테논이 절정을 이룬다.

아크로폴리스는 신타그마 광장에서 도보로 20분 거리에 있지만, 도착해서도 꼭대기까지 가파른 길을 올라가야 하고 한 두 시간은 걸어 다녀야 하므로 택시를 타는 것을 추천한다. 사전에 덥고 목이 마르기 때문에 모자, 선크림, 물을 준비하면 휴식을 취하기 좋다.

주소_ Acropolis of Athens, Athens 105 58, Greece
시간_ 8~20시(11~3월은 15시까지)

아크로폴리스 박물관(Acropolis Museum)

아테네의 고대 아크로폴리스를 탐험했다면, 이제 역사적인 유적의 과거에 대한 더 깊은 통찰력을 갖고 싶다면 아크로폴리스의 남쪽 기슭에 있는 아크로폴리스 박물관을 방문하자. 안으로 들어가면 시간의 시련을 견뎌내고 아크로폴리스 고고학 유적지의 바위에서 발견된 4,250여 개의 유적지와 유물을 구경할 수 있다. 꼭대기 층의 매혹적인 파르테논 조각 갤러리는 박물관의 핵심 유적이다.

시간_ 4~10월 화~일요일 8~20시(월요일 16시까지 / 금요일 22시까지)
11~3월 월~목요일 9~17시, 토~일요일 20시까지 / 금요일 22:00까지)

모나스티라키 (Monastiraki)

아테네의 구시가지에 있는 모나스티라키는 활기찬 벼룩시장으로 매장, 베이커리, 전통 술집이 많다. 지역은 모나스티라키 광장을 중심으로 이루어지는데, 여기 있는 동안 서기 132년에 지어진 하드리안 도서관에 방문하는 것도 좋다. 모나스티라키에는 아크로폴리스의 멋진 전망을 선사하는 루프탑 가든과 바Bar도 많다.

리카비투스 산

아테네의 최고 전망을 볼 수 있는 곳으로 도시의 중심부에 우뚝 서 있는 산이 바로 리카비투스 산이다. 277m 높이로 솟은 중생대 백악기에 형성된 산은 아테네의 7개의 산 중 가장 높고 도시의 탁 트인 전망을 감상할 수 있다. 언덕 꼭대기까지 걸어서 올라갈 수도 있지만 편하게 케이블카를 타고 올라갈 수도 있다. 정상에 자리 잡은 19세기에 지어진 세인트 조지 채플은 야외극장이자 해산물 레스토랑이 되었다. 일몰이 가장 아름다우므로 오후 늦게 가도록 하자.

중앙 시장

고기, 생선, 농산물을 팔기도 하지만 오전이 지나면 다양한 물품을 파는 시장으로 변화한다. 시장의 활기차고 생동감 있는 모습과 소리, 냄새를 느껴보는 좋은 방법이다. 관광 기념품 같은 건 없어서 관광객을 위한 전형적인 시장은 아니지만, 다양한 방식으로 현지 문화의 맛을 느끼게 해준다.

Contents

그리스 여행에 꼭 필요한 INFO | *60*

Intro

고대 남부 유럽에서 서구 문명의 뿌리에 대해 알아보고 지중해 섬에서 따사로운 태양을 만날 수 있는 나라가 그리스가 아닐까? 이렇게 많은 사람들이 이야기를 해도 어릴 때 그리스를 여행할 때마다 나에게는 뜨거운 태양과 보존되지 않고 파괴된 채 나뒹구는 유적지를 방치한 나라가 그리스였다.
그 어느 곳도 그리스만큼 고전 문명이 살아 있는 곳은 없다고 이야기해도 그리스 어디에서 고전문명을 봐야 할지 모르는 곳이 아테네였다. 단지 아크로폴리스의 파르테논 신전을 보고 고전 문명이 살아있다는 것인지 도대체 그런 이야기를 왜 하는지 모르는 도시가 아테네였다.

초등학교 때 나에게 그리스 신화는 왜 읽어야 하는지 모르는, 신들은 왜 이런 행동을 하는지 알 수가 없는데도 읽어야 하는 책이라고 떠넘기는 책이 그리스 신화였다. 그렇게 잊혀지는 기억의 저편에 있던 내가 아주 우연히 동유럽을 올라가기 위해 지나치던 아테네에서 베트남계 그리스인 친구를 알게 되면서 관심의 도시로 올라오게 된 도시, 아테네에서 하루를 넘겨 일주일이나 지내며 섣부르게 판단하지는 않았는지 생각하면서 그리스는 나에게 다가왔다.

화려한 도시국가들의 시대만을 생각하고 방문하는 아테네, 아니면 신혼여행이나 휴양을 위해 찾는 그리스는 고대 유적지가 마치 설치된 작품처럼 도시 곳곳에 생활하는 장소로 존재하고 있다. 수천 마일로 뻗어 있는 지중해의 해변과, 최고 인기 휴양지로 수백 개의 아름다운 섬을 찾는 나라가 그리스이다.

많은 사람들은 고대 문명과 바다를 그리스와 연결한다. 하지만 메테오라 수도원도 절대 놓치지 말아야 할 그리스 관광지 중 하나이다. 그리스 본토의 중앙 산맥에 위치한 이 수도원들은 침략자들로부터 스스로를 보호하기 위해 높은 암석 기둥 위에 지어졌다. 이곳에 오면 기둥으로 조각된 계단을 따라 올라야 하며, 바위 절벽의 높은 지점에서 암석 지형을 내다볼 수 있다.

그리스의 에게 해는 마치 바닷물에 파란 물감을 풀어 놓은 것 같은 짙은 파란색이다. 앞이 탁 트인 에게 해의 맑은 바다 위호 작은 고깃배와 요트가 드문드문 떠 있다. 햇볕이 너무 쨍쨍 해서 밖에 나갈 엄두가 안 난다. 그리스는 여름에 비가 거의 내리지 않기 때문에 공기가 바스라져 버릴 듯 건조한 기분이 든다. 이렇게 그리스는 푸른 바다와 뜨거운 태양을 마음껏 즐길 수 있는 나라이다.

바다를 향해 툭 튀어나온 그리스 반도와 6천개가 넘는 섬이 에게 해를 빙 둘러싸고 있는 그리스는 해안에는 문어가 많이 잡히고, 그리스인들은 문어 구이를 좋아한다. 그리스의 어느 섬이든 육지 안쪽으로 굽어 들어온 만이 잘 발달되어 배를 대기에 좋다. 항해하는 배들이 잠시 머물 수 있는 섬이 많아서 그리스 사람들은 오랜 옛날부터 배를 타고 바다로 뻗어 나갔다. 에게 해에서 지중해로 나가 유럽과 아프리카, 아시아를 오가며 여러 나라와 교류하며 살아온 그리스는 지금은 위기를 겪고 있지만 여행을 하다보면 위기인지 모르는 나라가 또한 그리스이다.

Blue Star Ferries

ABOUT 그리스

그리스는 찬란하게 꽃이 핀 고대 문명의 산실이며 고대 그리스의 정치, 역사, 과학, 수학, 문학 등 오늘날 서구 문화의 기초를 세운 나라이다. 그리스의 많은 유적을 마주하고 역사와 신화에서 상상력을 발휘하는 즐거움을 만날 수 있다. 그리스에는 산토리니뿐만 아니라 수많은 아름다운 섬이 있고 내륙에는 아테네 위로 메테오라, 데살로니키의 역사적인 도시가 관광객을 끌어들이고 있다.

GREECE

MACEDONIA
마케도니아
THRACE
테라스
EPIRUS
에피루스
THESSALY
테살리아
CENTRAL GREECE
센트럴 그리스
ATTICA 아티카
PELOPONNESE
펠로폰네소스
AEGEAN SEA
에게 해
CYCLADES
키클라데스 제도
DODECANESE
도데카네스 제도
CRETE
크레타
Serres
세라이
Drama
드라마
Xanthi
크산티
Komotini
코모티니
Alexandroupoli
알렉산드루폴리
Kavala
카발라
Kilkis
킬키스
Goumenissa
구메니사
Thessaloniki
테살로니키
Edessa
에데사
Florina
플로리나
Amyntaio
아민테오
Naoussa
나우사
Kastoria
카스토리아
Kozani
코자니
Grevena
그레베나
Katerini
카테리니
Polygyros
폴리이로스
Mt Athos
아토스
Neos Marmaras
네오스 마르마라스
Mt Meliton
멜리톤
Lemnos
렘노스
Rapsani
랍사니
Larisa
라리사
Meteora
메테오라
Zitsa
지차
Ioannina
요아니나
Kerkyra
케르키라
Trikala
트리칼라
Karditsa
카르디차
Messenikolas
Volos
볼로스
Nea Anchialos
네아 안치알로스
Arta
아르타
Corfu
코르푸
Preveza
프레베자
Skiathos
스키아토스
Skopelos
스코펠로스
Mytilini
미틸레네
Lamia
라미아
Karpenisi
카르페니시
Skiros
스키로스
Amfisa
암피사
Delfi
델피
Thiva
테베
Evia
에비아
Chios
키오스
Patras
파트라스
Korinthos
코린토스
Nemea
Athina
아테네
Zakynthos
자킨토스
Pyrgos
피르고스
Andros
안드로스
Samos
사모스
Tinos
티노스
Ioulis
이우리스(현, 케아)
Nafplio
나플리오
Epidavros
에피다우로스
Ikaria
이카리아
Mikonos
미코노스
Kithnos
키트노스
Tripoli
트리폴리
Hydra
이드라
Serifos
세리포스
Paros
파라스
Naxos
낙소스
Kalamata
칼라마타
Sparti
스파르티
Apolonia
아폴로니아
Amorgos
아모르고스
Ios
이오스
Monemvassia
모넴바샤
Milos
밀로스
Folegandros
폴레간드로스
Sikinos
시키노스
Astipalea
아스티팔라이아
Santorini
산토리니
Chania
카니아
Rethymno
레팀논
Archanes
아르차네스
Agios Nikolaos
아요스니콜라오스
Sitia
시티아

그리스는 지중해로 뻗어 있는 발칸 반도의 끝에 자리잡고 있다. 북쪽으로는 알바니아, 마케도니아, 불가리아와 맞닿아 있고 에게해 너머로 터키와 마주하고 있다.

국가 기본 정보

정식 국명 | 그리스 공화국 The Hellenic Republic
수　　도 | 아테네(Athens)
면　　적 | 131만 957㎢(강원도 면적의 약 2배)
인　　구 | 약 1,100만 명
정부 형태 | 의원내각제
공 용 어 | 그리스어
통　　화 | 유로(Euro)
환　　율 | 1유로 = 약 1270원(2017년 3월 기준)
국가번호 | +30
비　　자 | 무비자90일간 체류가 가능 (비자면제협정)
시　　차 | 우리나라보다 7시간 느림 (서머타임 기간에는 6시간)
전　　압 | 220V(콘센트 모양 동일)

긴급 연락처

경　찰 | 100(여행 경찰 171)
아테네 경찰서 | 21077-05711
구급차 | 166

대한민국 대사관(아테네)

홈페이지 | http://grc.mofat.go.kr
주　　소 | Athens Tower A building 19th Fl, 2 Mesogion Ave, 115 27 Athens, Greece
근무시간 | 월~금 08:00~16:00 (7~8월 여름시즌에는 15:00)
전　　화 | 21069-84080~2

공휴일/기념일

1월 1일 | 신년
1월 6일 | 주현절
3월 25일 | 독립 기념일
4월 20~21일 | 부활절과 다음 월요일
5월 1일 | 노동기념일
6월 8일 | 성령강림절
8월 15일 | 성모승천일
10월 28일 | 국가기념일
12월 25~26일 | 크리스마스 연휴

날씨 / 여행 시기

지중해성 기후로 유명한 그리스는 어느 계절에나 여행이 가능하지만 비가 거의 오지 않고 30도이상 올라가는 기온으로 6월~9월까지 그리스 섬에서 휴가를 즐기는 관광객들이 대부분이다. 나머지 계절에는 주로 아테네를 중심으로 여행을 한다.

특히 봄부터 가을까지는 자외선지수가 매우 높아 모자와 선글라스를 착용하고 여행을 즐기는 것이 좋다. 11~3월까지의 겨울에는 비가 자주오므로 우산을 챙겨야 한다. 겨울은 우리나라 11월 정도의 날씨와 비슷하지만 그리스 섬에서는 바람이 강해 우리나라의 겨울과 똑같은 기후효과를 느끼게 될 것이다.

문 화

그리스는 4세기 말부터 비잔티움 제국의 지배를 받으면서 동방교회가 주축을 이뤘다. 아직도 그리스 정교를 중심으로 서유럽과는 다른 기독교 문화를 꽃피우게 된다.

그리스에서 쉽게 볼 수 있는 올리브 나무로부터 식재료를 얻고, 에게해의 신선한 생선을 즐기는 식습관으로 대체적으로 수명이 길다.

축 제

1월 1일 새해 파트라 축제

그리스 새해 첫날, 술의 신인 바쿠스를 기리는 고유의상을 입고 민속춤을 추며 그리스 사람들이 축제를 벌인다.

2월 11~22일 치크노 벰티

12명의 신화에 나오는 고기를 좋아하는 신들에게 고기를 바치면서 즐기는 축제로 약 2주간의 축제기간 동안 주로 고기요리를 먹는다. 축제의 마지막 날인 22일에는 '클린 먼데이'라 하여 축제가 절정으로 치닫는다.

전화와 인터넷

전화

휴대폰 로밍은 자동으로 되기 때문에 편리해졌다. 무제한 데이터, 매일 9,000~9,900원의 비용으로 많이 사용한다.

그리스 지역번호 | 아테네 210 / 델피 6932
메테오라 24320 / 코린토스 27410
미코노스 22890 / 산토리니 22860

한국 → 그리스

① 통신사 번호 누르기
② 국가번호 + 30을 누르고 지역번호 + 전화번호

예 : (통신사번호)+30(국가번호)+지역번호+ 상대방 번호

그리스 → 한국

① 00을 누르기.
② 국가번호(+82) + 0을 뺀 지역번호 + 전화번호 입력

예 : 00+82(국가번호) + 2(0을 뺀 지역번호) + 3474 2527(전화번호입력)

국제전화카드

① 전화카드에 적혀있는 카드회사별 '접속번호'를 누르기
② 카드 뒷면의 '비밀번호 Pin Number'를 누르기
③ 상대방 전화번호 누르기

예 : 00 + 82(대한민국 국가번호) + 10(0을 뺀 휴대폰 앞자리)
+ 3474 2527(010을 뺀 휴대폰 뒷자리)

인터넷

그리스 대부분 무료로 인터넷 사용이 가능하다. 호스텔, 호텔, 음식점이나 카페에서도 무료인터넷이 가능하다.

그리스 사계절

지중해성 기후인 그리스는 여름에 온도는 높으나 습도가 낮아 쾌적하지만 햇볕이 정말 강하다. 겨울에는 많이 춥지는 않지만 비가 자주 내린다. 아테네의 여행 최적기는 봄과 가을이지만 대부분의 관광객은 여름에 밀려든다. 그래서 5월이나 10월초에 주요 해변과 고대유적지는 성수기가 아니므로 한가롭게 즐길 수 있다.

봄
Spring

그리스의 봄은 4월부터 온도가 올라가기 시작하면서 시작된다. 평균 최저기온이 9.6℃, 평균 최고기온이 20.2℃로 서울의 기온과 비슷하다. 월평균 일교차는 10.6℃로 큰 편이다. 월평균 강수량은 30.8㎜이고 월평균 강수일수는 8.1일로 비가 지속적으로 내리기 때문에 우산은 필수이다. 한낮엔 야외활동하기 적당한 날씨로 얇은 긴 소매 옷과 같은 봄옷을 준비해 가시는 좋으나 일교차로 인해 아침저녁으로 쌀쌀할 수 있으므로 가벼운 겉옷을 챙겨가야 한다.

5월초는 대한민국의 봄~초여름 기후와 비슷하게 변하지만 일교차가 크기 때문에 얇은 겉옷을 준비해 가는 것이 좋다. 얇은 긴 소매 옷을 많이 챙기면 점점 뜨거워지는 햇볕을 막을 수 있다. 5월부터는 비가 많은 때는 아니지만, 만약을 대비해 우산 하나 챙기는 것도 좋다.
5월 말부터 그리스의 관광객은 밀려들기 시작하므로 5월에 그리스 여행이 여유롭고 날씨가 좋은 시기이다.

여름 Summer

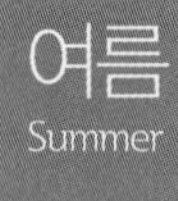

그리스의 여름은 내륙은 아침, 저녁으로 기온이 낮은 반면 해안 지역은 건조하고 덥다. 평균기온은 여름이 26℃~28℃이라서 여행하기에 덥지만 그늘로 들어가면 서늘하기 때문에 좋은 날씨를 가지고 있다고 볼 수 있다. 그래서 그리스 여행의 성수기는 날씨가 좋은 6~9월인데 그리스의 성수기인 만큼 숙박료는 매우 비싸다.

남부의 산토리니는 여름 성수기에는 덥고 강한 햇살을 즐기려는 여행자가 많지만 자외선이 강하므로 사전에 선크림을 바르고 이동하는 것이 현명하다. 또한 숙박을 구하기 힘들고 비싸지므로 반드시 사전에 예약을 하고 여행을 해야 한다.

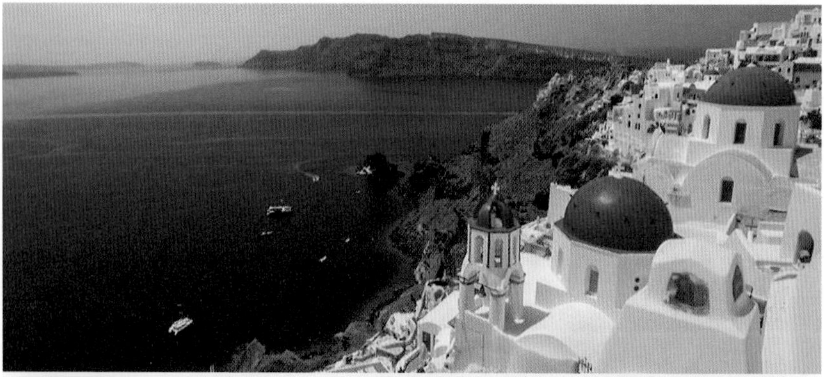

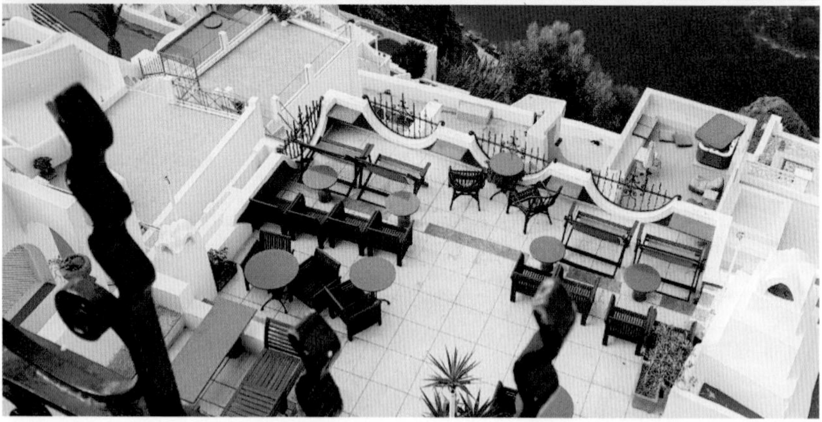

가을
Autumn

그리스의 가을은 평균 최저기온이 13.4℃, 평균 최고기온이 23.3℃로 우리나라의 날씨와 비슷하다. 평균 일교차는 9.9℃로 큰 편이며, 평균 강수량은 52.6mm, 평균 강수일수는 7.2일로 비가 자주 오지 않는다.

그리스의 가을 여행에서 선선한 봄, 가을 날씨를 보이기 때문에, 일교차가 다소 큰 편이기 때문에 입었다 벗을 수 있는 옷을 준비하는 것이 좋다.

11월부터 점차 쌀쌀해지고 비오는 날이 많아지지만 대한민국의 가을 날씨와 비슷하다. 여행하기에 좋은 덥지도 춥지도 않은 날씨를 보인다. 11월부터는 약간 두꺼운 긴 소매 옷을 준비하여 아침저녁으로 조금 쌀쌀한 날씨에 대비하시는 것이 좋다.

겨울 Winter

그리스의 겨울은 평균 최저기온이 5.2℃, 평균 최고기온이 12.5℃로 낮에는 선선하고 밤에는 조금 쌀쌀한 기온분포를 보인다. 7.3℃의 평균 일교차를 보이고, 평균 강수량은 56.9㎜로 적은 편이다. 평균 강수일수는 12.6일로 여행 중 비가 내릴 가능성이 많다.

겨울에는 쌀쌀한 기운을 느낄 수 있기 때문에 얇은 긴 소매 옷을 여러겹 겹쳐입고, 얇은 외투와 함께 준비하는 게 좋다. 강수량은 적은 편이지만 비가 내릴 가능성이 있으므로 우산을 휴대하면 편리하다.

아름다운 지중해의 바다경관

그리스는 해양국가이다. 바다를 무대로 그리스 도시국가가 시작되었고 지금도 바다에서 활동하면서 경제가 이루어지고 있는 국가이다. 그리스에는 어디를 가나 지중해의 아름다운 해변과 잘 보존되어 있는 바다풍경을 보게 된다. 그래서 우리는 특히 여름에 그리스여행을 꿈꾸게 된다. 아직은 한정된 지역만 여행하지만 그리스여행을 하면 할수록 새로운 여행지를 찾게 될것이다.

친절한 사람들과 경제불안이 공존하는 도시풍경

여유를 즐길 줄아는 그리스사람들은 느리게 여행을 하고 여행자에게 더없이 친절하다. 하지만 그리스 경제위기로 여행하기가 꺼려지는 지역도 일부 있다. 그렇다고 그리스여행이 위험할것 같은 생각은 매우 잘못된 생각이다. 한때 역사를 호령하며 앞서나가던 문명에서 지금은 조금 뒤쳐진 그리스를 보며 대한민국을 생각해볼 수 있는 좋은 시간이 될 수 있다.

역사와 문화를 직접 보고 배우는 체험여행

그리스하면 에게해가 동시에 생각난다. 학교다닐 때 배우던 에게해의 크레타와 케네 문명으로 서양문명의 원류인 그리스에서 다양한 역사유적지와 에게해의 해변을 만끽할 수 있고, 역사와 문화를 동시에 체험할 수 있다. 그리스문명을 보고 감탄사를 내뱉는 여행자들은 역사여행이 이토록 재미있을 수 있다는 사실에 다시한번 감탄을 할 것이다.

안전한 그리스

경제위기 때문에 그리스여행이 위험하다는 생각에 망설이는 여행자들이 많다. 하지만 그리스의 대부분은 안전하다. 여행을 하다보면 안전에 민감해지는 순간도 있지만 그리스는 밤길에도 두렵지 않다. 그리스여행에서 조심해야할 주의사항만 미리 알고 간다면, 그리스는 아주 안전한 여행지이다.

다양한 즐거움 있다.

그리스는 다른 나라에 흔한 놀이동산도 없다. 그리스는 나라자체가 놀이동산보다 다이나믹한 즐거움이 곳곳에 있기 때문이다. 놀이동산의 만들어진 즐거움이 아니라 유적지와 푸르른 에게해의 순수한 아름다움이 당신을 빠져들게 할 것이다.

편리한 여행서비스

그리스는 아직 유럽내에서 발전이 늦은 나라라서 여행서비스가 불편하다고 선입견을 가질 수 있다. 환전도 불편하고 신용카드를 사용할 때도 불편하다고 생각하는 실수를 범하지 말자. 그리스는 여행을 하기가 편하도록 한곳에 몰려있는 여행사들과 곳곳에 조성되어 있는 아름다운 가게들을 조금만 걸어 다니면 원하는 여행을 할 수 있다. 숙소에서는 와이파이(Wifi) 사용이 가능한 곳이 많아 국내와 SNS로 연락을 하기도 좋다.

그리스 여행에서 꼭 가봐야 할 관광지 Best 6

신화가 역사가 되어 아직도 그 안에 살아 있는 그리스에서 꼭 가봐야 할 곳을 추천하기란 쉽지 않다. 산토리니Santorini, 미코노스Mykonos, 크레타Crete, 로도스Rhodes, 스코펠로스Skopelos, 스키아토스Skiathos, 자킨토스Zakynthos 등 에게 해Aegean Sea 위에 떠있는 수많은 섬도 어느 것 하나 지나칠 수 없다. 짧은 여행기간이라도 그리스 여행을 계획한다면 그리스의 대표적인 인기 관광지 Best 6는 꼭 놓치지 말자.

신들의 도시 아테네(Athens)

신화의 향이 진하게 풍기는 아테네Athens에서는 도보 여행을 추천한다. 우선 지혜의 신, 아테나Athena의 전설이 서린 아크로폴리스를 천천히 걸어서 방문할 것. 디오니소스Dionysos 극장과 아고라Agora, 음악당 등을 지나 니케 신전에 다다르면 마침내 그 웅장한 파르테논 신전Parthenn과 에레크테이온 신전Erechtheion이 모습을 드러낸다.

이들을 만났을 때의 전율은 그리스 여행의 시작에 불과할 뿐. 신 아크로폴리스 박물관 주변으로 대리석 바닥의 미로 같은 골목길에 들어서면 수블라키Souvlaki 천국이라 불리는 수많은 레스토랑과 카페, 그리고 고풍스러운 갤러리와 기념품 가게들이 늦은 밤까지 전 세계에서 온 관광객을 유혹한다. 인사동과 명동을 합쳐놓은 듯한 '플라카Placa 지구'에서 아테네의 또 다른 즐거움을 느낄 수 있다.

펠로폰네소스의 관문 시시포스의 코린토스(Corinth)

코린트 기둥 양식과 신약성서에 나오는 고린도 전후서로 우리에게 친숙한 코린토스Corinth(고린도)의 창건자가 시시포스 왕이란 것을 아는 사람은 많지 않다. 신화에서 시작된 코린토스Corinth는 로마에 의해 무너지고, 또 로마에 의해서 다시 세워졌다.
현재 아크로 코린트 산기슭에 자리한 건축물들은 기원전 44년, 로마 황제 줄리어스 시저가 재건한 도시의 모습이라고 생각하면 된다. 물론 지진에 의해 파괴되어 그다지 훌륭한 모습은 아니지만 과거 화려했던 코린토스Corinth의 영광을 상상하기엔 충분하다.

코린토스Corinth로 들어가기 위해 반드시 지나쳐야 하는 코린토스Corinth 운하는 보는 것만으로도 아찔한 기분이 든다. 코린토스Corinth 운하 위 다리에서 번지점프를 하는 프로그램도 있는데, 극한의 짜릿한 경험을 하고 싶다면 도전해도 좋다. 이 다리를 통과해야 미케네와 스파르타, 올림피아 같은 펠로폰네소스 반도의 유명 관광지로 들어갈 수 있다.

신탁의 도시 아폴론(Apollon)의 델피(Delphi)

고대 그리스인들은 델피Delphi를 '신화의 중심지'이자 '세계의 중심지'라고 믿었다. 해발 550m 산 중턱에 자리한 작고 아기자기한 마을로 델피Delphi는 아테네Athens에서 버스와 기차를 이용해 당일치기 투어로 다녀올 수 있다.

신화에 의하면 신들의 왕인 제우스가 세상의 중심을 확인하기 위해 독수리 두 마리를 양쪽 방향으로 날려 보냈는데, 두 마리의 독수리가 마주친 곳이 바로 델피Delphi였다. 이를 기념해 제우스는 그 장소에 기념비(옴파로스Omphalos)를 세웠다고 한다.

옴파로스Omphalos와 유적지에서 출토된 유물을 전시한 델피 박물관과 현관 벽에 '너 자신을 알라(γνωθι σεαυτόν, gnōthi seautón)'라고 쓰인 아폴론 신전을 비롯해 극장과 스타디움, 카스탈리아의 샘, 김나지움 등 고대의 흔적이 곳곳에 남아 있다. 매년 2000만 명이 방문하는 세계문화유산인 만큼 그리스에 간다면 한번쯤 꼭 방문해야 할 곳이다.

푸른 바다와 새하얀 산토리니(Santorini)

미코노스Mykonos와 크레타Crete 사이에 있는 산토리니Santorini 섬은 단연 그리스의 대표적인 섬이다. 하얀 종탑을 지닌 그리스 정교풍의 교회들이 지중해의 푸른 바다와 대비된 모습이 매우 이색적이다. 불그스레한 적갈색 토지에 올리브 나무가 덮여 있고, 산토리니만의 독특한 포도밭을 볼 수 있다. 바다와 절벽을 이루는 황량한 풍경도 인상적이다. 항구부터 절벽 위 마을까지 수백 개의 계단으로 연결되어 있는데, 당나귀택시를 타고 588개의 계단을 오르다보면 에게 해의 황홀한 풍광에 눈을 뗄 수 없다.

시리도록 파란 지붕과 순백의 벽으로 꾸며진 집들, 산토리니Santorini의 아름다운 풍광이 전 세계 여행자를 마법처럼 끌어들이고 있다. 참고로, 산토리니Santorini를 돌아보기에 렌터카만한 교통수단은 없다. 대한민국 운전면허증도 통용되고 작은 섬이라 도로도 비교적 단순하니 운전에 큰 불편함이 없다.

공중에 떠 있는 수도원 메테오라(Meteora)

수만 년 전 해저가 융기해서 생성됐다고 알려진 메테오라 Meteora는 기암괴석의 기묘한 풍광만으로도 방문해볼만한 가치가 충분한 곳이다. 더구나 깎아놓은 듯 바위산 위에 자리한 중세의 수도원들은 성스러움 그 자체다. 1988년 유네스코 세계문화자연유산으로 등재되었는데, 영화 "007" 시리즈에 트리니티Trinity 수도원이 등장하면 더욱 유명해졌다. 중세 때는 수도원이 20개가 넘었는데, 제2차 세계대전 후 거의 파괴되어 현재는 10개도 채 남지 않았다.

현재까지 수사와 수녀들이 이곳 수도원에 거주하고 있는데, 개방된 수도원 5곳과 수녀원 1곳만 여행자의 방문을 제한된 범위에서 허용한다. 메테오라Meteora는 역시 험난한 바위산 위에 자리한 수도원을 방문하는 것이 하이라이트이다. 산길을 걸어야 하므로 가벼운 복장과 간단한 요깃거리를 준비하는 것이 좋다.

에게 해에 떠 있는 하얀 보석 미코노스(Mykonos)

미코노스Mykonos 섬은 그리스에서 유명한 세계적인 휴양지로 지난 반세기 동안 전 세계 여행자의 발길이 끊이지 않았다. 미코노스Mykonos 섬은 키클라데스 제도에서 그림 같은 풍광의 어촌 해안을 두 눈에 담을 수 있다. 그리스 섬 중 가장 환상적인 비치를 경험할 수 있는 곳이기도 하다. 온통 새하얀 건물과 그 사이로 미로처럼 좁게 자리한 골목이 묘한 분위기를 연출한다.

보존이 잘된 풍차와 수백 개의 빨간 지붕 교회, 그리스 최초의 박물관인 에게안 해양박물관Aegean Marine Museum을 비롯해 비잔틴, 미코노스Mykonos, 서구의 건축양식이 절묘하게 조화를 이룬 파라포르티아나 교회 등 역사적인 공간도 두루 살펴볼 수 있다.

G • R • E • E • C • E

그리스 여행에 꼭 필요한 INFO

그리스 여행 밑그림 그리기

우리는 여행으로 새로운 준비를 하거나 일탈을 꿈꾸기도 한다. 여행이 일반화되기도 했지만 아직도 여행을 두려워하는 분들이 많다. 그리스 여행자가 늘어나고 있다. 그러나 어떻게 여행을 해야 할지부터 걱정을 하게 된다. 아직 그리스 본토에 대한 정확한 자료가 부족하기 때문이다. 지금부터 그리스 여행을 쉽게 한눈에 정리하는 방법을 알아보자. 그리스 여행준비는 절대 어렵지 않다. 단지 귀찮아 하지만 않으면 된다. 평소에 원하는 그리스 여행을 가기로 결정했다면, 준비를 꼼꼼하게 하는 것이 중요하다.

일단 관심이 있는 사항을 적고 일정을 짜야 한다. 처음 해외여행을 떠난다면 그리스 여행도 어떻게 준비할지 몰라 당황하게 된다. 먼저 어떻게 여행을 할지부터 결정해야 한다. 아무것도 모르겠고 준비를 하기 싫다면 패키지여행으로 가는 것이 좋다. 그리스 여행은 주말을 포함해 5박 6일, 7박 9일, 8박 10일, 12박 14일 여행이 가장 일반적이다. 해외여행이라고 이것저것 많은 것을 보려고 하는 데 힘만 들고 남는 게 없는 여행이 될 수도 있으니 욕심을 버리고 준비하는 게 좋다. 여행은 보는 것도 중요하지만 같이 가는 여행의 일원과 같이 잊지 못할 추억을 만드는 것이 더 중요하다.

다음을 보고 전체적인 여행의 밑그림을 그려보자.

1	패키지여행? 자유여행? (여행의 형태 결정)	7	얼마나 쓸까? 리스트 작성! (여행경비 산출하기)
2	나의 가능한 여행기간, 비용은? (여행 기간 & 예산 짜기)	8	그리스어를 알면 편리한데? (간단한 그리어 익히기)
3	그리스 여행? 항공권부터 알아보자. (항공권티켓 /성수기여행은 빨리 구입)	9	유로 사용? (환전하기)
4	성수기 숙소가 부족한 그리스 숙박부터 알아보자! (숙소의 예약가능 확인)	10	왜 이리 필요한 게 많지? (여행가방싸기)
5	보고 싶고 먹고 싶은 게 많아요? (여행지 정보 수집)	11	11. 인천공항으로 이동
6	단기여행인 그리스는 꼼꼼한 일정은 필수! (여행 일정 짜기)	12	12. 드디어 여행지로 출발!

결정을 했으면 일단 항공권을 구하는 것이 가장 중요하다. 전체 여행경비에서 항공료와 숙박이 차지하는 비중이 가장 크지만 너무 몰라서 낭패를 보는 경우가 많다. 평일이 저렴하고 주말은 비쌀 수밖에 없다.

패키지여행 VS 자유여행

그리스가 TV 프로그램에 많이 노출되면서 여행을 가려는 여행자가 늘어나고 있다. 하지만 누구나 고민 하는 것은 여행정보는 어떻게 구하지? 라는 질문이다. 그만큼 그리스에 대해 많이 아는 것 같지만 잘 모르는 나라가 그리스이다. 그래서 처음으로 그리스를 여행하는 여행자들은 패키지여행을 선호하였다. 그러나 그리스는 패키지 여행상품이 천편일률적이라 제한적이다.

20~30대 여행자들이 늘어남에 따라 자유여행을 선호하고 있다. 직장인도 1주일정도의 그리스 여행을 계획할 수 있고 맛집을 섭렵하는 여행자 등 새로운 여행형태가 늘어나고 있다. 이들은 호스텔을 이용하여 친구들과 여행하면서 단기여행을 즐기고 있다.

편안하게 다녀오고 싶다면 패키지여행 그리스가 뜬다고 하니 여행을 가고 싶은데 정보가 없고 나이도 있어서 무작정 떠나는 것이 어려운 여행자들은 편안하게 다녀올 수 있는 패키지여행을 선호한다. 효도관광, 동호회, 동창회에서 선호하는 형태로 여행일정과 숙소까지 다 안내하니 몸만 떠나면 된다.

연인끼리, 친구끼리, 가족여행은 자유여행을 선호하므로 6박 7일, 8박 10일, 12박 14일로 저렴하게 유럽여행을 다녀오고 싶은 여행자는 패키지여행을 선호하지 않는다. 특히 유럽을 다녀온 여행자는 그리스에서 자신이 원하는 관광지와 맛집을 찾아서 다녀오고 싶어 한다. 여행지에서 원하는 것이 바뀌고 여유롭게 이동하며 보고 싶고 먹고 싶은 것을 마음대로 찾아가는 연인, 친구, 가족의 여행은 단연 자유여행이 제격이다.

그리스 여행 계획 짜는 방법

① 그리스는 페리와 항공 구간을 알아야 시간 낭비가 없다.

② 아테네에서 섬까지의 이동은 항공이, 섬과 섬 사이의 이동은 무조건 페리가 유리하다. 아테네에서 산토리니, 크레타, 로도스 섬은 저가항공이 많이 운항이 되고 있지만 미코노스에서 산토리니, 다른 섬들 사이의 이동은 페리가 편리하고 운행하는 노선이 많아 유리하다.

③ 아테네에서 메테오라와 테살로니키까지의 북부구간은 버스가 기차보다 시간과 비용이 효율적이다. 단 비용문제만 해결된다면 항공보다 효율적인 이동방법은 없다.

④ 여름과 겨울의 여행 도시는 달라질 수 있다. 북부의 메테오라와 테살로니키는 여름에는 투어상품을 매일 이용할 수 있어 여행하기가 좋지만 겨울에는 투어가 거의 없다. 그러므로 겨울에는 아테네와 델피, 코린토스정도를 다녀온다. 섬들도 겨울에는 페인트칠을 새로 하는 시기이기 때문에 산토리니의 하얗고 파란 집들을 볼 수 없다. 또한 겨울에는 미코노스에서 산토리니구간의 페리는 운행하지 않으므로 모르고 여행계획을 세우면 문제가 생길 수 있다.

배낭여행 코스

아테네에는 다양한 숙박형태가 있지만 YHA가 많아 저렴하게 이용할 수 있다. 여름에는 전세계 관광객들이 몰려들어 미리 숙박을 구하는 것이 중요하다.

6박 7일

아테네(1일) → 델피(1일) → 코린토스(1일) → 산토리니(2일) → 아테네(1일)

7박 8일

아테네(2일) → 델피(1일) → 코린토스(1일) → 산토리니(2일) → 아테네(1일)

8박 9일

아테네(1일) → 코린토스(1일) → 델피(1일)
→ 메테오라(2일) → 산토리니(2일)
→ 아테네(1일)

10박 11일

아테네(2일) → 코린토스(1일) → 델피(1일)
→ 메테오라(2일) → 미코노스(2일)
→ 산토리니(2일) → 아테네(1일)

13박 14일

아테네(2일) → 코린토스(1일) → 델피(1일)
→ 메테오라(2일) → 테살로니키(1일)
→ 미코노스(2일) → 산토리니(2일)
→ 로도스나 크레타(2일) → 아테네(1일)

주변나라(이탈리아, 터키)와 연계한 일정

터키 페티예(페리이용) → 로도스(2일) → 산토리니(2일) → 미코노스(2일) → 아테네(2일) → 델피(1일) → 코린토스(1일) → 메테오라(2일) → 파트라스(1일/ 페리이동) → 이탈리아 바리(BARI)나 앙코나(ANKONA)이동

신혼여행 코스

신혼여행은 일주일정도로 짧은 여행이 대부분이고 전망이 좋은 호텔을 주로 이용한다. 산토리니만 갈지, 미코노스까지 같이 갈지 선택을 해야한다.

6박 7일

① 아테네(1일) → 델피(1일) → 산토리니(3일) → 아테네(1일)

② 아테네(1일) → 델피(1일) → 미코노스(1일) → 산토리니(2일)–아테네(1일)

7박 8일

① 아테네(2일) → 델피(1일) → 미코노스(1일) → 산토리니(2일) → 아테네(1일)

② 아테네(1일) → 델피(1일) → 미코노스(2일) → 산토리니(2일) → 아테네(1일)

③ 아테네(1일) → 델피(1일) → 미코노스(1일) → 산토리니(3일) → 아테네(1일)

성지순례 코스

성지순례는 기독교의 문화를 간직한 그리스의 메테오라를 다녀오는 루트가 가장 중요하다. 절벽위에 위치한 수도원의 신비로운 경관으로 성지순례로 인기가 많다.

6박 7일

아테네(1일) → 델피(1일) → 메테오라(2일) → 산토리니(2일) → 아테네(1일)

7박 8일

아테네(2일) → 델피(1일) → 메테오라(2일) → 산토리니(2일) → 아테네(1일)

8박 9일

아테네(2일) → 코린도스(1일) → 델피(1일) → 메테오라(2일) → 산토리니(2일) → 아테네(1일)

10박 11일

아테네(2일) → 코린토스(1일) → 델피(1일) → 메테오라(2일) → 미코노스(2일) → 산토리니(2일) → 아테네(1일)

와인투어 코스

9박 10일

테살로니키(2일) → 메테오라(1일) → 아테네(1일) → 펠레폰네소스의 칼라마타(1일) → 산토리니(2일) → 크레타섬(1일) → 아테네(1일)

한눈에 보는 그리스 역사

■ 기원전 2700년 경~기원 전 800년 경 | 서양 문명의 요람

그리스는 서양 문명이 가장 먼저 발달한 곳 중 하나라고 알려져 있다. 기원전 2700년 경 에게해의 작은 섬 크레타에 문명이 나타난 이래로, 그리스인들은 펠로폰네소스 반도와 그 주변의 섬들에서 자신들의 문화를 키워 나가기 시작했다. 현재의 서양 문명은 크레타에서 성장했다.

■ 기원 전 800년 경~기원 전 338년 경 | 도시국가 시대

그리스 지역에서 아테네, 테베, 스파르타 등 도시 국가들이 나타나기 시작했다. 이들은 페르시아처럼 강력한 국가가 쳐들어올때 힘을 합쳐 싸우면서 성장해 갔다. 때로는 서로 창끝을 겨누며 다투기도 했다. 그렇게 오랫동안 서로 전쟁을 벌이면서 그리스의 도시 국가들은 점차 세력이 약화되었다.

■ 아크로폴리스에서 일군 그리스 문명

그리스인들은 산이 많아서 산과 산 사이의 평지에 '폴리스Police'라는 작은 도시를 이루며 살았다. 도시에서 가장 높은 언덕에 요새를 만들고 외적이 쳐들어오면 적군을 막아내며 버틴 장소가 아크로폴리스이다. 아크로폴리스는 마지막까지 지키는 장소이기 때문에 신을 모시는 신전도 아크로폴리스에 세우게 되었다. 그리스에는 수백 개의 폴리스가 있었는데 그 중에서 무역으로 성장한 아테네와 강력한 군사력을 자랑하는 스파르타가 가장 번성하였다.

■ 기원 전 338년~기원 전 146년 | 알렉산드로스 대왕

그리스 북부에 있던 마케도니아가 힘이 약해진 지중해 연안의 도시 국가들을 통합하면서 하나의 왕국을 이루게 되었다. 이후 마케도니아는 알렉산드로스 대왕 때에 이르러 그리스 반도는 물론 이집트, 페르시아, 인도의 일부를 포함하는 대제국을 건설했다.

■ 기원 전 356년~기원 전 323년 | 알렉산드로스 대왕

알렉산드로스 대왕은 불과 20살에 왕위에 올랐다. 32살의 젊은 나이에 죽을 때까지 일생의 대부분을 아시아 원정에서 보냈다. 그 덕분에 그리스의 앞선 문화가 인도를 비롯한 동양에까지 퍼져나가면서 헬레니즘 문화가 전파되었다.

■ 기원 전 146년~476년 | 로마의 지배

마케도니아 왕국은 이탈리아를 중심으로 성장하던 로마와의 충돌을 피할 수 없었다. 마케도니아는 로마와의 전쟁에서 패하며 그리스 역시 로마의 지배를 받게 되었다. 하지만 그리스 문화는 로마 제국 시대에 더욱 크게 발전하게 되었다.
로마인들은 그리스의 앞선 문화와 문명을 받아들이는데 적극적이었다. 로마가 받아들여 발전시킨 그리스 문명을 그레코로만 문명이라고 부른다.

■ 476년~1453년 | 비잔티움 제국

476년, 서로마 제국이 멸망했지만 동로마 지역은 여전히 제국으로서의 힘을 가지고 있었는데, 이 제국을 동로마 제국 또는 비잔티움 제국이라고 부른다. 그리스 지역은 비잔티움 제국의 지배를 받고 있었다. 비잔티움 제국 아래에서 그리스 문화는 크리스트교와 결합하면서 독특한 비잔티움 문화를 낳았다. 비잔티움 문화는 오늘날 그리스와 터키지역에서 1000년 가까이 발전했다.

■ 1453년~1821년 | 오스만 제국의 지배

1453년, 오스만 제국이 비잔티움 제국을 멸망시키고, 얼마 후에 그리스의 아테네까지 점령했다. 그러자 많은 그리스인들이 이탈리아와 그리스 북부의 산속으로 도망쳤다. 오스만 제국에서는 이슬람교 이외의 종교를 믿지 못하게 하는 법을 채택해 그리스인들이 마을을 이루어 살도록 했다.

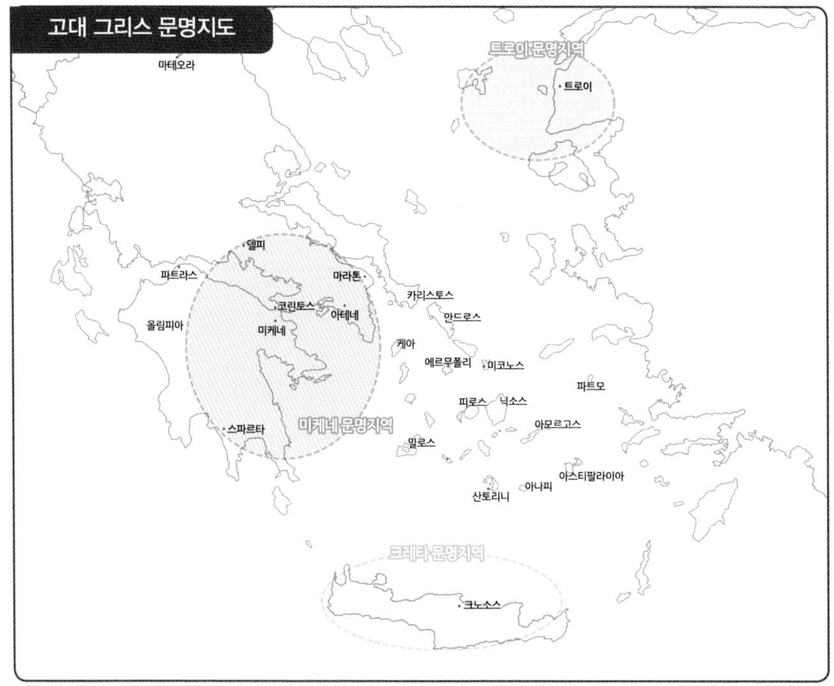

■ 1821년~1829년 | 독립 전쟁

1821년, 그리스인들이 독립을 선언하면서 그리스 독립 전쟁이 시작되었다. 독립 전쟁에서 프랑스, 영국, 러시아 등 크리스트교 국가들이 그리스의 독립을 도왔고, 이집트와 튀니지 등 이슬람 국가들이 오스만 제국을 도왔다. 8년 동안 이어진 독립 전쟁은 1829년이 되어서야 독립을 이룰 수 있었다.

■ 1829년~현재

독립 이후에도 2차례의 세계대전을 거치면서 그리스와 터키는 서로 전쟁을 벌였다. 두 나라는 전혀 화해하지 않았다. 하지만 1999년 두 나라에 큰 지진이 일어나자 서로를 도와주면서 가까워지기 시작하여 평화로운 관계를 유지하고 있다.

그리스와 터키는 앙숙

그리스에는 나라를 대표하는 구호가 있다. '엘레프테리아 이타나토스(자유가 아니면 죽음을)'이라는 구호이다. 그리스는 서양 문명의 요람이라고 불릴 만큼 오래되고 발달된 문명을 꽃피웠던 나라지만 이슬람 문명과 맞닿아 있어서 늘 이슬람 세력과 긴장이 끊이지 않았다.

■ 그리스 현대 문학의 대가, 니코스 카잔차키스(1857~1957)

현대 그리스 문학을 대표하는 소설가이자 시인으로 크레타 섬에서 태어난 그는 터키의 지배 아래에서 어린 시절을 보냈던 경험을 바탕으로 진정한 자유를 찾기 위해 도전하는 인간상을 그렸다. 그리스 인 조르바, 다시 십자가에 못 박히는 그리스도, 오디세이아 등으로 세계적인 명성을 얻었다.

기원전 6천년	**신석기 문화를 기초로 역사가 시작됨**
기원전 2천년	크레타 섬에서 그리스 최초의 문명인 크레타 문명이 시작
기원전 1,500년	미케네 문명이 시작, 기원전 1,200년 경에 도리아인에게 멸망
기원전 500년경	도시국가인 폴리스가 형성되며 발전하여 민주주의가 시작
기원전 431년	도시국가들의 패권다툼인 아테네와 스파르타의 펠로폰네소스전쟁으로 쇠퇴
기원전 338년~147년	마케도니아의 알렉산더 대왕에게 정복당하면서 헬레니즘 문화가 시작
기원전 146년~4세기	로마의 지배 시작
4세기말~1452년	비잔티움 제국의 지배 시작(그리스정교가 정착)
1453년 ~	오스만투르크 제국의 지배 시작
1830년	오스만투르크의 지배에서 독립
1981년	유럽연합(EU)에 가입
2004년	아테네올림픽을 개최, 개최 이후 경제가 살아남
2010년~	그리스 경제 붕괴로 고통

그리스에서 꼭 기억할 3대 전투

메소포타미아지역을 통합시킨 페르시아제국은 서쪽의 지중해를 차지할 야심에 불타올랐고 지중해를 중심으로 무역을 펼치며 큰 힘을 발휘한 그리스와의 대결을 피할 수 없었다. 기원전 490, 480년의 2차례에 걸쳐 큰 전쟁을 벌인 그리스 폴리스들은 아테네를 중심으로 지혜를 모아 수적 열세를 극복하고 전쟁을 승리로 이끌었다. 그리스는 살라미스 해전에서 크게 승리하면서 에게해를 지배하게 되었고 그리스는 민주주의를 비롯한 자신들의 문화를 지키고 유럽 문화 뿌리의 토대를 쌓았다.

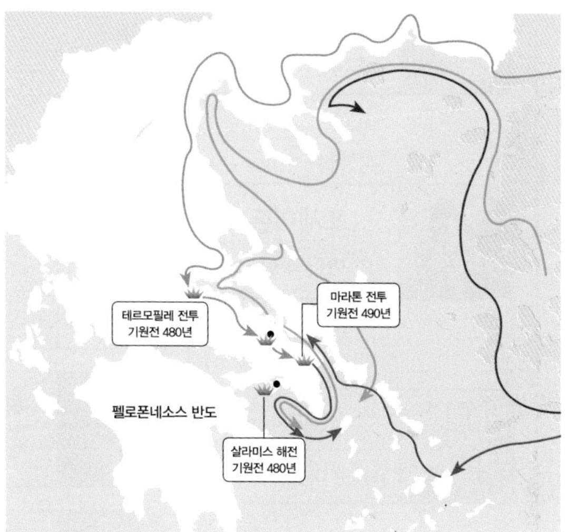

마라톤 전투(기원 전 490년)

기원전 490년, 페르시아의 그리스 공격이 시작되었다. 그리스와 페르시아 군대는 마라톤 평야에서 맞붙었다. 그리스군은 적은 숫자로 큰 승리를 거두었다. 그리스의 병사가 이 소식을 아테네에 전하기 위해 쉬지 않고 42,195㎞를 달렸다. 오늘날의 마라톤 경주는 마라톤 전투에서 유래되었다.

테르모필레 전투(기원 전 480년)

페르시아가 이번에는 육지와 바다를 통해 그리스로 쳐들어왔다. 그리스군은 스파르타의 정예 부대 300명을 중심으로 테르모필레 협곡에서 막아서며 저항하였다. 테르모필레 전투에서 스파르타군은 3일동안 버티다가 패배하고 말았지만 그사이에 그리스 군대는 전투 준비를 할 수 있었고 전투를 승리로 이끌 수 있었다.

살라미스 해전(기원 전 480년)

그리스군은 해전에서 승기를 내기로 결정하고 살라미스 해협으로 페르시아군을 유인했다. 기다렸던 그리스군은 좁은 바다에 갇힌 페르시아군을 격퇴시켰다. 페르시아의 함대 700척은 좁은 해협에서 오히려 너무 많은 배로 효과적으로 전투를 할 수 없어 패배를 하였다.

인간을 닮은 그리스의 신들

그리스의 신들은 인간과 닮은 점이 아주 많았다. 인간처럼 결혼도 하고, 서로 싸우기도 하였다. 인간의 희로애락을 닮은 그리스 신들을 하나하나 살펴보자.

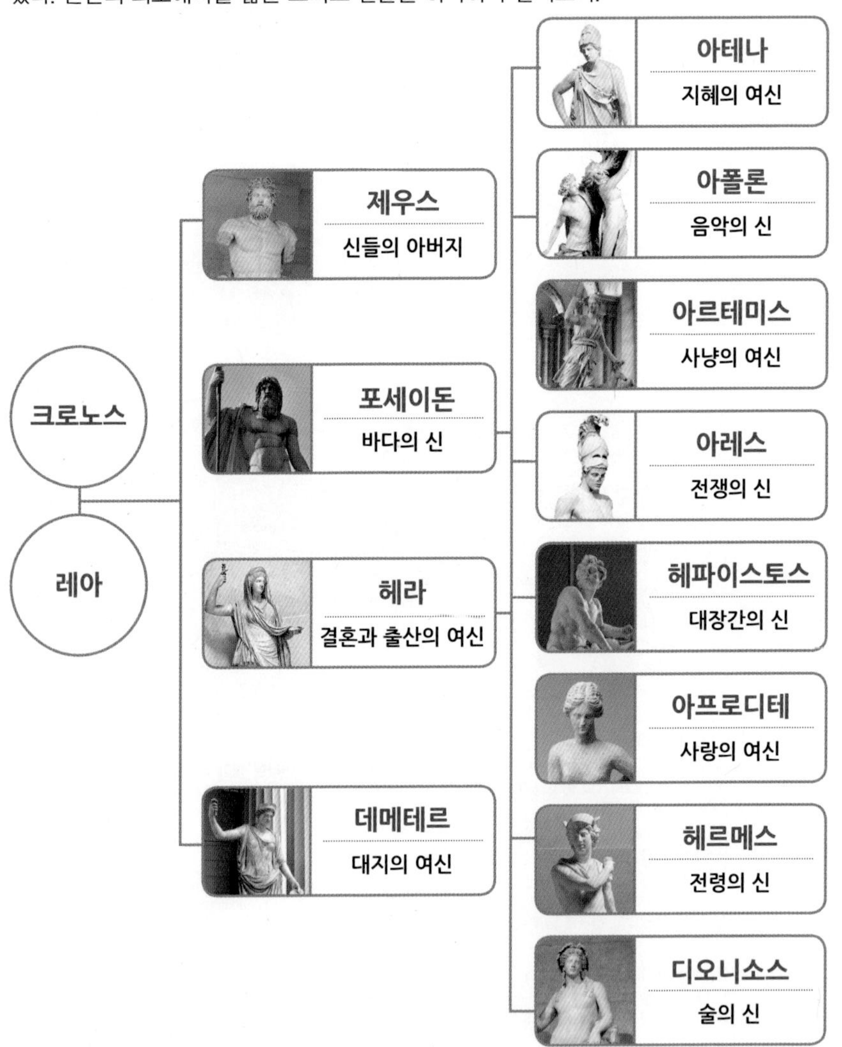

로마로 이어진 그리스 신들

로마인들도 그리스에서 탄생한 신들을 믿었지만 부르는 이름은 달랐다.

그리스	로마	그리스	로마
제우스	유피테르	아레스	마르스
아테나	미네르바	아르테미스	디아나
아프로디테	베누스	디오니소스	바쿠스

1. 인간은 모두 자연에서 태어났다.

제우스 : 신들의 아버지로 바람과 비, 번개 등 자연의 모든 변화를 일으킬 수 있었다.

헤라 : 결혼과 출산의 여신으로 행복한 가정생활을 지켜 주는 신이었다.

2. 사냥도 하고 농사도 짓고, 도구를 만들었다.

아르테미스 : 사냥의 여신으로 자신의 일을 방해하는 사람들을 곰이나 사슴으로 만들어 버리기도 했다.

데메테르 : 대지의 여신으로 대지와 곡식을 돌보는 신이었다.

헤파이스토스 : 불과 대장간의 신으로 절름발이에 외모는 추했지만 금속을 잘 다루었다.

3. 다른 나라와 무역도 하였다.

포세이돈 : 바다의 신으로 삼지창을 휘둘러 폭풍우를 일이키기도 했다.

4. 지혜를 모아 정치도 하고, 전쟁도 하였다.

아테나 : 지혜의 여신으로 아테네인들에게 올리브를 선물하여 아테네의 수호신이 되었다. 전쟁과 평화의 여신이기도 하다.

아레스 : 전쟁의 신으로 얼굴은 아름다웠지만 싸움을 즐겨서 난폭한 전투를 자주 일으켰다.

5. 때로는 사랑도 하고, 음악을 즐기며, 술도 한잔 걸쳤다.

아폴론 : 음악의 신으로 사람들에게 음악을 선물한 신이다.

아프로디테 : 사랑의 여신으로 가장 아름다운 여신에게 주는 황금 사과를 받았다.

디오니소스 : 술의 신으로 포도를 재배하고 포도주를 만드는 법을 알려주었다.

6. 마지막으로 인간은 모두 죽음을 맞이한다.

헤르메스 : 전령의 신으로 죽은 자의 영혼을 인도하고, 목동과 가축을 지켜 주었다.

그리스 신화에서 유래한 상표들

박카스	오리온	헤라	나이키(니케)	에쿠스	비너스(아프로디테)
술의 신 바쿠스 (디오니소스)	거인 사냥꾼	최고의 여신	승리의 여신	날개 달린 백마	미와 사랑의 여신

그리스가 영향을 받아 발달시킨 문명과 남긴 문화유산

여러 나라의 영향을 받고 영향을 미친 그리스 문명

그리스의 문학과 예술, 건축 등은 그리스 인들이 자랑할 만한 훌륭한 문화유산이다. 하지만 그들이 혼자만의 힘으로 그리스 문명을 탄생시킨 것은 아니다. 그리스 문명은 그리스 동쪽에 있던 여러 나라의 영향을 받아 활짝 꽃피게 되었다.

1. 이집트의 영향을 받은 조각

그리스 인들은 조각 재료나 조각 기법뿐만 아니라 조각상의 자세도 이집트의 조각상을 흉내 내어 만들었다. 아래 조각상의 자세를 보면 조각상이 앞을 향해 서서, 주먹을 가볍게 쥐고 몸에 붙인 채, 한쪽 다리를 내밀고 있는 모습이 거의 똑같다.

2. 페니키아에서 건너온 알파벳

그리스 인들은 기원전 8세기에 전해진 22자의 페니키아 알파벳을 바탕으로 자음 몇 개를 빼고 모음 몇 개를 더해 24자의 그리스 알파벳을 만들었다.

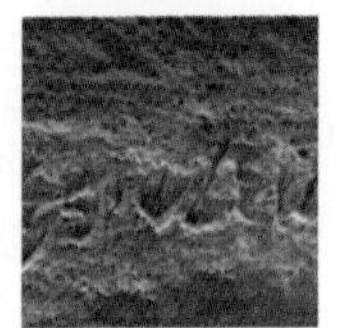

3. 리디아에서 배운 주화

기원전 7세기부터 지중해 세계에서는 처음으로 리디아 인들이 금과 은을 녹여 주화를 만들었다. 기원전 6세기 말에 리디아의 주화를 본떠 그리스 인들도 주화를 만들기 시작했다.

4. 오리엔트에서 건너온 상징물

그리스는 산림 지대가 드물었기 때문에 사자같은 맹수를 접하기 어려웠는데도 성문이나 무기, 장식물에 사자 모양이 새겨져 있고, 헤라클레스 전설에도 사자가 나온다. 또 사람의 머리에 사자의 몸을 한 스핑크스는 이집트의 상징물인데, 그리스 인들의 묘비나 오이디푸스 전설에 등장한다.

5. 이집트로 유학을 간 그리스인들

바빌로니아와 이집트에서는 일찍부터 수학과 기하학, 천문학이 발달했다. 기원전 5세기부터 그리스 인들은 이런 학문들을 배우기 위해 이집트로 많이 건너갔다. 아테네의 정치가 솔론과 철학자 플라톤, 역사가 헤로도토스가 이집트로 가서 공부한 대표적인 학자들이다.

그리스 문명이 남긴 인류 유산들

그리스의 전성기는 짧았지만 고대 그리스가 우리에게 남겨 준 유산은 참 많다. 그리스인들이 없었다면 올림픽도 없었다. 기원전 338년 마케도니아에 지배된 뒤로 오랫동안 주변 강대국들의 지배를 받았지만 그리스를 지배한 나라들은 오히려 그리스에서 많은 것을 배우며 그리스 문화를 찬양하였다. 그리스인들이 일군 문명은 사라지지 않고 지금까지 이어져 전 세계로 퍼져 나가게 되었다. 오늘날까지 이어진 그리스의 문화를 알아보자.

1. 민주주의

오늘날 대부분의 나라에서 행해지는 민주 정치는 고대 그리스의 민주 정치에 뿌리를 두고 있다. 현재와의 차이점은 고대 그리스는 작은 도시국가였기 때문에 직접 민주 정치가 가능했지만 지금은 인구가 너무 많아서 대부분의 국가들이 대표자들을 뽑아 정치를 맡기는 간접 민주정치를 채택하고 있다.

2. 다양한 학문

그리스의 학문은 오늘날 철학, 의학, 과학, 문학의 발달에 큰 영향을 주었다. 소크라테스, 플라톤, 아리스토텔레스의 철학은 인간의 이성을 중요시하는 서양 근대 철학의 뿌리를 이루었다.

3. 건축

그리스의 건축은 웅장한 기둥으로 벽을 세우고 삼각형 모양의 지붕을 지닌 것이 특징이다. 오늘날에도 그리스 신전을 닮은 건축물이 많다. 로마의 판테온, 미국의 백악관을 비롯해 우리나라의 덕수궁 석조전도 파르테논 신전을 닮았다.

도리아식

국립도서관, 파르테논신전
프로필레아(처음), 국회의사당,
델피보물창고
포세이돈 신전
아폴론 신전

이오니아식

국립고고학박물관
아테네 대학교
에릭티온 신전
프르필레아(중간)
대통령궁

코린토스식

라피온
아테네 학술원
제우스 신전
코린토스 유적지

4. 알파벳의 기원이 된 그리스 문자

그리스는 지중해 주변의 페니키아 인들이 쓰던 문자를 받아들여 알파벳을 만들었다. 그리스 알파벳은 로마 제국에 전해져 라틴 알파벳이 되었는데, 오늘날의 영어 글자가 바로 라틴 알파벳이다.

5. 조각

그리스에서는 자신들이 섬기는 신이나 인간의 신체를 아름다운 조각으로 남겼다. 가장 아름다운 신체 비율을 연구했고, 인간의 다양한 감정을 담으려고 노력했다. 1500년 뒤에 유럽의 예술가들은 그리스 조각을 닮은 예술품을 많이 남겼다. 그리스 시대의 헤르메스 조각상이 헬레니즘 시대에 아프로디테와 판의 조각으로 이어졌고, 르네상스 시대에 다비드 조각상으로 이어졌다.

6. 올림픽

그리스인들은 각각의 폴리스로 나뉘어 살았지만 제우스신을 섬기는 같은 민족임을 잊지 않았다. 그래서 폴리스들은 4년에 한 번씩 모여서 제우스신에게 제사를 지낸 뒤, 흥을 돋우려고 경기를 치렀다. 이것이 올림픽의 시초이다. 고대 올림픽은 올림피아라는 도시에서 열렸다. 당시에는 달리기, 창던지기, 레슬링, 원반던지기가 주요 종목이었는데 싸울 때 필요한 기술들이었다.

우승한 사람에게는 그리스에서 자라던 야생 올리브 가지로 만든 월계관을 씌워주었다. 올림픽은 폴리스들이 군사들을 훈련시키고 대결을 통해 힘을 겨루는 축제였다. 고대 올림픽은 1000년 넘게 293회나 계속되다가 393년을 마지막으로 폐지되었다. 그로부터 1500년이 지난 1806년에 프랑스의 쿠베르탱이 전 세계의 화합을 위해 올림픽을 되살리자고 주장하여 아테네에서 제1회 근대 올림픽 대회를 열었다.

그리스 철학

1. 아는 것을 사랑한 그리스 철학

농사를 짓고 살던 메소포타미아와 이집트 인들과는 달리 지중해를 무대로 교역을 했던 그리스 인들은 자연 세계에서 일어나는 일들을 그저 신들의 뜻으로만 돌리지 않았다. 그리스인들은 만물의 근원이 무엇인지 알아내려고 애쓰면서 철학을 발달시켰다. 그리스 철학은 한마디로 아는 것, 그 자체를 사랑한 것이다. 그리스 말로 철학은 '필로소피아'라고 하는데, 이것은 '아는 것을 사랑한다'는 뜻이다.

2. 만물의 근원이 무엇인가를 물었던 자연 철학자들

기원전 6세기 그리스에서 가장 발달한 폴리스들이 있었던 이오니아 지방에서 철학이 태어났다. 메소포타미아와 이집트인들은 홍수와 같은 자연현상에 대해 연구했지만 그리스 철학자들은 보다 근본적인 의문을 가졌다. 세상 만물을 이루고 있는 근본 원리이자 근원이 되는 물질인 '아르케'가 있다고 생각하고 아르케가 무엇인지 탐구한 것이다. 그러나 아르케가 무엇인지에 대해서는 철학자들마다 생각이 달랐다.

3. 관심을 자연에서 인간으로 돌린 소피스트

기원전 5세기, 페르시아 전쟁을 승리로 이끈 아테네에서는 민주 정치가 발전해서 시민들이 직접 지도자를 뽑고, 법률을 만들고, 재판을 했다. 그래서 시민들에게는 정치와 법률, 재판과 같은 사람 사이의 일이 매우 중요해졌고, 철학자들도 자연현상보다 사람 사이의 일에 더 많은 관심을 가졌는데, 이들 철학자들을 '소피스트'라고 불렀다. 이들은 사람마다 생각이 다르기 때문에 누구한테나 맞는 진리란 없다고 주장했다. 유명한 소피스트 프로타고라스는 '인간은 만물의 척도이다'라고 말했다.

4. 보편적 진리를 찾았던 소크라테스

기원전 404년, 펠로폰네소스 전쟁에서 진 아테네는 스파르타의 지배를 받고 있었다. 아테네의 청년들은 그때그때 다르다는 식의 소피스트의 말을 혼란스럽게만 생각했다. 이때 나타난 소크라테스는 언제 누구에게나 옳은 보편적 진리와 도덕이 있다고 가르쳤다.

5. 철학자가 나라를 다스려야 한다고 주장한 플라톤

소크라테스의 제자였던 플라톤은 '아카데메이아'라는 학당을 세우고 젊은이들을 가르치면서 철학 탐구에 온 힘을 기울였다. 플라톤에 의하면 세계의 참모습은 인간의 감각이 아니라, 인간의 이성으로만 알 수 있다. 그리고 한 나라는 지혜를 쫓는 철학자, 필요한 것을 만드는 생산자, 현실의 문제를 해결하는 군인으로 이루어지는데, 어지러운 그리스 사회를 바로잡으려면 세계의 참모습을 파악할 수 있는 지혜로운 철학자가 왕이 되어야 한다고 주장했다.

6. 학문의 체계를 세운 아리스토텔레스

아리스토텔레스는 스승 플라톤의 생각이 추상적이라고 비판하면서 실제로 경험하고 관찰할 수 있는 학문을 탐구해 나갔다. 그는 학문의 거의 전 분야를 연구하며 자연 과학, 정치학, 심리학, 윤리학, 논리학, 역사학, 문예 이론 등 오늘날 서양 학문의 체계를 세웠다. 알렉산더 대왕의 스승이기도 했던 아리스토텔레스는 철학자가 왕이 되어야 한다고 주장했던 플라톤과 달리 왕들이 철학자의 말을 잘 들어야 한다고 말했다.

그리스 정교와 가톨릭의 차이

정교는 가톨릭과 함께 크리스트교의 한 축을 이룬다. 로마 제국이 동서로 갈라지면서 동로마에서 믿던 크리스트교를 그리스 정교라고 부르게 되었다. 교회와 예배는 가톨릭과 비슷하지만 신부님이 결혼을 할 수 있고 직업도 가질 수 있는 점이 다르다.

그리스 음식

그리스는 신선한 에게해의 해산물을 바탕으로 요리가 발달해 있다. 이러한 그리스 요리를 즐길 수 있도록 그리스 전역의 조그마한 골목길부터 커다란 광장까지 수없이 많이 늘어선 음식점들을 그리스인들은 타베르나Taverna라고 부른다. 그리스는 우리나라와 밤문화가 비슷해 저녁부터 밤늦게까지 외식을 하고 술을 즐긴다.

올리브나무가 전역에서 자라는 그리스는 올리브오일이 모든 음식에 거의 사용된다. 그중에서도 페타치즈Feta Cheese에 토마토, 오이, 양파, 올리브 오일을 뿌려 버무려 먹는 그리스식 샐러드Greek Salad와 양고기, 생선, 쇠고기 등을 야채와 함께 꼬치에 꽂아 구운 수블라키Souvlaki가 대표적인 그리스 음식이다.

그리스식 샐러드(Greek Salad)

그리스 식탁에 빼놓지 않고 오르는 것은 그리스식 샐러드다. 그리스식 샐러드는 담백하면서도 고소하고 상쾌한 기분을 전해준다.

1. 토마토 오이 피망 등 다양한 샐러드 채소를 썰어넣고
2. 그리스 염소젖으로 만든 페타 치즈를 얹으면 그리스식 샐러드가 완성된다.

수블라키(Souvlaki)

그리스의 가장 대중적이고 서민적인 음식으로 양고기, 돼지고기, 닭고기 등을 작은 덩어리로 꼬치에 끼워 구워서 타치키Tzatziki 소스를 얹어 나온다. 레몬즙을 뿌려 양파와 함께 먹도록 준비되어 나온다. 우리의 입맛에는 느끼할 수 있어 탄산수와 함께 먹는 것이 좋다.

쿨루리(Kuluri)

아침에 그리스를 여행하다보면 노점에서 파는 동그란 빵을 볼 수 있다. 도넛보다는 크고 먹으면 건조하고 조각이 씹히는 질감이 거칠다. 그리스인들이 매일 먹는 주식이다. 또한 설탕을 묻혀 파는 루쿠마스Lukumas는 설탕을 묻힌 도넛 맛이다.

기로스(Gyros)

돼지고기나 치킨을 넓게 썰어 토마토, 양파 등을 넣어 먹는 음식으로 터키의 케밥과 비슷한 음식이다.

파고토(Pagoto)

얇은 면 위에 아이스크림을 얹어 후식으로 많이 먹는다.

그리스 커피(Greek Coffee)

터키의 지배를 받은 그리스는 터키 커피와 같은 진한 커피 위에 거품이 있고 커피 찌꺼기가 바닥에 깔리는 커피를 그리스 커피라고 부른다.

우조(Ouzo)

그리스 전통 술을 우조라고 부르는데 아니스 열매에서 추출한 원액으로 물이나 얼음을 넣어 마셔야 할 정도로 알코올 도수가 높다. 지금은 그리스에서도 가끔씩 마시는 술로 관광객들이 선물로 사가는 술이 되었다.

그리스 맥주(Greek Beer)

그리스도 밤 문화가 발달되어 밤에도 술을 마시는데 주로 맥주를 마신다. 미쏘스Mythes, 피스FIX, 베르기나VERGINA, Zythia, EY ZYTHON 등의 맥주를 많이 마신다. 미쏘스가 가장 대중적이고 피스는 가장 오래된 맥주회사이다.

쇼핑

커피 세트(커피잔과 그리스 커피)

산토리니와 미코노스 등의 섬에 가면 코발트 블루의 지붕과 하얀 벽을 프린트한 커피잔과 수저를 가장 많이 선물로 사온다. 거기에 그리스 커피를 사서 같이 선물한다면 그리스만의 선물이 된다.

올리브 오일

그리스에서 올리브를 빼면 생각할 수 없을 정도로 많이 쓰인다. 올리브 오일로 만든 비누, 화장품 등 여자들을 위한 올리브제품들은 가격도 저렴하여 선물로 제격이다.

우조(Ouzo)

아니스 열매에서 추출한 그리스의 전통적인 술로 우리나라의 막걸리와 비슷한 술이다. 알코올 도수가 높아 물과 얼음을 넣어서 마셔야한다. 그리스만의 선물로 유명하지만 정작 그리스에서는 인기가 사그라들고 있다.

그리스 페타치즈

염소와 양의 젖으로 만든 치즈로 페타, 카세리, 그라비에라 등이 최고의 치즈로 통한다. 그리스 샐러드에는 페타치즈가 사용되고, 파스타에는 케팔로티리 치즈가 주로 사용된다. 가격도 저렴하여 쇼핑 상품으로도 유명하다.

도자기

고대 그리스에서 사용된 도자기를 본떠 만든 도자기를 기념품가게에서 많이 판매한다. 독특한 그리스여행 기념선물로 인기가 많다. 박물관에서 본 도자기모양이 그대로 재현되어 있다.

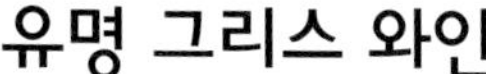

유명 그리스 와인

하루 여행경비

그리스는 지금, 경제 위기로 그리스 경제가 좋지 않다. 물가는 2004년 유럽연합에 가입한 이후에 비싸져서 유럽과 비슷한 여행경비가 소요될 수 밖에 없었다. 경제위기로 물가는 내려간 상태지만 아주 싼 물가는 아니다. 특히 산토리니는 관광객이 대다수라 성수기에는 물가가 많이 올라간다.

성수기에는 평소에 비해 숙박비가 상승하는 경우도 대부분이다. 유스호스텔 등의 숙소를 이용한다면 여행경비는 많이 내려갈 수 있다. 호텔 중에는 30만 원 이상의 고급 호텔도 상당히 많아 시설이 좋을 것 같지만 산토리니에서는 시설보다는 경치가 아름다운 장소에 있는 경우가 많으니 참고하길 바란다. 그리스는 특히 배낭여행인지, 신혼여행인지 등의 여행형태에 따라 개인마다 여행경비의 차이가 크다.

구분	세부 목록	하루 경비
숙박비	호텔, YHA	2만 5천 원~30만 원
식사비	아침 커피 + 빵 점심 저녁 타베르나	2만 원~
교통비	시내 버스비	거의 사용하지 않음
입장료	각종 입장료	1만 원~
합계		6만 원~

그리스 입국

그리스의 아테네 국제 공항에서 그리스의 거의 모든 항공기가 들어오고 나간다. 우리나라의 대한항공과 아시아나항공의 직항노선이 개설되어 있지 않고, 시간적으로 거리상 가까운 터키의 이스탄불이나 두바이, 아부다비를 거쳐 그리스에 입국하는 것이 낮에 아테네로 도착할 수 있어 가장 시간적으로 효율적이다. 유럽을 경유하면 저녁에 그리스에 도착하는 시간대가 많다.

입국절차

입국방법은 다른 국제공항과 다르지 않다. 오른쪽으로 돌아나가면 입국심사대가 보인다.

1. **내려서 입국검사장으로 이동**
   항공기에서 내리면 오른쪽으로 이동하며 입국장에 들어선다.
   에볼라카드를 준비해둔다.

2. **입국심사**
   줄을 서서 차례를 기다린 후 자신의 차례에 입국심사를 하고 지나간다.

3. **수화물 찾기**
   입국심사가 끝나고 나가면 자신의 짐을 찾는다.

4. **공항문을 나와서 오른쪽의 X95번 버스정류장, 왼쪽의 택시정류장 이동**
   공항 문을 나오면 정면에서 택시를 탈 수 있고 오른쪽에 X95번 버스를 타고 신타그마 광장으로 이동할 수 있다.

그리스의 UNESCO 세계유산

NO	세계유산	분류	지정연도
1	아폴로에피큐리우스신전 [Temple of Apollo Epicurius at Bassae]	문화유산	1986년
2	델피 고고유적지 [Archaeological Site of Delphi]	문화유산	1987년
3	아테네의 아크로폴리스 [Acropolis, Athens]	문화유산	1987년
4	로도스 중세도시 [Medieval City of Rhodes]	문화유산	1988년
5	메테오라 [Meteora]	복합유산	1988년
6	아토스산 [Mount Athos]	복합유산	1988년
7	에피다우루스 고고유적 [Sanctuary of Asklepios at Epidaurus]	문화유산	1988년
8	테살로니카의 초기 그리스도교 및 비잔틴 유적 [Paleochristian and Byzantine Monuments of Thessalonika]	문화유산	1988년
9	미스트라스의 고고유적 [Archaeological Site of Mystras]	문화유산	1989년
10	올림피아 고고유적 [Archaeological Site of Olympia]	문화유산	1989년
11	다프니, 호시오스 루카스, 키오스의 네아 모니 수도원 [Monasteries of Daphni, Hosios Loukas and Nea Moni of Chios]	문화유산	1990년
12	델로스 섬 [Delos]	문화유산	1990년
13	사모스섬의 피타고리온과 헤라신전 [Pythagoreion and Heraion of Samos]	문화유산	1992년
14	베르기나고고유적 [Archaeological Site of Aigai (modern name Vergina)]	문화유산	1996년
15	미케네와 티린스 고고유적 [Archaeological Sites of Mycenae and Tiryns]	문화유산	1999년
16	성 요한 수도원과 파트모스섬 요한 계시록 동굴 [The Historic Centre (Chora) with the Monastery of Saint-John the Theologian and the Cave of the Apocalypse on the Island of Patmos]	문화유산	1999년
17	코르푸 옛 마을 [Old Town of Corfu]	문화유산	2007년

그리스 교통

AEGEAN

A STAR ALLIANCE MEMBER

우리나라에서 그리스로 가는 직항편은 없으며 유럽내의 다른 도시를 거쳐 그리스의 수도 아테네로 들어간다. 유럽 내의 각 도시에서 취항을 하고 있어 그리스를 가는 것은 어렵지 않다.

그리스는 섬이 많아 섬으로 이동 할때는 페리를 이용하지만 거리가 먼 크레타나 로도스 섬은 저가항공을 이용하는 것이 편하다. 저가항공은 성수기에 따라 요금 변동이 크고, 운항횟수가 달라지니 예약사이트에서 미리 확인해야 한다. 에게안 항공에서 저가항공을 운영하고 있다.

그리스 배편과 항공편

여름루트

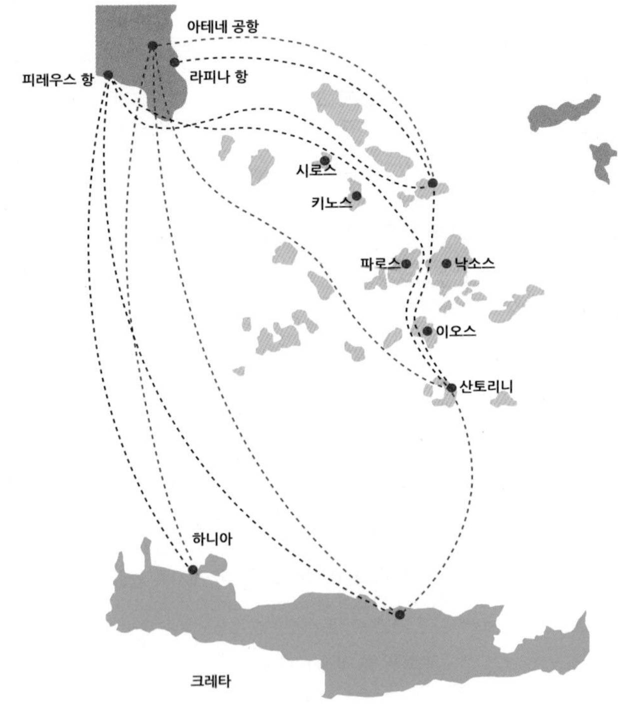

겨울루트

도착 \ 출발	아테네			미코노스		산토리니		이라클리오	
	비행기	페리(피레우스 항)		페리		페리		페리	
		고속	일반	고속	일반	고속	일반	고속	일반
미코노스	45분	약 3~4시간 약 2시간30분(초고속) (라피니항에서 출발)	약 5~6시간			약 3시간	약 4시간	X	약 9시간
산토리니	45분	약 5~6시간	약 8~9시간	약 3시간	약 4시간			약 2시간	약 4시간
이라클리오	50분	X	약 10시간	X	약 9시간	약 2시간	약 4시간		
하니아	50분	X	약 10시간	X	X	X	X	X	X

페리는 어떤 모습일까?

그리스의 페리는 시설이 좋고 안전하다고 정평이 나있다. 페리티켓은 여름이 아니라면 예약을 안 해도 현장에서 구입하여 탑승이 가능하지만 여름에는 반드시 미리 인터넷 예약을 해야 탑승이 가능할 것이다. 그렇다면 페리가 어떤 모습일지 한번 알아보자.

먼저 피레우스역에 도착하면 항구로 이동한다. 지하철에서 나오면 직진하여 왼쪽으로 돌아 나오면 육교가 나온다. 육교옆에는 에버레스트 빵집이 있고, 왼쪽으로 돌면 오른쪽에 커다란 배들을 볼 수 있다. 배들을 향해 횡단보도를 건너면 자신이 가려고 하는 페리를 탑승하면 된다.

페리로 입장하면 1층에 직원들이 티켓을 확인하고 확인 후 에스컬레이터를 2번 타고 올라간다. 좌,우로 자신이 원하는 의자에 앉아 출발때까지 기다리면 된다. 앞부분에는 비싸게 지정한 좌석을 가진 탑승자들을 위한 공간이 있다.

중간에는 먹거리를 사거나 커피를 구입할 수 있는 매점이 있고, 뒤로 가면 그리스의 맥도날드인 Goody's에서 햄버거, 콜라 등을 판매한다. 바깥으로 나가면 배가 출발하는 장면을 볼 수 있고 위로 올라가면 더 높은 곳에서 바다를 감상할 수 있다. 어느 공간이나 좌석이 비치되어 자신이 원하는 자리에 앉으면 된다. 그래서 페리는 가장 저렴한 티켓을 구입하는 것이 현명하다.

페리가 출발하면 비행기처럼 직원이 안전교육을 실시한다. 안전교육을 정확히 실시하는 점이 인상적이다. 또한 블루스타 페리를 많이 탑승하는 정기고객을 위해 카드를 만들어 적립도 하고 10번탑승하면 1번 무료탑승권을 준다고 한다.

Athens
아테네

아테네의 매력

남부 유럽의 대표적인 관광국가인 그리스의 수도, 아테네는 완벽한 여행지이다. 아테네에는 고대의 화려한 역사를 느낄 수 있는 언덕의 전망, 세계에서 가장 훌륭한 건축물을 보려고 전 세계에서 관광객이 몰려든다. 아테네는 고대 그리스와 현대적인 세계가 만난 매력적인 도시이다. 이곳에는 고대 서양의 역사와 그리스 신화에 대한 지식을 늘릴 수도 있고, 새로운 서양 문화를 받아들일 수도 있다.

진한 그리스 커피를 한 잔 마신 후, 수많은 고대 유적지와 도심 주변을 탐방해 보자. 아레오파고스 언덕은 수 세기 동안 열정적인 연설과 설교가 행해졌던 곳이다. 또한 고대 아고라와 아테네 학술원을 거닐면 토가를 입은 소크라테스와 플라톤이 그들의 철학에 대해 논쟁을 벌이던 장소를 보면서 상상의 나래를 펼칠 수 있다.

올림푸스 산의 신들을 기리는 고대 신전 유적지도 감상하고, 아크로폴리스와 리카베투스 산의 정상에 올라 환상적인 전망도 즐길 수 있다. 신고전주의 건축의 3부작이라 불리며, 신

고전주의의 대표적인 건축물을 보여주는 아테네 중심에 위치한 건축물은 수 천 년의 세월을 견딘 역사를 보여준다.

여름의 아테네는 매우 덥다. 그래서 수많은 박물관과 미술관에서 낮 시간에 관광을 하고 시원해지는 저녁에 시내를 돌아다니면서 여행하는 것이 좋다. 특히 콜로나키의 시내를 추천한다. 각종 다양한 상점과 레스토랑을 비롯해 베나키 박물관을 같이 구경할 수 있다. 아름답게 복원된 주택 지역에 위치한 이곳은 그리스의 역사와 문화를 이해할 수 있는 최고의 장소이다.

신 아크로폴리스 박물관은 마크리기아니의 역사적인 지역에 위치하고 있는데, 선사 시대부터 이어져 온 거주자들의 예술, 문화, 관습을 구경할 수 있다. 오모니아 광장이나 매력적인 플라카 지역의 나이트라이프도 즐겨볼만 하다.

시내를 돌아보는 것만으로 충분히 바쁘겠지만, 아테네 근교로 나가 보는 것도 좋다. 포세이돈 신전은 그림 같은 수니온 곶의 암석 언덕에 위치하여 에게 해와 사로니코스 만을 전망할 수 있다. 델피와 다른 많은 섬들이 1일 관광 코스로 충분히 다녀올 수 있다.

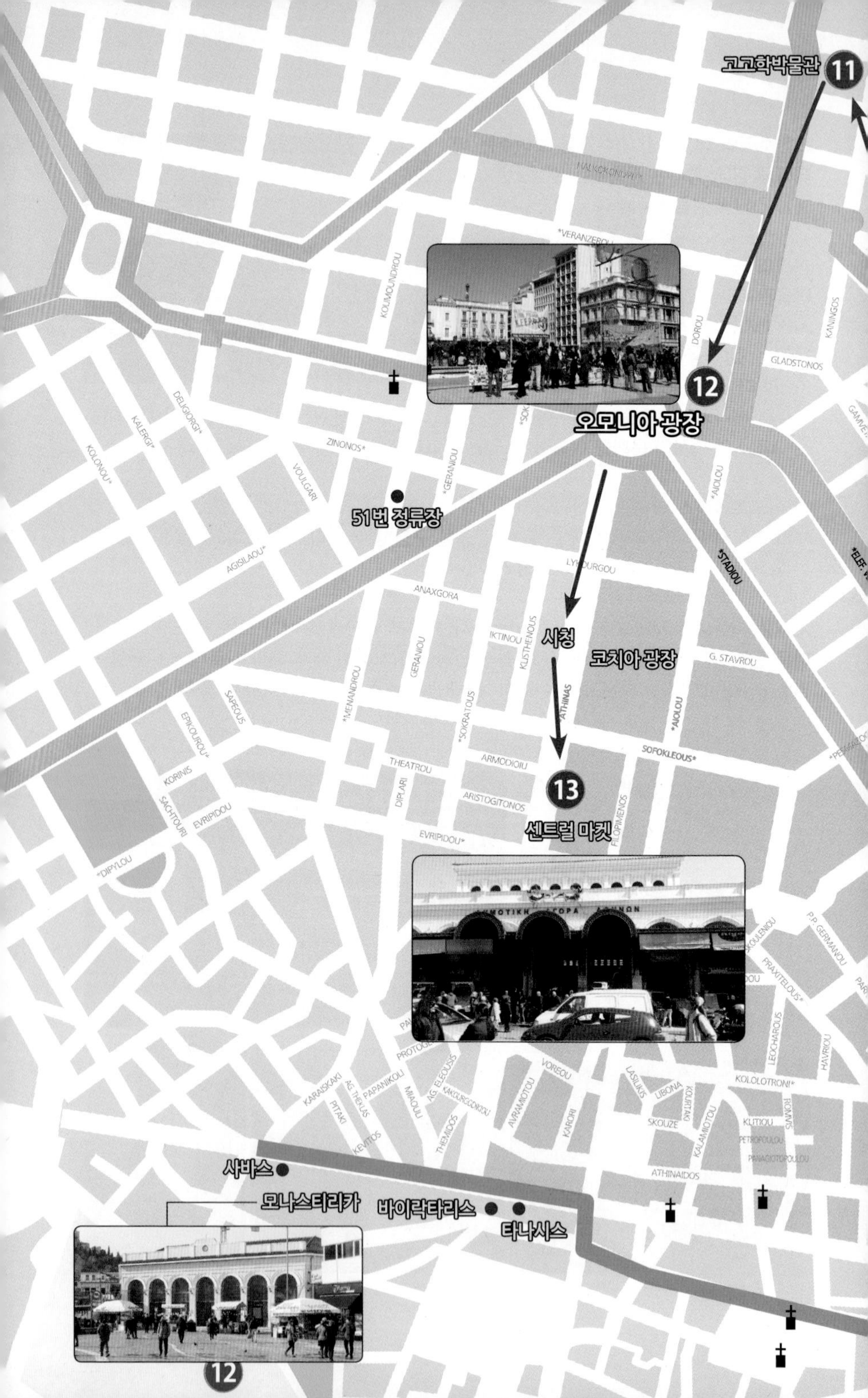

고고학박물관 11
12 오모니아 광장
51번 정류장
시청
코치아 광장
13 센트럴 마켓
사바스
모나스티리키
바이락타리스
타나시스
12
HALKOKONDYLI*
*VERANZEROU
KOUMOUNDROU
DOROU
KANINGOS
GLADSTONOS
DELIGIORGI*
KALERGI*
KOLONOU*
ZINONOS*
VOULGARI
*GERANIOU
*AIOLOU
*STADIOU
AGISILAOU*
LYKOURGOU
ANAXGORA
IKTINOU
KLISTHENOUS
GERANIOU
*MENANDROU
G. STAVROU
*SOKRATOUS
ATHINAS
*AIOLOU
SOFOKLEOUS*
SAPFOUS
EPIKOUROU*
KORINIS
SACHTOURI
EVRIPIDOU
THEATROU
ARMODIOU
DIPLARI
ARISTOGITONOS
EVRIPIDOU*
FILOPIMENOS
*DIPYLOU
P.P. GERMANOU
PRAXITELOUS*
LEOCHAROUS
HAVRIOU
KOLOKOTRONI*
PROTOGENOUS
VOREOU
KARAISKAKI
AG. THEKLAS
PAPANIKOLI
PITTAKI
MIAOULI
AG. ELEOUSIS
KAKOURGODIKIOU
AVRAMIOTOU
KARORI
LASILIKIS
LIBONA
KOURTAKI
SKOUZE
KALAMIOTOU
KUTIOU
PETROPOULOU
PANAGIOTOPOULOU
ROMVIS
ATHINAIDOS
KEVITOS
THEMIDOS

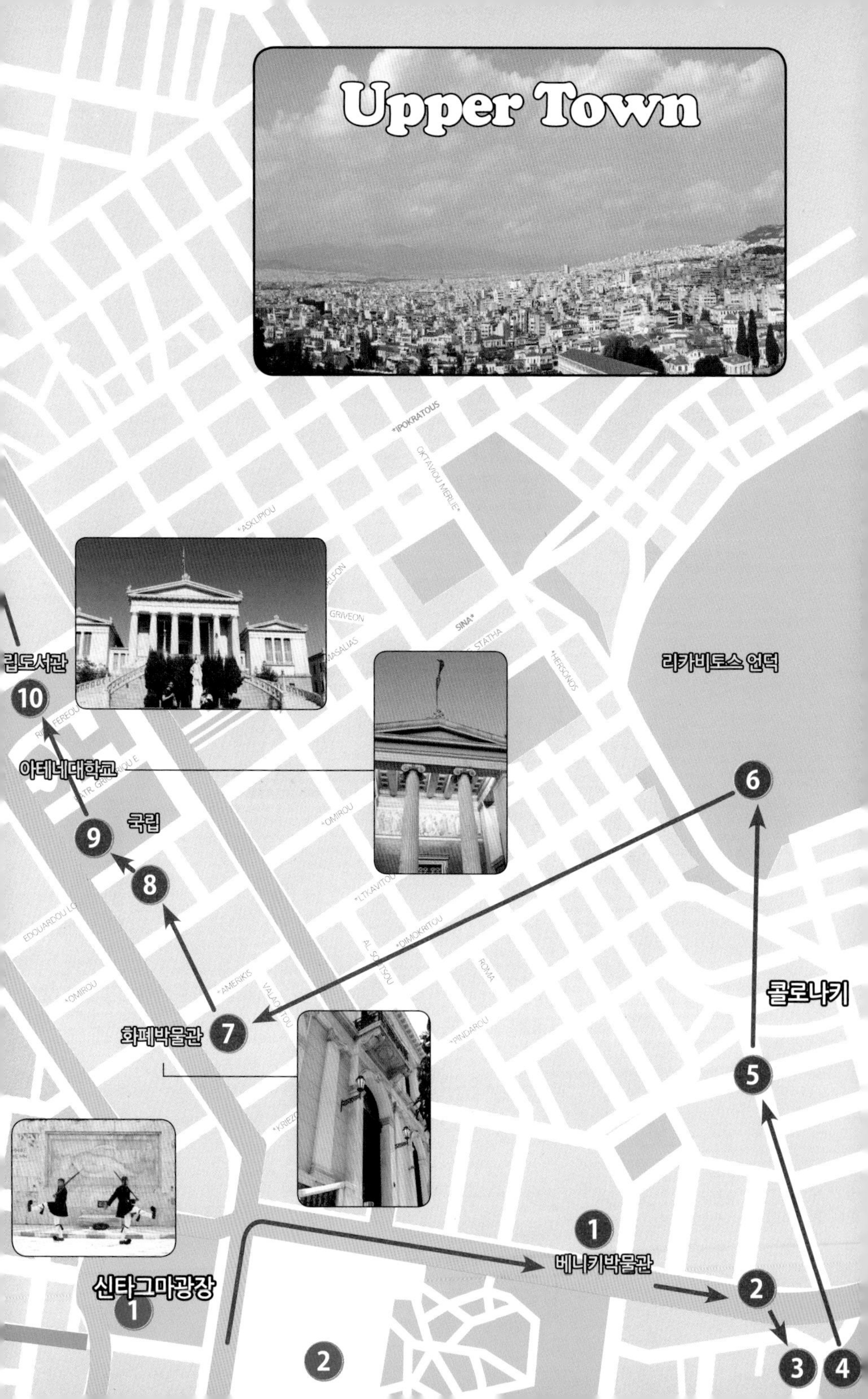

리카비토스 언덕

6

콜로나키

5

베니키박물관

1

2

3

4

화폐박물관

7

8

국립

9

아테네대학교

10

립도서관

신타그마광장

1

2

*IPOKRATOUS
OKTAVIOU MERLIE*
*ASKLIPIOU
GRIVEON
SINA*
STATHA
*HERSONOS
MASALIAS
FEREOU
PATR. GRIGORIOU E
*OMIROU
*LTKAVITOU
*DIMOKRITOU
AL. SOUTSOU
ROMA
EDOUARDOU LO
*OMIROU
*AMERIKIS
VALAORITOU
*PINDAROU
*KRIEZOTOU

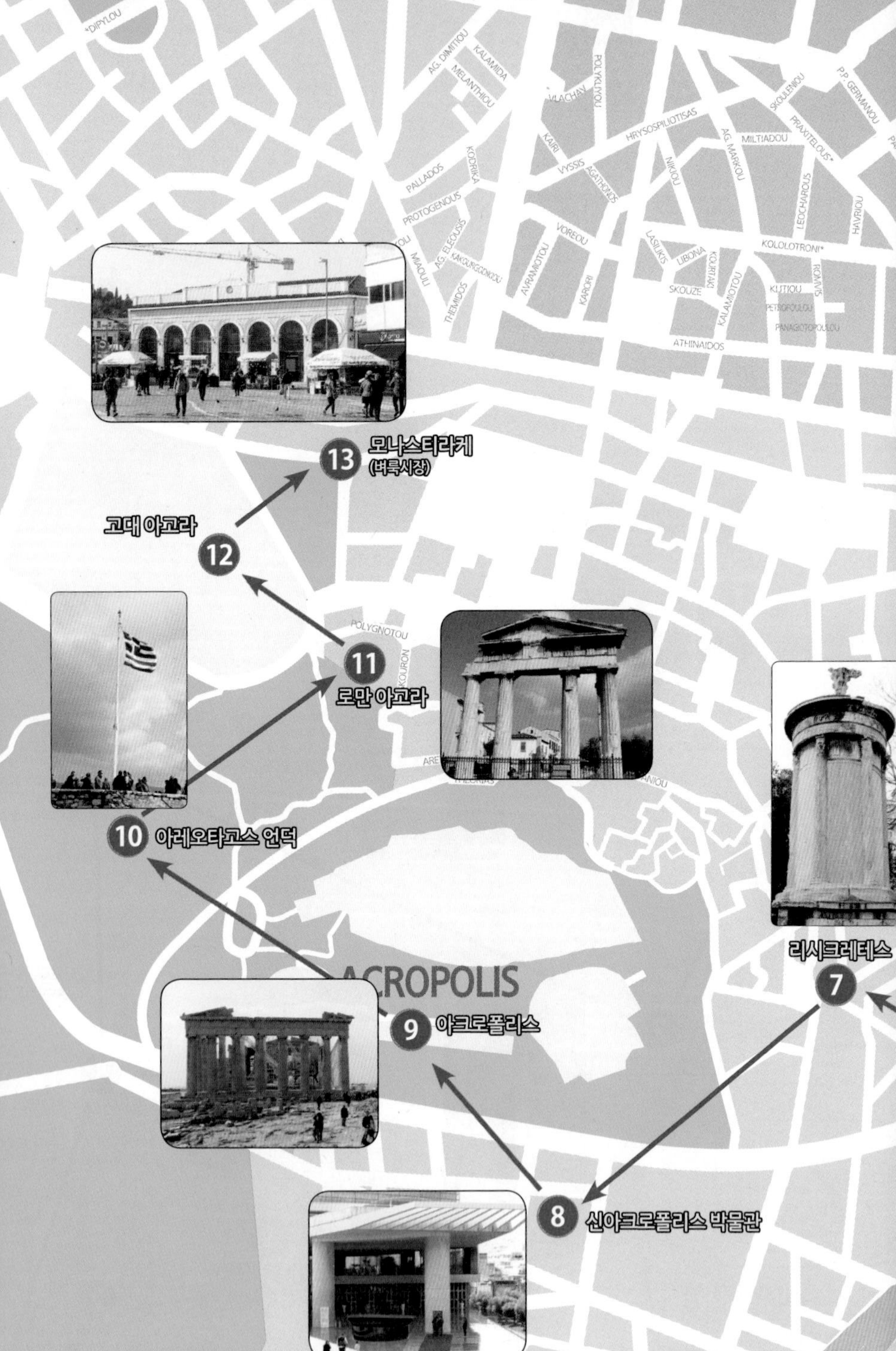

13 모나스티라키
(벼룩시장)
고대 아고라
12
11
로만 아고라
10 아레오파고스 언덕
ACROPOLIS
9 아크로폴리스
리시크라테스
7
8 신아크로폴리스 박물관

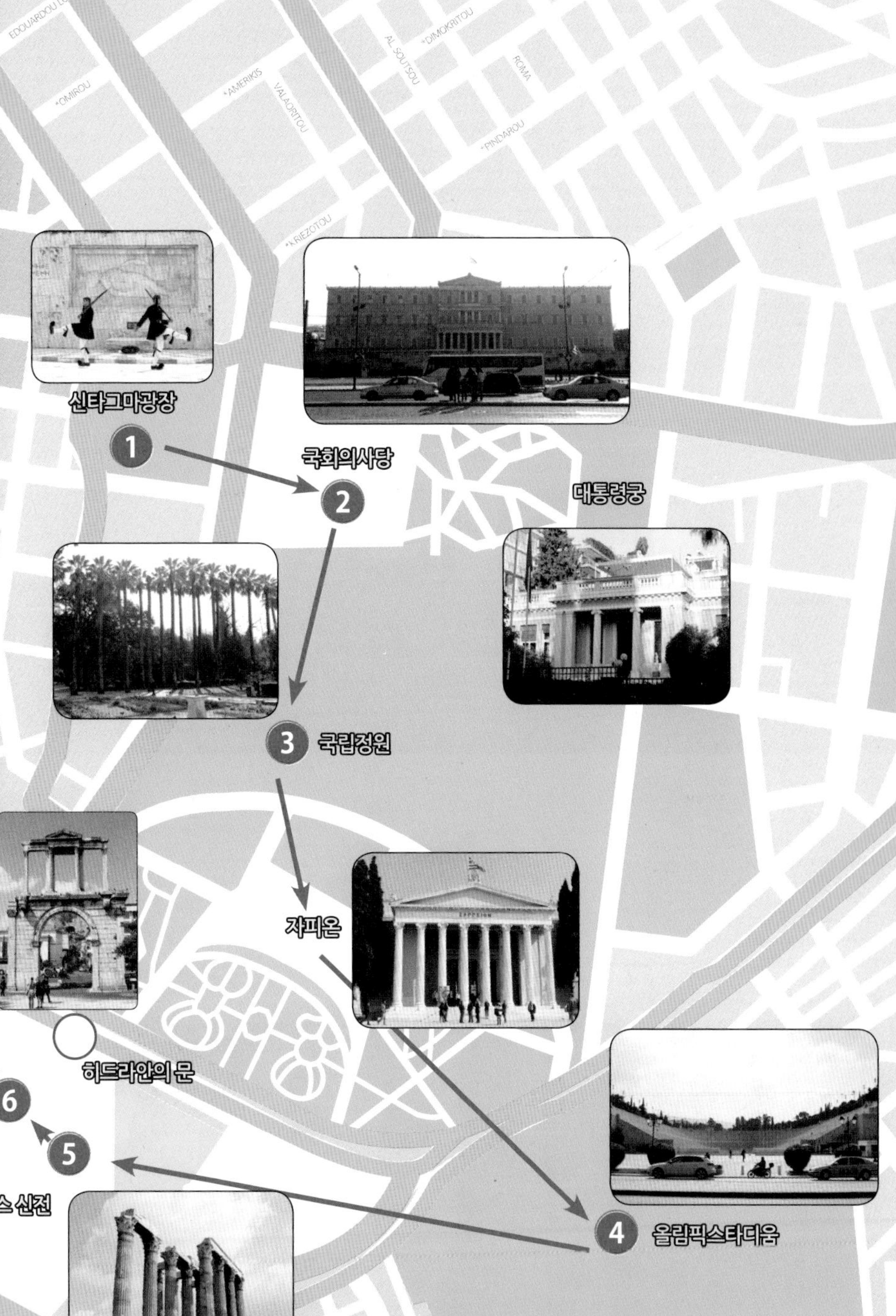

PATR. GRIGOR
EDOUARDOU LO
OMIROU
OMIROU
LYKAVITOU
DIMOKRITOU
AL. SOUTSOU
AMERIKIS
VALAORITOU
ROMA
PINDAROU
KRIEZOTOU
신타그마광장
1
국회의사당
2
대통령궁
3
국립정원
자피온
히드라안의 문
6
5
스 신전
4
올림픽스타디움

아테네

ATHENS

우리나라에서 가는 직항편은 없으며, 대부분은 유럽 내에 있는 도시를 경유한다. 다른 유럽 내에서 여행을 한다면 이탈리아나 터키를 통해 저가항공이나 페리를 타고 그리스로 들어갈 수 있다. 유레일패스로 다른 나라에서 그리스로 입국할 수 있는 방법은 없다.

아테네 IN

공항 버스

공항에서 나오면 정면에 X95번 버스가 있다. 버스표는 티켓 오피스에서 구입하여 탑승해 시내로 이동한다.
공항에서 신타그마 광장Syntagma Square까지 약 40~50분이 소요되는 데 출, 퇴근 시간에는 1시간 이상 소요되는 경우도 발생한다.

버스 타는 방법

1. 버스티켓 구입장소에서 5€에 버스티켓구입
2. 티켓을 가지고 자신이 가고자 하는 버스에 올라탄다.
3. 버스표를 화살표방향으로 넣으면 소리가 나면서 시간이 찍히고 나온다.
4. 버스표를 가지고 앉아서 버스출발을 기다리면 끝

항공

유럽 내에서는 저가항공을 이용하여 여행을 하는 것이 일반화되어 있다. 미리 그리스 여행계획을 짜고 저가항공을 이용해 입국한다면 저렴하게 그리스 여행을 할 수 있다.

배낭여행 초기에는 기차가 거의 유일한 수단이었지만 현재, 저가항공을 이용해 그리스로 여행하려는 유럽인들이 대부분이다.

택시

택시를 이용해 시내로 이동할 수 있지만 그리스의 택시는 바가지요금으로 유명하기 때문에 자제하는 것이 좋다.

시내 버스

시내버스는 옐로, 블루, 그린, 미니버스가 있다.
아테네는 도시가 작고 대부분의 볼거리가 시내에 몰려 있어 여행자가 시내버스를 이용할 경우는 많지 않다.
옐로버스가 시내의 중심지를 운행하는 버스이기 때문에 여행자들이 타게 될 버스이다. 새벽 5시부터 밤 12시까지 운행한다.
블루버스는 외곽을 나갈 때 타게 되고 그린 버스는 신타그마 광장(40번), 오모니아 광장(49번)과 피레우스 항구까지 운행한다. 미니버스(60, 100, 200번)는 골목길을 돌아다니는 버스로 우리나라의 마을버스와 비슷한 개념이다.

버스를 처음 탈 때 네모난 기계에 티켓을 넣으면 날짜와 시간이 적힌다. 공항버스는 5€지만 시내버스는 1.6€(1회권, 90분간 사용가능)로 공항버스를 제외하고 모든 버스와 지하철에서 사용가능하다.
우리나라와는 달리 탑승할때만 티켓을 기계에 넣고 내릴때 그냥 하차하면 된다. 1일권이나 5일권은 처음에 탑승할때마다 기계에 티켓을 넣으면 날짜와 시간이 찍히기 때문에 탑승한 회수와 시간까지 알 수 있는 장점이 있다.

지하철

아테네에서 피레우스 항구나 시내를 이용할 때도 가장 편리한 교통수단은 지하철이다. 3개의 노선(M1, M2, M3)이 있으며 신타그마 광장과 오모니아 광장은 3개의 노선 모두 운행한다. 지하철 역은 동그라미 안에 'M'자가 씌여 있는 마크를 가지고 있다.

지하철 티켓은 직원에게도 구입할 수 있지만 7시 30분 이후에는 직원이 없어 표 구입방법을 알아야 할 필요가 있다. 아무도 검사를 안하기 때문에 무임 승차도 가능할 정도로 허술하지만 무임 승차하는 시민들은 거의 없다.

아테네 지하철 노선도

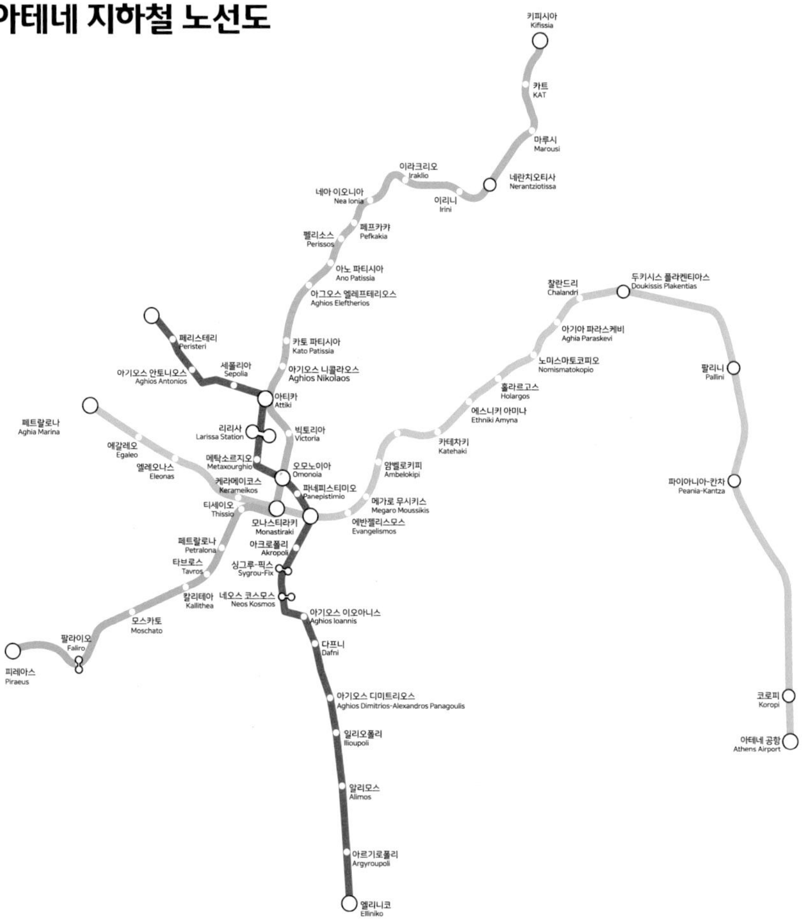

키피시아
Kifissia
카트
KAT
마루시
Marousi
네란치오티사
Nerantziotissa
이리니
Irini
이라크리오
Iraklio
네아 이오니아
Nea Ionia
페프카카
Pefkakia
펠리소스
Perissos
아노 파티시아
Ano Patissia
아기오스 엘레프테리오스
Aghios Eleftherios
카토 파티시아
Kato Patissia
아기오스 니콜라오스
Aghios Nikolaos
페리스테리
Peristeri
세폴리아
Sepolia
아기오스 안토니오스
Aghios Antonios
아티카
Attiki
리리사
Larissa Station
빅토리아
Victoria
페트랄로나
Aghia Marina
에갈레오
Egaleo
엘레오나스
Eleonas
메탁소르지오
Metaxourghio
오모노이아
Omonoia
케라메이코스
Kerameikos
파네피스티미오
Panepistimio
티세이오
Thissio
모나스티라키
Monastiraki
찰란드리
Chalandri
두키시스 플라켄티아스
Doukissis Plakentias
아기아 파라스케비
Aghia Paraskevi
노미스마토코피오
Nomismatokopio
홀라르고스
Holargos
에스니키 아미나
Ethniki Amyna
카테차키
Katehaki
암벨로키피
Ambelokipi
메가로 무시키스
Megaro Moussikis
에반젤리스모스
Evangelismos
팔리니
Pallini
파이아니아-칸차
Peania-Kantza
코로피
Koropi
아테네 공항
Athens Airport
페트랄로나
Petralona
아크로폴리
Akropoli
타브로스
Tavros
싱그루-픽스
Sygrou-Fix
칼리테아
Kallithea
네오스 코스모스
Neos Kosmos
모스카토
Moschato
팔라이오
Faliro
피레아스
Piraeus
아기오스 이오아니스
Aghios Ioannis
다프니
Dafni
아기오스 디미트리오스
Aghios Dimitrios-Alexandros Panagoulis
일리오폴리
Ilioupoli
알리모스
Alimos
아르기로폴리
Argyroupoli
엘리니코
Elliniko

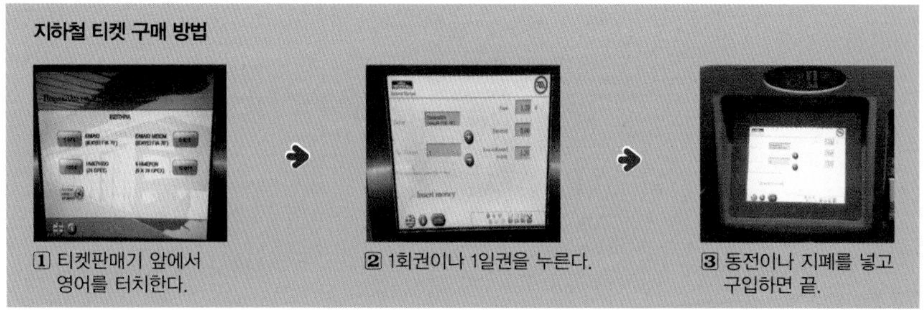

지하철 티켓 구매 방법

① 티켓판매기 앞에서 영어를 터치한다.

② 1회권이나 1일권을 누른다.

③ 동전이나 지폐를 넣고 구입하면 끝.

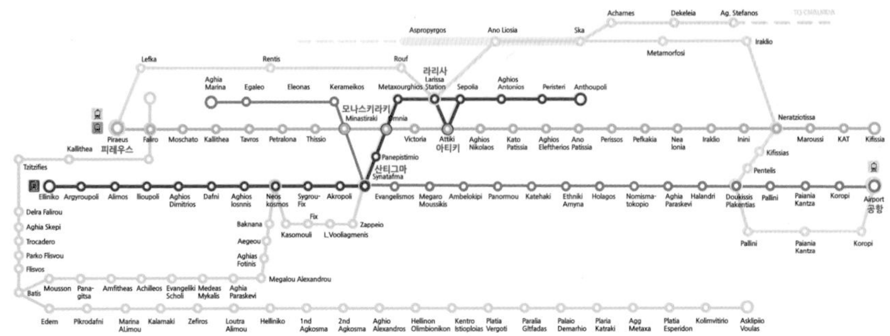

트램 노선도

트램

신타그마 광장위로 올라가면 트램정류장이 있다. 서남부의 근교도시와 해변을 30분 정도면 도착할 수 있는 트램은 아테네 시민들을 편리하게 연결해주는 교통수단이다.

택시

택시는 기본 요금이 1.05€이고 1㎞당 0. 36€씩 가산되지만 바가지가 심하다. 다만 산토리니에서 도착하는 페리가 늦는 경우에 지하철이 끊겨 어쩔 수 없이 이용할 수 밖에 없다. 그럴 때는 반드시 미터기로 정확하게 측정하여 택시비를 내기 바란다. 피레우스항구에서 아테네 시내까지는 13€ 정도의 택시비가 나온다.

미니 코끼리 열차

아테네가 다른 도시와 다른 투어버스는 좁은 아테네 골목길을 운행하는 미니 코끼리 열차가 있다는 점이다. 2종류의 빨강색(해피 트레인)과 초록색(선샤인-익스프레스 트레인)의 코끼리 열차가 있다.

빨강색 해피 트레인은 신타그마 광장의 맥도날드 옆에서 출발하고 초록색의 선샤인-익스프레스 트레인은 로마 아고라 광장의 이드리아 레스토랑 앞에서 출발해 신타그마 광장으로 돌아와 만나게 된다. 모나스티라키 광장과 아크로폴리스에서 정차한다. 코끼리 열차는 한바퀴를 도는데 1시간 가량 소요되며 밤 12시까지 운행하여 밤에 이용하면 시내를 편리하게 돌아다닐 수 있다.

아테네
시티 투어 버스

아테네에는 현재 3개의 회사가 시티투어버스를 운영하고 있다. 빨강색과 노랑색 시티투어버스는 같은 코스를 운영하고 있다. 운영시간은 여름에는 오전9시부터 오후 8시까지, 겨울에는 오후 6시 30분까지만 운영한다. 아테네 시내를 한바퀴도는 데 약 90분이 소요된다.

홉온 – 홉오프 버스 (빨강색 / Hop on – Hop off Bus)

대부분의 도시에서 운영하는 시티투어버스로 빨강색 2층버스로 2층은 오픈되어 있다. 티켓은 티켓오피스나 판매원, 버스 안에서 기사에게도 구입이 가능하다. 가장 많은 버스를 운영하기 때문에 버스 정류장에서 버스를 기다리는 시간이 단축되는 장점이 있다. 많은 언어로 설명을 하는 안내방송이 있지만 한국어서비스는 없다.

▶요금 : 18€, 어린이 8€

아테네 오픈 투어버스(노랑색 / Athens Open Tour)

대부분의 나라들은 시티투어버스가 1개만 운영된다. 아테네에는 자체적인 투어버스 회사가 있는데 그 중에 홉온–홉오프와 같은 노선을 운영하는 회사가 아테네 오픈 투어버스이다. 운영하는 버스숫자가 작기는 하지만 버스 정류장에서 기다리는 시간이 길지 않다. 홉온/홉오프 버스 노선은 같다.

▶**요금** : 15€, 어린이 7€

사이트 어브 아테네 (파랑색 / Sight of Athens)

가장 저렴한 요금을 가지고 있는 시티투어버스로 관광객들이 많이 사용하고 있다. 버스의 숫자가 작아 기다리는 시간이 길다는 홉온–홉오프버스 판매원의 이야기와는 다르게 제시간에 버스가 왔다. 간혹 기다리는 시간이 길지만 저렴한 가격으로 많이 이용하고 있다. 다른 시티투어버스와 운행하는 노선이 다르므로 확인하고 이용하자.

▶**요금** : 13€, 어린이 6€

PANELINIOS SPORTS CLUB
AREOS PARK
TAXIARHES
AG. HARALAMBOS
ALEXANDRAS
28 OKTOVRIOU - PATISSION
LIOSSION
LARISSIS RAILWAY ST. (NORTH GR.)
LARISSIS SQ.
PELOPONNESE RAILWAY ST.
KONSTANTINOUPOLEOS
LENORMAN
MOUSSIO
VATHI
VATHI SQ.
STREFI HILL
EXARHIA
EXARHION SQ.
KANIGOS SQ.
METAXOURGIO
OMONIA
AG. KONSTANDINOS
P. TSALDARI
AKADIMIAS
STADIOU
PANEPISTIMIO
PEFKAKIA
LYCABETTUS SQ.
AG. DIONISSIOS
PIREOS
AG. GEORGIOS
ELEFTHERIAS SQ.
THEATROU SQ.
CENTRAL MARKET
EOLOU
KLATHMONOS SQ.
KERAMIKOS
AG. TRIADA
PSIRI
IROON SQ.
ERMOU
MONASTIRAKI
THISSIO
AG. FILIPOS
AVISSINIAS SQ.
KAPNIKAREA
MITROPOLI
AERIDES
SINDAGMA
PARLIAMENT BUILDING
NATIONAL GARDEN
ZAPPEION
OBSERVATORY
AG. MARINA
APOSTOLOU PAVLOU
AKROPOLIS (ACROPOLIS)
ANAFIOTIKA
PLAKA
PNIKA
AG. DIMITRIOS
NIMFON HILL
DIONISSIOU AREOPAGITOU
MAKRIGIANI
VASSILISSIS OLGAS
SWIMMING POOL
FILOPAPOU HILL
ARDITOU
ARDITOS
L. VOULIAGMENIS
ANDREA SINGROU
KALIROIS
KOUKAKI
AG. NIKOLAOS
AG. PANDELIMONAS
AG. THEODORI
FIX

아테네
핵심 도보 여행

아테네는 그리스의 수도로 볼거리가 한 곳에 몰려 있는 장점이 있다지만 하루에 다 보기는 쉽지 않다. 도보로 걸어서 다닐 수 있는 장점은 있다. 신타그마 광장을 기준으로 위를 어퍼타운Upper Town, 아랫부분을 로어타운Lower Town이라고 생각하고 나누어 아테네 시내를 돌아다니면 편하다.

첫날에는 로어타운을 신타그마 광장 위의 국회의사당부터 오른쪽으로 국립정원과 자피온을 거쳐 올림픽 스타디움과 제우스 신전, 아크로 폴리스를 보고 내려오면 하루가 쉽게 지나간다. 다음날 어퍼타운은 신타그마 광장 위의 박물관들을 보고 콜로나키를 거쳐 아테네 대학교와 국립도서관을 보면 거의 3~4시가 된다. 마지막으로 국립 고고학 박물관을 보고 나면 아테네는 거의 다 보게 된다.

Lower Town (1일차)

1일차 | 로어타운 (Lower Town)

신타그마 광장 → 국회의사당 → 국립정원 → 자피온 → 올림픽 스타디움 → 제우스 신전, 하드리안의 문 → 니시크라테스 기념비 → 신 아크로폴리스 박물관 → 아크로폴리스 → 아레스 언덕 → 로만 아고라 → 고대 아고라 → 플리마켓(벼룩시장) → 모나스티라키 광장

아테네라는 도시의 상징은 당연히 아크로폴리스이다. 도시의 어디서든지 아크로폴리스를 볼 수 있다. 하지만 아테네 시민들이 많이 찾는 장소는 신타그마 광장Sintagma Square으로 자연스럽게 만남의 장소로 이용되고 있다. 아테네 시민들의 만남의 장소인 신타그마 광장부터 아테네 도보여행은 시작된다. 신타그마 광장 위로 올라가면 국회의사당Vouli이 나온다. 우리나라와 다르게 그리스의 국회의사당은 시민들과 친숙하게 다가가고 있다. 국회의사당의 벽면에는 터키와의 독립전쟁에서 죽은 무명용사들을 기리는 부조가 있다. 그 앞에서 아침 10시 30분부터 근위병 교대식이 이루어지는데 영국 런던의 근위병 교대식과 비교하면 단촐하지만 나름대로의 특징이 있다.

근위병교대식 후에 오른쪽으로 이동하여 국립정원National Garden을 가보자. 아테네 시민들의 휴식처이자 교육장소로 이용되는 국립정원은 상당히 잘 가꾸어져 있다. 또한 입구에는 해시계가 있는데 해를 보고 시간을 맞추어 보니 30분 정도의 차이만 나서 옛날 그리스 문명의 수준을 알 수 있다.
시민들의 조깅과 소풍장소로 이용되고 있는 이곳은 상당히 넓다.
국립정원 뒤에는 대통령궁이 있다.

대통령궁은 특징이 있지도 않고 거리도 멀며, 경비가 심해서 굳이 보러 갈 필요는 없다. 국립정원 오른쪽 끝에는 자피온Zappeion이 있다. 자피온은 근대 올림픽대회의 본부로 사용하여 역사적으로 의미가 있다. 국립정원부터 자피온까지는 산책장소로 손색이 없다. 자피온 건물 앞에서 내려다보면 분수가 아름답게 물을 내뿜는 장면을 볼 수 있을 것이다.

다시 오른쪽으로 이동하면 도로가 나오고 횡단보도를 건너면 올림픽 스타디움Olympic Stadium이 나온다. 근대 올림픽 경기장으로 1896년 제1회 올림픽 경기를 치르기 위해 고대 경기장으로 복원이 되어 제1회 올림픽대회가 무사히 개최되었고, 지금까지 올림픽대회는 지구촌 축제로 자리잡게 되었다. 올림픽 스타디움은 입장하지 않고 지나치는 경우가 많은데 들어가서 직접 경기장에서 뛰어보고 시상대에도 올라보면 좋은 추억을 쌓을 수 있다.

올림픽 스타디움을 나와 길을 따라 내려가면 제우스 신전이 보인다. 자피온에서 분수쪽을 바라보면 제우스 신전이 보이지만 분수 왼쪽으로 돌아 올림픽 스타디움을 들려 제우스 신전을 가야 다시 되돌아오지 않는다. 제우스 신전은 그리스에서는 최대 규모로 약 650년동안에 걸쳐 만든 신전으로 4세기에 고트족의 침입으로 파괴되어 지금은 기둥만 남아 있지만 그 규모를 상상해 볼 수 있다. 제우스 신전에서는 아크로폴리스의 파르테논 신전도 보여 아름다운 장면도 감상할 수 있다.

제우스신전부터는 통합티켓을 사용할 수 있으니 구입하여 이동하자. 제우스 신전에서 하드리안의 문을 볼 수 있는데 옛날 고대 로마인과 그리스인을 구분하는 문으로 사용되었다. 하드리안의 문을 통해 아크로폴리스를 보는 장면도 볼만하다. 하드리안의 문을 나와 정면의 횡단보도를 건너면 이제 아크로폴리스로 가면 된다.

신아크로폴리스 박물관쪽으로 걸어가지말고 오른쪽의 골목으로 들어가서 올라가면 리시크라테스 기념비가 나온다. 리시크라테스 기념비를 보기 전에 뒤를 돌아 하드리안의 문을 보면 근사하다. 해질 때 보이는 하드리안의 문은 정말 아름답다. 리시크라테스 기념비는 디오니소스의 삶이 묘사되 있고 디오니소스 경연대회 우승상품인 청동 제단 트로피를 세워놓기 위해 만든 기념비이다. 이제 왼쪽으로 걸어가면서 기념품가게들의 기념품을 보며 아크로폴리스로 오른쪽으로 이동하자. 이 거리에는 많은 작은 공연들과 관광객들이 꽉차고 레스토랑도 상당히 많다.

신아크로폴리스 박물관은 유적지가 입구 밑부분에 보이도록 하여 관심도를 증가시키고 파르테논신전의 역사와 아크로폴리스의 규모를 미리 알 수 있다. 또한 입구부터 많은 조각상들이 관람객을 맞이하고 있다.
신 아크로폴리스 박물관에서 나와 위로 올라가며 아크로폴리스를 감상하면 된다. 입구에서는 표를 구입할 수 있지만 제우스 신전에서 미리 통합입장권을 사면 기다려서 표를 사는 번거로움이 없다.
블레의 문을 거쳐 프로필레아를 지나면 아테네여행의 하이라이트인 아크로폴리스를 감상할 수 있다. 아크로폴리스에는 오늘 거쳐온 시내를 다 둘러볼 수 있는 전망대도 있다. 아크로폴리스를 나와 아레스의 언덕에서 반대편의 아테네 시내를 바라보며 아테네 여행의 피로를 풀고 로만 아고라로 내려가자.

아고라 옆에는 많은 레스토랑들이 늘어서 있는데 상당히 맛좋은 집들과 옆의 로만 아고라와 고대 아고라를 보면서 먹는 맛은 감탄이 절로 나올 것이다.

Lower Town (2일차)

2일차 | 어퍼타운(Upper Town)
신타그마 광장 → 베나키 박물관 → 고대 그리스 박물관 → 비잔틴 박물관 → 전쟁 박물관 → 국립미술관 → 콜로나키 → 아티카 백화점 → 화폐 박물관 → 아테네 학술원 → 아테네 대학교 → 국립도서관 → 오모니아 광장 → 국립 고고학 박물관

다음날은 어퍼타운Upper Town으로 주로 아테네 시내에 있는 박물관을 따라 보게 되는 코스이다. 아테네에도 상당히 많은 박물관들이 있다. 그 박물관을 다 보기가 힘들겠지만 원하는 박물관을 선택하여 보기 바란다. 특히 신 아크로폴리스 박물관과 국립 고고학 박물관, 베나키 박물관은 꼭 봐야 할 박물관으로 추천한다.

신타그마 광장에서 국회의사당으로 올라가 국회의사당 왼쪽으로 돌아 올라가면 5분 정도 후에 베나키 박물관이 보인다. 거부 베나키가 모아놓은 유물과 전시품이 있는 사립박물관으로 상당히 많은 소장품들을 볼 수 있다. 그 위로 5분정도만 올라가면 키플라데스 & 고대 그리스 미술관이 나온다. 콜로나키 언덕 바로 아래에 있는 박물관으로 국립 미술관까지 보고 콜로나키를 올라갈 때 옆의 도로를 따라 올라가야 하니 기억해 두자.

신타그마 광장

베나키 박물관 전쟁박물관

또 횡단보도를 건너 조금만 올라가면 비잔틴 박물관이 나오는데 비잔틴 예술작품만을 볼 수 있는 특색있는 박물관이다.
그 위로 전쟁박물관이 이어져 있어 바로 들어가서 보고 나오면 된다. 전쟁박물관을 제외하면 전부 유료 박물관이니 자신이 보고 싶은 박물관을 선택하여 봐야 한다.
박물관을 보다보면 점심을 넘어서기 쉽다. 그럴때는 콜로나키에 가서 점심을 해결하자. 콜로나키는 부촌으로 현지인들만이 찾는 세련된 레스토랑들이 많다.

콜로나키에서 리카비토스 언덕을 올라가려면 시간이 많이 소요되니 미리 점심을 해결하고 이동하는 것이 좋다. 키라비토스 언덕은 올라가는 시간이 상당하다. 케이블카가 아니라면 올라가는 것은 추천하지 않는다. 콜로나키에서 아티카 백화점을 내려가는 거리는 우리나라의 청담동같은 명품거리로 그리스 명품인 코스테초스Kostetsos가 있다.
그리스에서 명품은 상당히 비싸서 쇼핑을 하는 것은 좋지 않다. 아티카 백화점은 캐주얼한 브랜드의 상품을 파는 백화점으로 시설이 좋지는 않다. 아티카백화점 건너편에는 조금만 걸어가면 화폐 박물관이 있는데 화폐 박물관을 보고나서 옆의 카페에서 휴식을 취하고 이동하자. 작고 아담한 정원이 인상적이다.

콜로나키 명품거리

아티카 백화점

5분 정도를 걸어 올라가면 아테네학술원과 아테네대학교, 국립도서관이 나란히 서 있다. 특히 아테네학술원의 왼쪽에는 아리스토텔레스의 동상과 오른쪽에는 소크라테스의 동상이 있어 유명한 인물들을 바로 알아볼 수 있다.

아테네대학교부터 오모니아 광장을 거쳐 국립 고고학 박물관을 가는 거리는 대학생들이 많이 찾는 우리나라의 '대학로'같은 거리여서 싸고 맛좋은 빵집과 레스토랑들이 상당히 많다. 박물관을 자세히 보다보면 아테네 학술원을 볼 때에는 저녁이 되어 있을 수도 있다. 그럴때는 다음날 이어서 국립 고고학 박물관을 가도 좋다.
15분 이상을 걸어가야 국립 고고학 박물관이 나온다. 박물관이 나올때까지 계속 올라가야지 중간에 멈추면 찾기가 힘들다. 국립 고고학 박물관은 여름에는 오후 5시까지, 겨울에는 오후 3시면 끝나기 때문에 시간을 잘 맞추어 방문을 해야 헛걸음을 하지 않는다.

신타그마광장과 국회의사당

Sintagma SQ & The Parliament

공항에서 X95번 버스를 타고 시내에 내리면 가장 먼저 만나는 장소가 신타그마 광장이다. 신타그마 광장을 중심으로 아테네의 여행코스가 시작된다. 현재 그리스는 경제위기로 주말에는 신타그마 광장에서 시위도 자주 열린다. 1843년 최초로 헌법을 공포한 역사적인 장소로 아테네의 중심이다.

아리스토텔레스가 리케이온 학원을 열었던 역사적인 곳이기도 한 신타그마 광장을 둘러싸고 유명한 호텔들이 있고 위에는 국회의사당이 서 있다. 국회의사당은 매일 10시 30분부터 근위병 교대식이 열리는 장소로 유명하다. 정면 벽에는 터키와의 독립전쟁에서 죽은 무명용사를 기리는 부조가 새겨있다. 부조물의 좌우에는 철학자인 투키디데스의 문구가 오른쪽에는 그리스어로, 왼쪽에는 영어로 새겨져 있다.

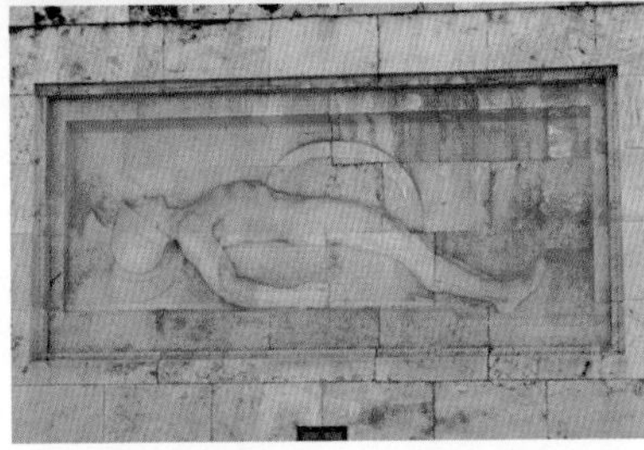

그리스 용사상, 영웅들에게는 세상 어디라도 그들의 무덤이 될 수 있다. – 페리클레스 –

🌐 www.parliament.gr 🏠신타그마 광장에서 위로 도보 1분
🕒 월~금요일 9시~13시 30분, 주말 10시~20시

근위병교대식 순서

국회의사당 정면 왼쪽으로 3명의 교대인원이 발을 높이 들고 천천히 들어오면 상관이 준비를 한다. 계단 바로 앞까지 들어와 멈추면 상관이 교대할 수 있는지 점검을 한 후에 부조 앞으로 걸어 들어간다.

대통령궁과 수상 관저

Presidental Palace & Megaron Maximou

취재진

대통령궁을 국회의사당과 마주보도록 해놓은 것은 인상적이다. 관광객의 입장에서는 국회의사당과 대통령궁은 마주보고 있지만 국회의사당에서 가려면 30분 이상을 걸어 가야하기 때문에 굳이 갈 필요는 없다.

또한 경비가 삼엄하여 사진을 찍는 것도 쉽지 않다. 왕국이었던 건물을 1878년에 신고전주의 양식으로 설계해 지금까지 사용하고 있다. 옆에는 수상관전인 메가론 막시무Megaron Maximou건물도 있다.

🌐 www.prememinister.gr
🏠 rodou Attikou St, Syntagma ,
신타그마 광장에서 왼쪽으로 돌아 걸어서
🕒 도보 20~30분

국립정원

National Garden

아테네에도 공원같은 정원이 아테네의 허파역할을 하고 있다. 아테네시민이 사랑하는 국립정원은 오토 국왕의 왕비인 아말리아의 설계로 고대 정원을 다시 설계해 만든 왕궁정원이었다. 지금은 시민들에게 개방되어 시민들의 휴식처역할을 하고 있다.

입구에는 해시계가 있는데 현재가 몇 월인지 찾아 1을 더하고 옆으로 이동하여 시간을 맞추어 보면 30분 정도의 오차만 있는 것을 확인할 수 있다. 기원전 2천년 정도에 해시계를 매우 정교하게 계산해 낸 아테네문명의 수준을 알 수 있어 시민들은 교육적으로도 이용하고 있다.

콜로코트로니스 동상
Kolokotronis bronze

자피온을 나와 올림픽스타디움으로 가려면 횡단보도를 건너야 한다. 이때 오른쪽으로 고개를 돌려보면 독립운동의 아버지인 콜로코트로니스 동상이 나온다.
1822년 7월 콜로코트로니스는 3만 6천 명을 상대로 독립군 8천 명으로 게릴라식 공격을 하여 2만 명을 사살하며 이름을 떨치며 결국 독립을 쟁취하는데 혁혁한 공을 세웠다.

자피온
Zappeion

근대 올림픽이 처음 열린 아테네에서 올림픽 본부로 역할을 한 장소가 자피온이다. 콘스탄티노스 자파스Konstantinios Zappas가 후원하고 한센Hansen이 설계해 1888년 완공한 건물이다.

지금은 그리스에서 대외적으로 중요한 행사를 하는 장소로 쓰인다. 입구의 왼쪽에 자파스 동상이 서 있다.

자파스 동상

새로운 그리스풍 문화의 탄생, 헬레니즘 문화

개인의 감정을 솔직하게 표현한 헬레니즘 문화

알렉산드로스 대왕이 동방 원정으로 건설한 대제국에서는 원래 있던 동방의 문화와 알렉산드로스 대왕이 퍼뜨린 그리스 문화가 융합되어 새로운 그리스풍 문화가 태어났는데, 이 문화를 헬레니즘 문화라고 한다. 그리스의 몰락과 함께 사람들은 나라를 위해 사는 것보다는 어떻게 해야 자기 개인이 행복하게 살 수 있는지에 관심이 많아졌다. 그래서 헬레니즘 문화는 개인의 감정을 매우 솔직하게 표현하는 문화였다.

1. 조화와 균형보다 개성을 존중한 헬레니즘 미술

라오콘 군상

민주 정치를 사랑한 그리스 인들은 의견이 서로 다른 사람들과도 조화를 이루고 균형을 맞추어 살아야 했다. 하지만 그리스가 무너지고 난 뒤, 헬레니즘 시대에는 조화와 균형보다는 개인의 감정을 표현하는 것을 더 중요하게 생각했다.

기원전 2세기에 만들어진 헬레니즘의 대표 조각인 라오콘, 두 마리의 거대한 뱀이 트로이의 신관인 라오콘과 그의 두 아들을 죽이고 있다. 죽음을 두려워하는 라오콘과 두 아들의 고통스러워하는 표정이 잘 나타나 있다.

두 조각은 모두 아름다움의 여신 아프로디테를 묘사한 것이다. 그리스 시대의 아프로디테는 남의 눈을 의식하면서 부끄러워하고 있다. 아프로디테의 벗은 몸은 아름답지만, 움직임이 없이 단정하고 균형이 잡혀 있다. 반면에 헬레니즘 시대의 아프로디테는 거칠고 야성적인 양치기의 신, 판이 장난을 걸자, 신발을 벗어나려 하고 있다. 장난꾸러기 판이 얌전한 아프로디테를 놀리는 것이 마치 장난꾸러기 헬레니즘 문화가 얌전한 그리스 문화를 놀리는 듯하다.

목욕을 준비하는 아프로디테
기원전 4세기, 그리스의 전성기 작품

아프로디테와 판
기원전 2세기, 헬레니즘 시대의 작품

2. 개인의 행복을 찾았던 헬레니즘 철학

헬레니즘 시대의 사람들은 폴리스 시민으로서가 아니라 개인으로서 어떻게 살아야 할지, 어떻게 하면 더 행복하게 살 수 있을지를 고민했고 이런 고민 중에 에피쿠로스학파와 스토아학파가 생겨났다. 에피쿠로스학파는 인간이 행복하게 살려면 즐겁게 살아야 한다. 즐거우려면 마음속에 아무런 불안과 두려움이 없어야 한다. 이런 마음의 평화만이 참다운 즐거움이며, 마음의 평화를 얻으려면 세상의 온갖 유혹을 이겨내야 한다고 주장하였다.

스토아학파는 인간의 운명은 자연의 법칙에 따라 미리 정해져 있으며, 인간은 운명을 피하거나 거부할 수 없다고 주장하였다. 우리가 행복하게 살려면 지나치게 욕심을 부리지 말고 겸손하게 자연의 법칙을 받아들여야 한다는 것이 스토아학파의 입장이다. 두 학파의 고민들은 새로운 헬레니즘 철학이 정립되어 전파하는 과정이 후에 이루어졌다.

근대올림픽 경기장

Olympic Stadium

완전히 하얀 대리석으로 건축된 근대 올림픽 경기장은 고대 그리스 경기장 지역에 위치해 있다. 1896년, 첫 근대 올림픽이 개최된 이 경기장은 흰색 대리석의 화려한 외관과 함께 고대부터 오늘날까지 수많은 승리를 선보였던 곳이다.

외부에서 경기장의 매력적인 건축술과 고대 머리핀 모양의 외관, 넓은 정면 로비 등을 보고, 경기장의 독특한 실내도 구경하면 더욱 실감나는 느낌을 가지게 된다. 약 45,000명의 관중을 수용할 수 있다. 경기장은 아크로폴리스 동쪽으로 약 1.6㎞ 거리에 있다.

오디오 가이드

내부로 들어가기로 했다면 다양한 언어로 지원되는 오디오 가이드를 들으면 좋다. 가이드에서 경기장의 역사는 물론 내부의 어디가 특히 중요한지에 대해서도 잘 설명하고 있다.

즐기는 방법

1. 고대와 현대 운동선수들이 모두 경합을 벌렸던 지역을 구경하고 금, 은, 동메달을 딴 선수들이 당당하게 메달을 수여받았던 연단에도 서보자.
2. 경기장의 층계를 오르면 도시의 전망을 감상할 수 있다.
3. 고대 트랙을 돌며 당신의 운동 실력도 평가해 보자.

제우스신전

Temple of Olympic Zeus

제우스 신전은 완성되는 데에만 약 700여 년이 걸렸다. 통치자 페이시스트라토스가 기원전 6세기에 프로젝트를 시작하였지만 완성은 하드리아누스 황제에 의해 131년에 되었다. 그리스인들은 수 세기 동안 이곳을 미완성의 상태로 놔두었다. 당시 사람들은 대형 건물을 짓는 것은 신과 인간을 동등하게 여기는 거만함의 상징이라고 믿었기 때문이다.

흥미롭게 하드리아누스 황제는 예배당 안에 금과 아이보리의 대형 제우스 신 동상을 만들었고, 아주 약간 더 작게 자신의 동상을 세웠다. 인근에는 하드리아누스 문이 있는데, 고대 도시와 아테네 로마 도시 사이의 문으로 131년에 세워진 것이다.
'올림피아 제우스 기둥'으로도 알려진 제우스 신전은 아테네 중심부의 인상적인 유적 사원이다. 고대 시대에 지어진 이 신전에 아직도 남아 있는 우뚝 솟은 기둥 앞에 서서 해 보자.

원래의 104개 코린트식 기둥 중 15개만이 남아 있지만, 이것만으로도 성전의 엄청난 규모를 쉽게 상상할 수 있다. 중세 시대 지진으로 인해 대부분의 건축물은 파손되었고 기둥 중 하나는 1852년 폭풍으로 인해 축출되기도 했다. 명확하게 정의된 남아 있는 기둥의 세그먼트는 어떻게 건축되었는지 쉽게 짐작가게 해준다. 1세기 신전에서 모든 올림피아 신들의 아버지를 기리는 우뚝 솟은 기둥의 밑에 서보면 올림피아 신의 아버지에게 경의를 표하게 된다.

▲ 제우스 신전 야경

하드리안의 문
Hadrian's Gate

제우스 신전의 옆에는 하드리안의 문이 서 있다. 로마시대에 그리스인들과 로마인들이 사는 마을을 구분하기 위해 만든 문으로 '아테네 테세우스의 마을'이라는 문구가 써 있고 반대에는 '하드리아누스의 도시'라는 문구가 써 있다. 단순한 문이지만 하드리안의 문에서 바라본 아크로폴리스가 꽤나 멋지다.

리시크라테스 기념비
Lysikrates Monument

제우스 신전에서 횡단보도를 건너 왼쪽으로 걸어가지 말고 오른쪽으로 난 골목길을 따라 올라가면 디오니소스 경연대회의 후원자였던 리시크라테스가 우승 상품인 청동 제단의 트로피를 세워놓기 위해 건립한 것으로 6개의 기둥이 있고 디오니소스의 삶이 묘사되어 있다.

신 아크로폴리스 박물관을 향해 밑으로 내려가면서 기념품가게들을 볼 수 있다. 인근에는 관광객들을 사로잡는 기념품과 레스토랑들이 즐비하다.

신 아크로폴리스 박물관

New Acropolis Museum

현대적인 박물관은 완성되기 까지 수 십년이 걸린 열정의 결실이자, 매년 수백만 명의 방문객들이 찾는 세계적인 명소로 원래 생각했던 것보다 30년이 더 걸려 2007년에 완공되었다.
전 세계에서 온 건축가들이 이 현대적인 건축물의 디자인을 위해 경쟁을 벌이기도 했다고 한다. 전시 공간만으로 14,000제곱미터가 넘는 건축물로 아크로폴리스의 언덕에 있는 구 박물관보다 10배는 더 큰 규모이다. 저녁에 불이 켜진 아름다운 아크로폴리스의 전망도 즐길 수 있다. 북적거림을 피하려면 일찍 도착해야 한다.

고대시대부터 중세 시대까지 아크로폴리스에 살았던 사람들의 생활 풍습 등을 구경하다보면 시간은 금방 지나간다. 이곳은 박물관과 아크로폴리스, 기타 주요 고고학 지역을 연결시켜 주는 곳이기도 하다. 파르테논 갤러리의 꼭대기에서 관람을 시작해도 좋다. 현대적인 아테네 도심으로 둘러싸인 아크로폴리스의 360도 파노라마 전망을 가능하게 해준다.

1층에는 고고학 발굴의 역사를 생생하게 체험할 수 있는 곳으로 4~7세기에 이르는 고대 유적지들을 확인할 수 있다. 상설 전시장에는 수공예품, 미술품, 그리스 역사를 담은 수백 개의 이야기 작품들이 있다.

🌐 www.theacropolismuseum.gr 🏠 15 Dionisiou Aeropagitiou St, 메트로 그린라인 아크로폴리스역에서 도보 5분
© 7€ (학생 4€)

아크로폴리스
Acropolis

자피온에서 분수쪽을 바라보면 보이는 제우스 신전은 그리스 최대 규모의 신전으로 약 650년 동안 만들어졌다고 한다. 파르테논 신전보다도 큰 이 제우스 신전은 4세기에 고트족의 침입으로 파괴되었다가 로마의 하드리안 황제때 다시 완공하였지만 다시 세월의 풍파를 견디지 못하고 파괴되어 지금은 기둥 15개에 신전의 터만 남아 예전의 화려한 명성을 상상할 수 있는 정도만이 남아 있다.

세계문화유산 제1호인 아크로폴리스는 높은 곳의 도시라는 뜻으로 도시의 수호신을 높은 곳에 세우고 방어의 역할까지 생각하여 만들었다. 아크로폴리스와 파르테논 신전에 찬양하는 글을 모으면 하나의 전집이 될 정도로 누구나 아크로폴리스와 파르테논 신전을 직접 보고 싶어한다.

아크로폴리스는 그리스의 영광의 역사이지만 지금까지 수난의 역사를 보여준다. 신전내부를 화약창고로 사용했는데 베네치아군의 침공으로 파괴되었다.
파르테논 신전내부는 파괴되었고 에렉티온 신전도 땅속에 처박혀 있는 것을 근대에 들어서 복구하기 시작해 지금은 황량하게 보는 시선도 존재한다. 6~9월에는 헤로데스 아티쿠스 음악당에서는 연극이나 콘서트 등이 열리기 때문에 한여름에 온 관광객들은 꼭 보도록 하자.

불레의 문 (Boule Gate)

아크로폴리스를 입장하려면 처음으로 거치는 입구로 아크로폴리스를 발굴한 불레의 이름을 딴 건축물이다. 성벽이지만 지금은 건축물의 입구같은 느낌이 든다.

아그리파 기념비 (Agripa Monument)

입구에서 니케 신전은 오른쪽에 왼쪽에는 아그리파 기념비가 서 있다. 기원전 27년경에 마르쿠스 아그리파가 사두마차 기념물을 세웠다고 하나 지금은 기념비의 밑 부분만 남아 있다.

아테나 니케 신전 (Athena Nike Temple)

그리스 신화에서 아테네의 왕인 아이세우스가 아들 테세우스가 미노타우로스에서 죽임을 당한 줄 알고 떨어져 자살한 건축물이 아테나 니케 신전으로, 입구로 올라가서 처음

으로 보이는 오른쪽에 웅장하게 서 있는 건축물이 니케의 신전이다. 페르시아와의 전쟁에서 승리를 기념하기 위해 세워진 이오니아식 건축물이다.

프로필레아 (Propylea)

'정문'이라는 뜻의 프로필레아는 기원전 437~432년경에 지어졌다. 지금은 웅장한 뼈대만 남아 예전의 명성을 알 수 있게 한다.

처음에는 도이라식 기둥이, 안으로 들어가면 이오니아식 기둥이 서 있고 서로 마주보도록 배치되어 도시간의 균형을 맞추는 합의의 건축물이다. 23m의 기둥 5개를 건너가면 아크로폴리스로 들어가게 된다.

파르테논 신전(Parthenon)

아크로폴리스에서 가장 중요한 건축물은 파르테논 신전으로 웅장한 파르테논 신전을 보기 위해 수많은 관광객들이 아테네로 들어오고 있다. 하지만 기둥만 남아있는 파르테논 신전을 보고나서 살짝 실망하는 경우도 있다.

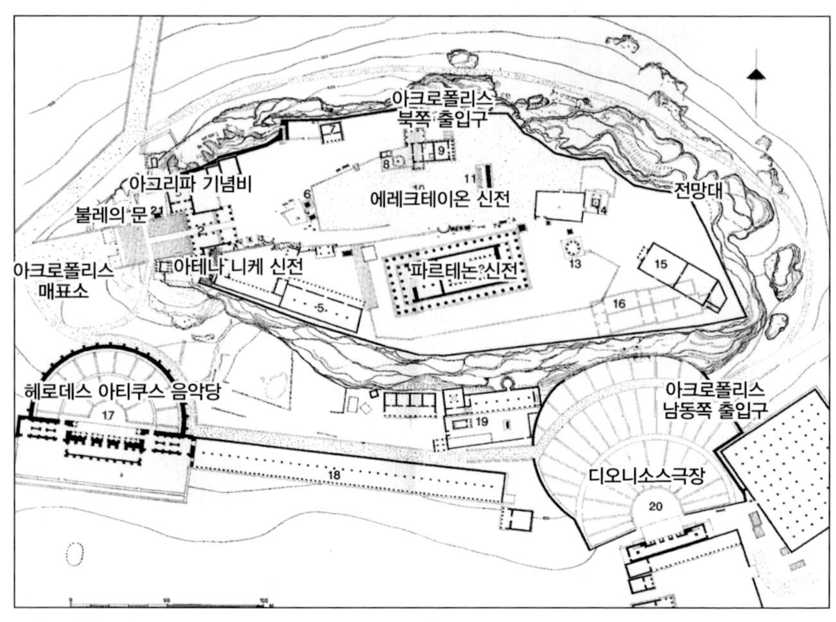

▲아크로폴리스 약도

오스만 투르크와의 전쟁으로 아테네를 공격한 베네치아군은 파르테논 신전안의 화약을 폭파하면서 파르테논 신전은 파괴되어 근대에까지 파괴된 채로 방치되었다. 근대부터 지금까지 발굴과 복원작업을 하고 있지만 예전의 명성은 찾기 힘들다.

그리스의 조각가 칼리크라테스Callicrates와 이크티누스Ictinus가 설계하고 15년동안 지은 파르테논 신전은 위로 올라갈수록 가늘어지는 착시현상까지 계산하여 만들어진 대단한 엔타시스Entasis 건축물이었다. 기원전 432년에 아테나 파르테노스Athena Parthenos 여신의 조각상이 내부에 금과 상아로 씌워져 서 있었다고 한다.

파르테논 신전 오른쪽에는 신 아크로폴리스 박물관과 헤로데스 아티쿠스 음악당과 디오니소스 극장, 유메네스의 스토아까지 볼 수 있다. 또한 파르테논 신전의 복원과정도 나와 있는 사진들도 함께 전시되어 그동안의 힘든 발굴과정과 복원을 알 수 있는 설명까지 보면서 파르테논 신전을 알 수 있도록 세세한 설명도 되어 있다.

▲ 올리브 나무는 1917년에 독일의 고고학자인 우베르트 하지 힐이 다시 심어 지금도 올리브나무가 서 있다.

에렉티온 신전(Erecthion Temple)

아테나여신이 올리브 나무를 심고, 바다의 신 포세이돈이 삼지창으로 쳐서 우물을 만든 터에 심어진 올리브나무에 에렉토니우스의 이름을 붙여 만들었다고 전해진다. 6명의 카리아티데스 상이 건물을 받치는 이오니아식 기둥으로 서 있다.

머리 모양과 장신구나 복장이 모두 다른데, 건물을 받치고 있는 처녀상은 다 모조품이다. 현재 대영박물관과 신 아크로폴리스 박물관 4개의 처녀상이 전시되어 있다.

전망대(Belvedere)와
아레오파고스 언덕(Areopagos Hill)

아크로폴리스는 아테네 시내를 한눈에 조망할 수 있어 좋은 전망대역할을 한다. 파르테논 신전 앞에 있는 전망대에서는 국회의사당부터 올림픽 스타디움과 신 아크로폴리스 박물관까지 다 볼 수 있다.

반대편 입구에 있는 아레오파고스 언덕에서는 고대 아고라와 로만 아고라, 모나스티라키와 플라카 지구를 볼 수 있다.

아크로폴리스에서 아테네시내 전체를 한눈에 조망할 수 있고, 힘들게 아크로폴리스까지 둘러본 여행객의 피로를 풀 수 있어 전망대와 아레오파고스 언덕은 여행객의 쉼터역할도 겸하고 있다. 사도바울의 행적을 담은 사도바울의 한구절이 아레오파고스 언덕 입구에 써 있다.

아크로폴리스 언덕에서 바라본 전경

❶오나스티라키 광장 ❷플라카지구 ❸르만이고라 ❹고대아고라 ❺국립박물관/아테네대학교/아테네학술원

사도 마을의 구절이 적힌
언덕입구

헤로데스 아티쿠스 음악당
Herodes Atticus Odeum

로마에서 교육을 받은 헤로데스 아티쿠스가 2년에 걸쳐 만들어 아테네 시민에게 기증한 음악당으로 5천 명을 수용할 수 있다. 그 옛날, 만들어진 음악당에서 아직도 매년 6~9월까지 콘서트부터 연극, 오페라까지 다양하게 사용되고 있다는 사실이 놀라울 뿐이다.

디오니소스 극장
The Ancient Theatre of Dionysos

아크로폴리스의 아래에 술의 신인 디오니소스를 기리는 신전과 그 옆의 디오니소스 극장이 있다. 15,000~18,000명까지 앉을 수 있는 디오니소스 극장은 리쿠르고스가 기원전 342년부터 약 6년간 만들었다.

유메네스의 스토아
Stoa of Eumenes

아크로폴리스를 들어가기 전에 가장 먼저 보게 되는 것이 유메네스의 스토아이다. 로 페르가모스의 왕, 유메네스 2세가 헤로데스 아티구스 음악당과 디오니소스 극장을 연결하는 64개의 도리아식 기둥이 있는 통로로 만들어 현재에 이르고 있다. 현재는 많이 훼손되어 흔적만 남아 있다.

고대 아고라와 로만 아고라

Ancient Agora & Roman Agora

아크로폴리스가 신들의 장소라면 그 밑의 아레오파고스 언덕은 신밑에서 귀족들이 정치를 행한 장소였다. 다시 그 밑의 아고라는 민주정이 실시된 곳으로 그리스 아테네의 중심이 신과 귀족을 거쳐 시민들로 넘어갔다는 것을 확인할 수 있는 곳이다.

시민들은 아고라에서 정치나 철학, 예술을 논하고 상업활동을 하는 장소로 활기찬 아테네 경제를 지탱해주는 장소였다. 1931년부터 발굴작업이 이루어지면서 아고라가 얼마나 큰 장소였는지 확인이 되었다.

아레오파고스 언덕에서 왼쪽으로 돌아 나오면 아고라가 보이면서 많은 레스토랑들이 관광객들을 유혹한다. 맛좋은 레스토랑들이 즐비한 가운데에 아고라 옆에는 지하철도 지나가고 있다.

그리스가 로마의 정복을 받은 시대에는 로만 아고라가 시민들의 중심이 되었다. 고대 아고라 옆에 위치하였지만 새로운 시대를 맞이하여 하드리안의 도서관, 바람의 탑 등의 유물과 페티예 모스크가 가장 유명하다. 플라카 지구 바로 옆에 붙어 있어 고대 아고라의 레스토랑이 로만 아고라와 플라카지구와 모나스티라키의 레스토랑들과 붙어 있어 위치가 어디인지 혼동되는 경우도 있다.

24 Adrianou, 모나스티라키역 하차 / 티시오역 하차 월요일~금요일 8~20시, 10~3월(겨울) 17시까지
12€(통합입장료로 입장가능), 통합입장권은 아크로폴리스, 제우스 신전, 디오니소스 극장, 고대 아고라, 로만 아고라, 하드리안의 도서관, 케라미코스 입장 가능

모나스티라키 광장
Monastiraki

아테네의 중심역할을 했던 곳으로 지금은 관광객들이 주로 찾는 관광장소가 되었다. 젊은이들이 새롭게 밤 문화를 즐기는 장소로 탈바꿈하고 있다. 모나스티라키역에서 내리면 바로 광장이 보이고 광장에는 기념품가게와 유명한 3대 수불라키점들이 몰려 있다.
또한 역 옆에는 벼룩시장인 플리마켓이 있어 주말에 특히 사람들로 북적인다.

🏠 22 Adrianou, 오나스티라키역 하차

신선한 과일을 저렴한 가격에 구입할 수 있다. ▶

플리마켓(벼룩시장)

flea market

골동품점, 주점, 야외 노점상에서 다양한 기념품과 장식품, 독특한 장신구 등을 구매해 보자. 옛 아테네의 중심지에 위치한 모나스티라키 벼룩시장은 절대 놓쳐서는 안 된다. 아비시니아스 광장을 구경하며 시간을 보내고, 잡화와 보석 같은 다양한 물건을 판매하는 미로 같은 거리 노점상 사이를 거닐면서 골동품 숍도 들러 보자.

고서적, 스타일리시한 중고 의류, 기념품, 가죽 제품, 장신구 등 쇼핑거리가 풍부하다. 가격 흥정에도 주저하지 말아야 한다. 상인들은 기꺼이 할인해 줄 의향이 있기 때문에 부른 대로 구입하면 바가지를 쓴 가격이기 때문이다. 낮에 수십 개의 수공예 상점과 갤러리를 구경하고, 밤에는 미로 같이 밀집되어 있는 카페, 바, 레스토랑, 나이트라이프를 즐길 수 있는 공간이 있다. 시장은 모두에게 좋은 장소이지만 길을 쉽게 잃을 수 있어 항상 조심하고 소매치기도 역시 조심해야 한다.

식사 시간에 방문하면 편안한 주점에 앉아 스파나코피타, 차타이키, 피타 빵 위의 하마스, 올리브와 돌라(포도 잎이 잔뜩 얹어진) 현지 음식을 즐길 수 있다. 오후와 저녁이 되면 거리 공연이 본격적으로 시작되어 즐길 수 있는 볼거리가 많다. 풍선 동물을 만드는 광대, 저글러, 춤꾼, 무언극 등, 어떠한 쇼가 공연될지는 아무도 모른다. 기타를 치는 민속 가수, 드럼을 치는 아프리카인, 즉석으로 연주하는 재즈 밴드 등도 있다. 주말에는 종종 라이브 음악이 공연되어 축제 분위기를 더한다. 신선한 매력을 느낄 것이다.

센트럴 마켓
Central Market

모나스티라키 광장에서 오모니아 광장으로 걸어가다 보면 3분 정도 거리에 전통시장인 센트럴 마켓이 있다.
입구에는 생선들이 있고 오른쪽에는 젓갈류가 있다. 아테네 시민들의 생활상을 볼 수 있는 시장이다.

에르무 거리
Ermou Ave

신타그마에서 플라카 지구를 가다 보면 양 옆에 H&M 등의 의류와 많은 젊은이들이 모여있는 샵들을 만나게 된다.
플라카지구 상점에서 모나스티라키를 가는 거리에서 우리나라의 명동같은 느낌을 받는다. 밤늦게도 거리를 지나가는 사람들을 보면서 아테네의 밤은 다른 유럽처럼 심심하지 않을 것이다.

플라카 지구
Plaka

"신들의 이웃 동네"라고 알려진 플라카Placa 지구를 방문해, 먹고, 마시고, 쇼핑하며 수많은 고대 관광지를 관람하는 곳이다. 걸어서 플라카를 구경하면서 미로 같은 보행자 거리와 골목길을 거니는 이 지역은 원래 고대 아테네인들의 거주지였다. 역사적인 아드리아누스 거리가 플라카 지구 가운데를 관통하며 다양한 관광지도 근처에 있다. 좁고 구불구불한 옆길을 걸으면 수많은 아트 갤러리와 부티크, 기념품 가게, 바Bar, 카페, 레스토랑 등을 만날 수 있다.
많은 레스토랑의 야외 테이블에 자리를 잡고 큰 파라솔 밑 그늘에 앉아 쉬면서 시원한 음료를 마시며 거리 공연도 구경하면 좋다. 많은 레스토랑에서는 타파스Tapas와 비슷한 전통 음식인 메제데스를 먹을 수 있다. 이 음식은 얼음과 같이 마시는 포도향의 그리스 전통술, 우조와 잘 어울린다.

고대 아고라, 모나스티라키 광장, 아드리아누스 도서관 등과 인근에 있는 여러 박물관 중 하나로 발걸음을 쉽게 옮길 수 있다. 유대인 박물관, 민속박물관, 아테네 대학교 등 다양하다.

베나키 박물관
Benaki Museum

정교하게 복원된 저택에서 그리스의 모든 시대에 제작된 온갖 다양한 공예품과 미술품을 구경할 수 있다. 베나키 박물관은 그리스에서 가장 오래된 박물관으로, 1930년 안토니스 베나키가 아버지를 추모하기 위해 건립했다.
도심의 베나키 가문 저택 안에 있는 이 박물관은 40,000점 이상의 공예품과 미술품을 보유하고 있어 그리스의 역사와 문화에 대해 알아보기에 좋은 장소이다. 로마 통치 시대, 중세의 비잔틴 시대, 수백 년에 걸친 프랑크 왕국과 오스만 제국의 통치 시대, 독립을 위한 투쟁과 현대에 이르는 그리스의 모든 주요 시대와 관련된 다양한 전시품들을 볼 수 있다. 너무 장황해 보일 수도 있지만 각 분야를 한정적으로 다루고 있어 몇 시간이면 박물관을 충분히 둘러볼 수 있다.
2000년에 베나키 박물관은 대규모 리모델을 거쳐 과거의 순백색 석회석 외관의 모습을 되찾았다. 안으로 들어가 그리스에서 가장 부유한 가문 중 하나에 걸맞은 목재 바닥, 금박으로 장식한 벽과 스테인드글라스를 확인할 수 있다.

🌐 www.benaki.gr
🏠 1 Koumbari & Vasillissis Sofias, 신타그마 광장에서 국회의사당 왼쪽으로 5분 정도 올라가면 된다.
€ 7€ (목요일 무료)

보는 순서
박물관은 4개의 시대를 다루는 전시공간으로 구분되어 있고 각각 소규모 컬렉션으로 이루어져 있다. 먼저 청동시대, 그리스 암흑시대와 키클라데스 시대의 유물들이 전시되어 있는 1층부터 둘러본다.
계단을 따라 2층으로 올라가면 1700년대에 히드라와 시아티스타에 거주하던 마케도나이이의 귀족들이 영위하던 생활 방식과 문화가 재현되어 있다. 가구, 장식품, 유용한 도구와 미술품을 살펴보며 과거로 돌아간 기분을 느낄 수 있다.
3층에서는 그리스의 근대사에 대해 알아볼 수 있으며 1821년의 혁명에 초점을 둔 기념물, 영웅들의 초상화, 지도와 동판화가 전시되어 있다. 20세기 그리스 공예품 컬렉션을 살펴보며 박물관 관람을 마무리한다.

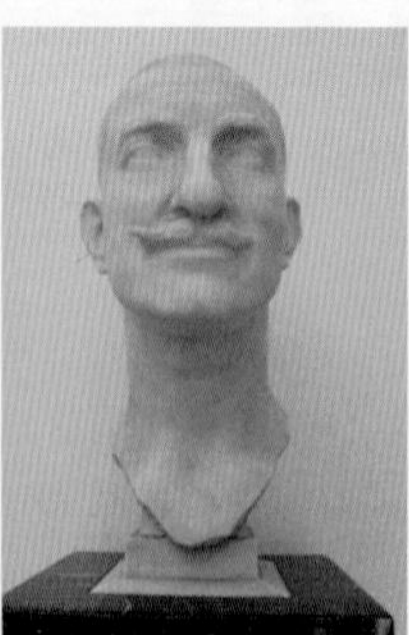

키클라데스 & 고대 그리스박물관
Goulandris Museum of Cycladic & Ancient Greek Art

콜로나키로 올라가는 언덕 바로 아래에 있는 박물관 겸 미술관으로 비켈라스가 니콜라스 가문의 개인 소장품을 한곳에 모으기 위해 만든 박물관이다.
에게 해의 키클라데스 섬에서 나온 청동기, 미케네 등의 소장품이 있다. 키클라데스의 매력이 현대 미술의 거장인 피카소부터 모딜리아니 등의 예술가들에게 매우 깊은 영향을 끼쳤다.

www.cycladic-m.gr
4 Neophytou Douka St, 베나키 박물관에서 위로 5분 정도 떨어져 있음.
7€(월요일 3.5€)

비잔틴 박물관
Byzantine & Christian Museum

대 저택을 개조해 비잔틴 작품을 전시해 놓은 박물관으로 유럽에서 유일하게 비잔틴 작품들을 소장하고 있다.
조각상과 모자이크, 성경 등의 작품들이 전시되어 있다. 초기의 비잔틴의 종교적인 프레스코화와 같은 작품들은 다른 박물관에서는 볼 수 없다.

www.byzantinemuseum.gr
22 Vasilissis Sofias Ave, 고대 그리스 미술관 건너편
4€(18세 미만은 무료)

전쟁 박물관
Byzantine & Christian Museum

고대 그리스 시대부터 현대의 전쟁에 대한 전시물을 시대별로 전시해 놓았다. 우리나라의 전쟁기념관과 비슷한 분위기로 전투기나 무기 등을 전시해 주말에는 가족들이 박물관을 많이 찾는다.

🏠 Vasilissis Sofias Ave & Rizari St, 비잔틴 박물관 왼쪽 옆 건물 € 무료(월요일은 휴무)

혼도스 센터
Hondos Center

미용과 스타일링 제품들을 주로 판매하는 백화점으로 아테네 시내에만 7개의 매장을 가지고 있다.

🌐 www.hondoscenter.com
🏠 Ermou 39, Athina 105 63
🕒 오전 11시~오후 20시
📞 +30-21-0372-2900

콜로나키와 리카비토스 언덕
Kolonaki and Likavitos Hill

그리스 아테네에서 부자동네로 알려진 콜로나키에는 배우나 경제인, 정치인 등이 모여살고 있다. 공원 옆에 늘어선 카페나 레스토랑과 유명한 명품들이 늘어서 있다. 돌로 된 산 정상에서 고대 아테네 도시의 환상적인 전망을 볼 수 있다.

콜로나키의 가파른 거리를 따라 걷다 보면 아리스티포 거리의 끝에 도착한다. 정상까지는 꼬불꼬불한 길을 지나 약 20분의 언덕을 올라야 한다. 편안하게 케이블을 타고 환상적인 도시의 전망을 즐길 수 있다.

정상에 오르면 아크로폴리스와 파르테논 신전의 전망을 맘껏 감상할 수 있다.

가능하다면 하루가 저물 때 방문해 해가 지는 일몰이 가장 아름다운 풍경을 볼 수 있다. 언덕에 있는 두 개의 석회암 봉우리는 도시 위로 솟아 있으며 지상에는 풍성한 소나무들이 우거져 있다. 277m 높이의 리카베투스 언덧은 도시에서 가장 높은 지점이다. 이곳의 전망대에서는 동전을 넣고 이용할 수 있는 쌍안경으로 더욱 자세하게 전망을 바라 볼 수 있다.

종탑이 있는 19세기 그리스 정교회, 세인트 조지 예배당도 만날 수 있고, 하얀 벽토로 된 교회는 작지만 앞쪽에는 전망대도 있다. 야외극장에서 공연도 놓치지 말자. 여름 동안 수많은 콘서트를 주최하는 극장은 시민과 관광객에게 모두 인기 있다. 여름에는 아침 일찍이나 늦은 오후에 올라가는 것이 뜨거운 열을 피할 수 있는 방법이다.

아티카 백화점
Attica Department Store

아테네에서 가장 큰 백화점이자 고급스러운 백화점으로 유명하다. 화폐박물관 건너편에 위치에 있는데 콜로나키가 가까워 명품들이 있는 고가제품을 주로 파는 백화점이다.

화폐 박물관
Numismatic Museum

트로이와 미케네 문명을 발굴한 하인리히 슐리만의 집으로 유명한 화폐박물관은 60만 점이 넘는 동전을 소장하여 전시하고 있다.
프레스코와 모자이크 장식으로 아치형 계단입구가 인상적이다. 정원이 있는 집으로 그냥 지나쳐 갈 수도 있지만 입구에 들어서면 화폐박물관의 표지판을 보고 알 수 있다.

- www.nma.gr
- 12 Panepistimiou Syntagma, 신타그마 광장에서 왼쪽으로 도보 10분 소요
- 08시30분~15시(매주 월요일 휴무) € 3€

아테네 학술원

The Academy of Athens

그리스의 국립 학술원에 들러 아테네에서 가장 눈에 띄는 랜드마크 중 하나인 신고전주의 건축의 걸작품을 감상해 보자. 그리스에서 가장 높은 학문 기관인 아테네 학술원이라는 이름은 기원전 387년에 플라톤에 의해 세워진 철학자들의 특별한 학술 모임이었던 고대의 플라톤 학술원에서 따왔다. 아테네 학술원에서 고등교육의 출발지가 학술적 분위기를 경험하고 아름다운 신고전주의식 건물을 배경으로 사진을 찍고, 아폴로와 아테나의 동상도 구경할 수 있다.

www.academyofathens.gr

28 Panepistimiou, 파네피스티미우 (Panepistimiou)역에서 하차

건물 구성

파네피스티미우 애비뉴에서 학술원으로 오면 도시에서 가장 경이로운 건축물의 단면을 감상할 수 있다. 학술원은 신고전주의 작품의 3부작 중 신고전주의의 대표적인 건축물을 보여주는 아테네 중심에 위치한 3개의 건물 중 하나이다.

중앙 부분과 2개의 별채로 이루어져 있으며 고대 사원의 원리를 사용해 설계된 상징적인 건물을 둘러볼 수 있다. 조화로운 비율과 부드러운 라인으로 세계에서 가장 아름다운 신고전주의 건물 중 하나로 여겨지고 있다. 우아한 대리석 외관과 풍부한 조각 장식과 건물의 외관은 조각가 레오니다스 드로시스에 의해 창조되었고, 완성되는 데에는 10년이 넘게 걸렸다.

건물의 앞에서는 아테나와 아폴론 상, 소크라테스와 플라톤의 조각상을 볼 수 있다. 우뚝 솟은 거대한 2개의 이오니아식 기둥의 꼭대기에 새겨져 있다. 입구에서는 사방에서 볼 수 있도록 조각된 지혜의 여신, 아테나 동상의 탄생에 대한 설명도 읽어 볼 수 있다. 건물의 두 별채에 있는 8개의 작은 구역에 장식된 테라코타 조각상도 둘러보자. 호주 조각가 프란츠 멜니츠키의 작품이다.

가든 어브 뮤지스
A Garden of Muses

화페박물관 안에 있는 카페로 정원의 꽃과 함께 커피를 마시는 분위기는 환상적이다. 특히 아담하고 깨끗한 분위기는 여행자의 발길을 사로잡고 있다.

아테네 대학교
Athens University

아테네 학술원 왼쪽에는 아테네 대학교가 위치하고 있다. 아테네 학술원, 아테네 대학교, 국립도서관이 연속으로 붙어있는 건물들이 그리스의 문화수준을 자랑이라도 하려는 듯이 웅장하게 보인다.
아테네 학술원과 같은 한센이 1839년부터 1864년까지 건축하였다. 나선형 계단과 이오니아식 기둥이 지붕을 들고 있고 스핑크스 프레스코화로 장식되어 있다. 스핑크스의 수수께끼를 푼 오이디푸스가 아테네 사람들을 도와 그려 넣게 되었다고 한다.

🌐 www.uoa.gr
🏠 30 Panepistimiou
파네피스티미우(Panepistimiou)역에서 하차

국립도서관
National Library

아테네 학술원, 아테네 대학교, 국립도서관은 한센이 모두 설계를 맡았다. 그는 헤파이토스 신전에서 영감을 얻어 신 고전주의 양식으로 설계를 이어나간다. 그리핀이 조각된 계단 양옆의 건물들과 도리아식 신전형태로 기둥이 설계되어 있다. 4,500여권의 성경 필사본과 진귀한 책, 100만권이 소장되어 있다.

아테네 학술원(코린토스식), 아테네대학교(이오니아식), 국립 도서관(도리아식)으로 3개의 건물을 단순히 보고 지나치는데 건물을 떠받치는 기둥들을 자세히 볼 필요가 있다. 그리스를 대표하는 코린토스, 이오니아, 도리아 양식을 비교하면서 보면 그리스인들이 과거의 영광을 현대에도 재현하기 위해 얼마나 심혈을 기울였는지 알 수 있다.

🌐 www.nlg.gr
🏠 32 Panepistimiou
파네피스티미우(Panepistimiou)역에서 하차

오모니아 광장
Omonia Square

오모니아 광장은 매주 집회가 열리고 있다. 불법이민자들이 늘어나면서 저렴한 숙소를 찾는 이민자들이 YHA을 찾고, 부근에 머물면서 오모니아 광장은 치안이 불안해지기도 했다.
1862년 10월 그리스는 임시정부를 세우고 독립을 선언하지만 2개파로 나뉘어 첨예하게 대립하였다. 이에 국민총회는 국민들이 모두 지지할 수 있는 인물로 위기를 극복하고 유혈사태없이 독립을 선언하는 장소가 오모니아 광장이었다. 역사적인 광장인 오모니아를 "의견일치"라는 뜻으로도 사용한다고 한다.

국립 고고학 박물관
National Archaeological Museum

신고전주의 양식으로 1891년에 개장한 박물관으로 초창기에는 전시실이 작았으나 계속 증,개축을 하여 지금은 세계 10대 박물관으로 56개의 전시실에 수많은 고대의 유물을 전시하고 있다. 인물촬영과 플래시 사용이 거의 금지되어 있어 입장시에 가방을 맡길 때 같이 맡겨놓자. 사진을 찍을때마다 박물관직원이 주의를 준다.

관람방법

고고학 박물관은 왼쪽으로 들어가서 7번방부터 오른쪽으로 돌면서 관람하고 마지막에 정면의 입구로 나오는 것이 가장 좋은 관람순서이다.

| 아르카이크 조각(Room 7, 8, 11) |

기원전 8세기에 무덤에서 나온 기하학적 문양이 그려진 항아리가 가장 유명하다. 항아리 중앙에는 죽어가는 사람과 뒤에는 애도하는 여인들의 모습과 8명의 애도하는 모습이 그려져 있다.

8번방에는 수니온 곶의 포세이돈 신전에서 나온 청년 나체 입상인 쿠로스가 큰 키와 얼굴 선 등의 미적인 요소가 압권이다.
11번방에는 마라톤의 전사인 아리스톤 석비가 있는데 아리스토텔레스가 조각하였다.

| 포세이돈 청동상(Room 15) |

아르테미시온 해저에서 발견된 포세이돈 청동상으로 기원전 5세기정도의 작품이다. 포세이돈으로 추정되는 작품으로 알려져 있다.

| 케라미이코스(Room 18) |

아테네의 케라메이코스에서 발견된 기원전 5세기 작품으로 반지를 들고 있는 헤게소의 슬픈표정이 유명하다. 칼리마코스가 조각가로 알려져 있다.

| 헬레니즘 시대(Room 21~30) |

청동 소년 기마상은 룸21에, 청년 청동상은 룸28에 전시되어 있다. 많은 헬레니즘 시대의 조각은 룸30에 전시되어 있다.

청동 소년 기마상은 기원전2세기경에 아프리카에서 만들었다고 하는데 말의 근육과 기수의 얼굴에 고통이 매우 섬세하고 표현되어 있다. 청년 청동상은 기원전 4세기 작품으로 난파선에서 발견되었다.

아프로디테나 에로스 등의 군상이 델로스에서 발견되어 다양한 표현으로 작품에 나타나 있어 고대 그리스와 헬레니즘 문화의 차이를 비교하는 재미도 있다.

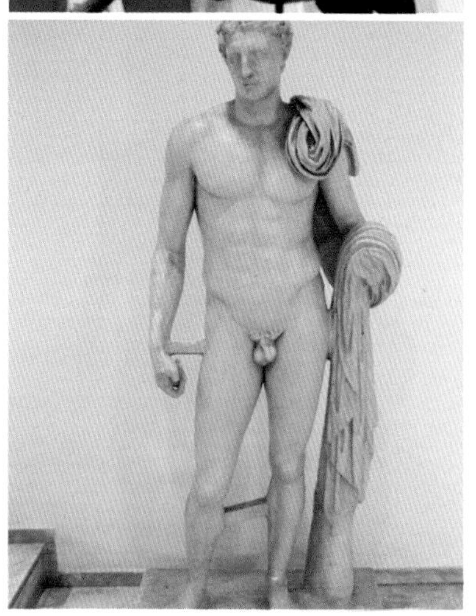

| 미케네와 신석기 시대(Room 4~5) |

입구의 정면에 있는 전시실이다. 아가멤논의 황금 마스크가 대표적으로 미케네 왕조에서 청동검과 황금가면 등이 금으로 세공되어 세부적으로 표현되어 있다. 네스토르 왕궁에서 출토된 점토판은 고대 그리스가 세공기술이 얼마나 발전되어 있었는지를 알 수 있다.

신석기 시대인데도 커다란 조각상을 보고 놀라게 된다. 단지와 흙, 돌로 만들어진 도구들이 전시되어 있다.

고고학 박물관 안내도

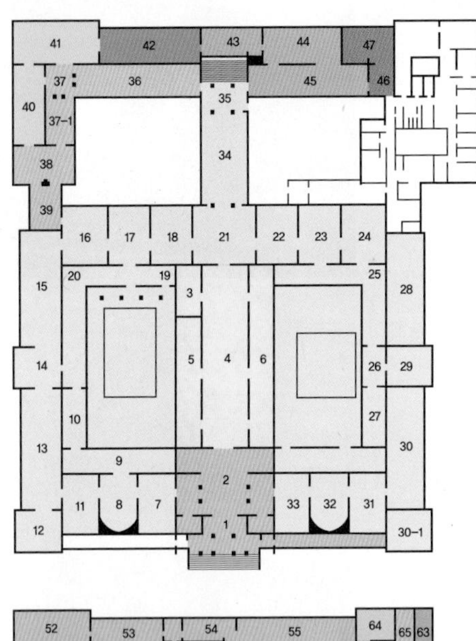

1~2	중앙입구홀
3~6	선사시대 컬렉션
7~35	조각상 컬렉션
36~39	청동상 컬렉션
40~41	이집트 컬렉션
42	스타타토스 컬렉션
43~45	임시 전시관
46~47	컨퍼런스 룸

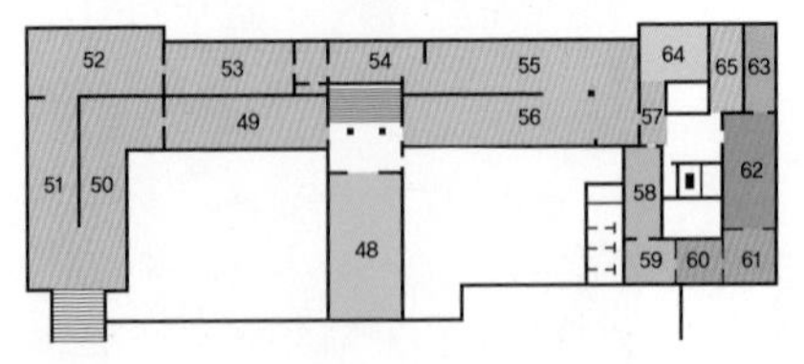

48	티라 유물 전시실
49~57	도기 컬렉션
58~59	테라코타 전시실

미케네의
황금 가면

고대 그리스 문명의 발상지인 미케네는 그리스 남부 반도에 있는 도시로서, 유명한 시인 호메로스는 '길이 넓고, 금빛 찬란한' 도시라고 찬양했다. 황금 가면으로도 유명한 미케네 문명은 원래 고대 그리스 어를 쓰는 사람들이 살던 산 중턱의 마을에서부터 시작되었다. 미케네 인들은 당시 크레타 섬에 살고 있던 크레타 사람들을 몰아내면서 독자적인 기술을 발달 시켰으며, 특히 귀금속을 잘 다루었다.

도기를 만드는 기술도 뛰어났는데 무늬에 사람을 그려 넣음으로써 인간의 존재 의미를 다시 한번 생각하게 만들었다. 그 이전까지는 동물, 식물이나 형태를 알 수 없는 막연한 추상 무늬가 대부분이었다. 그런 점에서 미케네는 인간적인 것에 큰 관심을 가진 유럽 최초의 문명이라 할 수 있다.

그러나 미케네 사람들의 가장 큰 관심은 황금이었다. 1876년 고고학자 슐리만에 의해 발굴된 미케네 원형 무덤에서는 무려 10㎏이 넘는 갖가지 황금 장식물들이 출토되었다.
연구에 의하면 미케네 인들은 이집트에서 수입한 금으로 황금 잔 · 황금가면 · 황금 꽃 · 황금 칼 · 황금갑옷 등을 만든 것으로 드러났다. '황금으로 가득 채워진 미케네'라고 노래한 호메로스의 표현이 시인의 단순한 상상은 아니었던 것이다.

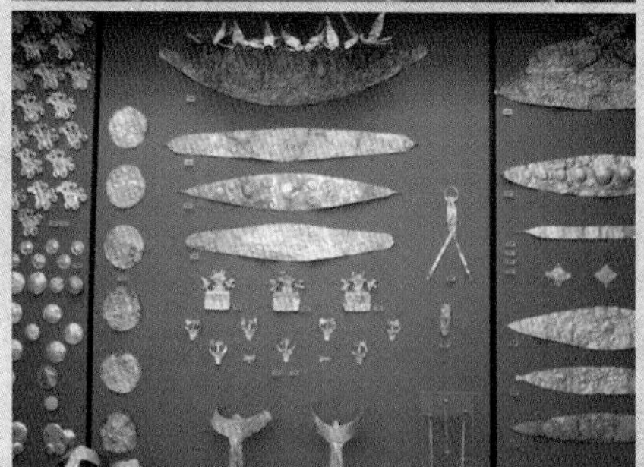

무덤에서 발견된 6개의 황금가면은 사람들의 호기심을 강하게 불러 일으켰다. 황금 가면은 한 사람의 얼굴이 아니라 모두 다른 남자의 모습이었으며 코밑과 턱에 수염을 기른 미케네 인의 특징을 하고 있다. 미케네 귀족들은 황금 가면을 통해 영원한 부귀를 꿈꾼 것으로 보인다. 황금은 영원히 변하지 않으므로 현세에서 누린 부귀가 다음 세상에서도 계속되기를 기원한 것이다. 세월에 흘러 육체가 썩더라도 얼굴만큼은 알아볼 수 있도록 황금가면을 만든 것이다.

미케네 문명

독일의 사업가 하인리히 슐리만에게는 어렸을 때부터 간직해 온 꿈이 하나 있었다. 그는 호메로스의 서사시를 읽고 큰 감동을 받아 언젠가는 자신이 트로이 전쟁의 본모습을 밝혀내겠다고 결심했다. 그는 사업에 성공해 많은 재산을 모으자, 자신의 꿈을 이루기 위해 트로이와 미케네 발굴에 뛰어들었다. 마침내 그는 1873년에 트로이를 발굴하고, 1876년에는 미케네 발굴에 성공했다. 그의 발굴 덕분에 그리스 초기 역사의 비밀이 밝혀지고 미케네 문명도 세상에 알려지게 되었다.

미케네 문명은 기원전 2000년경에 인도 유럽 어를 쓰던 그리스 인이 발칸반도에 들어와 살면서 시작되었는데, 기원전 1600~1200년경에 꽃을 피웠다. 미케네 문명은 초기에는 크레타 문명의 영향을 받으며 발달했고, 크레타 문명이 무너진 후에는 그리스와 에게 해를 이끄는 문명이 되었다. 미케네 문명을 이룩한 것은 그리스의 여기저기에 흩어져 있던 작은 왕국들이었다.
그 가운데 가장 강력한 왕국이 미케네였는데, 거대한 성과 많은 재물을 갖춘 미케네는 펠로폰네소스 반도의 아르골리스 지방을 터전으로 커다란 세력을 형성하고 있었다. 메케네

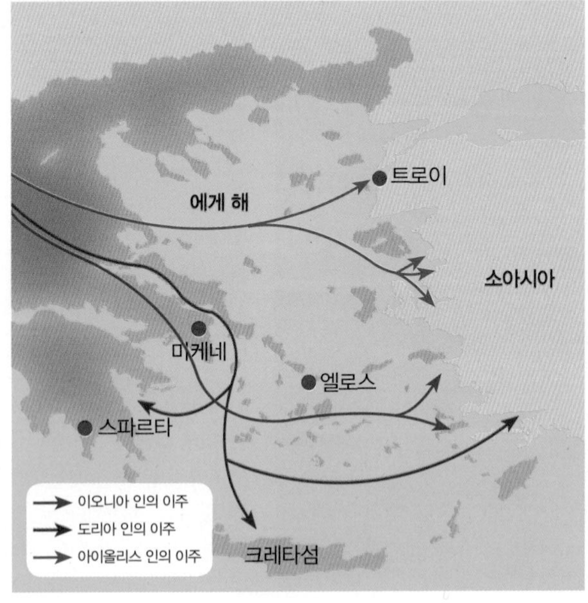

왕국을 비롯한 다른 왕국들은 서로 좋은 땅과 항구를 차지하기 위해 자주 싸움을 벌였다. 그래서 각각의 왕국들은 자기 왕국을 지키기 위해 높은 성벽을 쌓고 군대를 훈련시켰다. 미케네 문명을 이룩한 그리스 왕국들의 힘은 흑해 연안까지 뻗어 나갔다. 이때 흑해로 들어가는 길목을 차지하고 있던 왕국은 트로이였다. 기원전 1200년 경, 흑해로 나아가려는 그리스 왕국들과 트로이 왕국 사이에 트로이 전쟁이 벌어졌다. 치열한 싸움 끝에 그리스 왕국들이 트로이를 물리치고 흑해에 이르는 교역로를 차지했다.

오랫동안 사람들은 트로이 전쟁을 전설 속의 사건으로만 생각해 왔는데, 슐리만이 트로이의 유적을 발굴한 다음에는 트로이 전쟁이 실제로 일어난 일이었다고 믿게 되었다. 호메로스가 쓴 '일리아스'에서는 트로이 전쟁이 황금 사과를 둘러싼 여신들의 다툼 때문에 일어났다고 나온다. 트로이의 왕자 파리스는 스파르타의 아름다운 여성 헬레네를 데리고 트로이로 달아나 버린다. 그런데 헬레네는 스파르타 왕 메넬라오스의 아내였다. 그래서 미케네의 왕이자 메넬라오스의 형인 아가멤논은 그리스 연합군을 이끌고 트로이를 치러 떠난다.

10년이 넘도록 트로이의 성문을 열지 못한 그리스 군대는 커다란 목마를 남겨 놓고 그리스로 돌아가는 체한다. 트로이 인들은 아무것도 모르고 목마를 트로이 성안으로 들여놓는다. 그러자 그 안에 숨어 있던 그리스 군사들이 성문을 열어 주었고 숨어 있던 그리스 군대는 트로이를 점령해 버린다. 이 이야기가 어디까지 사실인지는 모르지만 트로이 전쟁이 실제로는 흑해에 이르는 교역로를 차지하기 위한 싸움이었을 것으로 생각된다.

미케네 문명은 기원전 1200년 경부터 북쪽에서 내려온 도리아 인의 침입 때문에 기원전 1100년 경 멸망하고 말았다. 이로써 미케네 문명이 건설한 모든 건축물과 문자가 없어졌고, 그리스 땅에는 300년간에 걸친 암흑시대가 찾아왔다.

그리스 신화 속의 트로이 전쟁

바다의 요정 테티스의 결혼식 날, 테티스는 다른 신은 모두 초대했는데, 그만 불화의 신인 에리스를 빠뜨렸다. 화간 난 에리스는 잔치에 찾아와 '가장 아름다운 여신에게'라고 씌어 있는 황금 사과를 던지고 가 버렸다. 세 여신 헤라와 아테나, 아프로디테는 황금 사과가 자기 것이라고 서로 싸웠다. 그래서 제우스는 트로이의 왕자 파리스에게 세여신 중 누가 세상에서 가장 아름다운지 가려보라고 했다. 파리스는 아프로디테를 가장 아름다운 여신으로 뽑았다. 그 이유는 파리스는 아프로디테가 파리스에게 세상에서 가장 아름다운 여자와 결혼하게 해 주겠다고 약속했기 때문이다. 이렇게 해서 파리스는 헬레네를 아내로 맞이했지만 헬레네는 원래 스파르타의 왕비였다. 왕비를 빼앗긴 스파르타의 메넬라오스 왕은 그리스 동맹군을 모아 트로이를 공격했다. 이렇게 해서 트로이 전쟁이 일어나게 되었다. 호메로스가 쓴 서사시 '일리아스'에 나오는 이야기이다.

수블라키 전문점들은 대부분 모나시티라키광장을 중심으로 형성되어 있다. 모나스티라키 광장에서 신타그마 광장으로 가는 거리에는 레스토랑이 많은데, 오른쪽에는 타나시스 Thanasis, 왼쪽에는 바이락타리스Bairaktaris가 있다. 반대로 가면 사바스가 있다.
이 3곳이 수블라키 전문점에서 관광객이나 현지인들이 인정하는 3대 수블라키 전문점이고 인기가 상당히 많다. 바이락타리스는 특히 누구나 인정하는 수블라키 전문점으로 해외의 잡지에도 많이 소개되었다. 사바스Savas는 맥도날드 같은 패스트푸드점의 형태라서 젊은이들이 많이 찾고 있다.

타나시스
Thansis

모나스티라키 광장에서 신타그마 광장으로 가는 거리에는 레스토랑들이 즐비하다. 그 중에서 오른쪽 2번째 집이 수블라키로 유명한 타나시스Thanasis는 가격도 저렴하여 여행자들에게 인기가 많다. 느끼하지 않아 먹기에 편하고 고기도 부드럽다. 수블라키의 양이 상당히 많지는 않지만 배는 충분히 부르다. 노천카페도 있어 여름에는 노천카페에서 대부분 식사를 즐긴다.

위치 모나스티라키 광장에서 신타그마 방향으로 오른쪽 2번째 레스토랑
시간 09~새벽2시 요금 수블카키 9€, 그릭 샐러드 4.5€, 케밥 8.5€ 전화 +30-21-0324-4705

바이락타리스
Bairaktaris

1879년부터 문을 연 바이락타리스는 아테네 시민들이 최고의 수블라키 맛집으로 인정하고 있다. 역사가 오래된 수블라키 전문점으로 주인이 직접 케밥을 개발하고 수블라키도 메뉴가 다양하여 여행객들은 메뉴를 고를 때 고민을 한다.
바이락타리스 직원들이 추천하는 메뉴는 믹스트 그릴(12.4€)과 케밥(8.4€)이고, 수블라키와 케밥, 그릭 샐러드(4.5€)가 가장 인기가 많다. 모나스티라키 광장을 보면서 식사를 즐길 수 있다.

위치 타나시스에서 모나스티라키 광장의 건너편
시간 09~새벽 2시 요금 수블카키 9€~, 그릭 샐러드 4.5€, 케밥 8.5€

사바스
Savsa

바이락타리스에서 모나스티라키 광장의 반대편거리로 바이락타리스에서 2분거리에 있다. 미트로폴레오스 거리라고 이야기하면 위치가 혼동된다.
큰 규모의 사바스는 패스트푸드점처럼 바로 입구에서 주문하면 나오는 케밥도 인기가 많지만 기로스와 수블라키도 우리 입맛에 맞다. 젊은이들은 케밥을 관광객은 수블라키를 주로 주문한다.

위치 모나스티라키 광장에서 미트로폴레오스 거리 방향으로 왼쪽 2번째 레스토랑
시간 09~새벽 2시 요금 수블카키 9€, 그릭 샐러드 4.5€, 케밥 8.5€

인타운

In Town

신타그마 광장에서 모나스티라키 광장을 내려가는 길의 오른쪽에 보이는 레스토랑이자 차를 마실 수 있는 공간이다. 현대적인 분위기로 젊은 비즈니스맨들이 이용하는 레스토랑이다. 피자, 파스타 등의 이탈리아 음식부터 지중해식의 해산물 요리가 유명하다.

위치 신타그마 방향에서 모나스티라키 광장으로 오른쪽 레스토랑

시간 11~23시 **요금** 메인코스 15€

구디스 햄버거

Goody's hamburger

미국에 맥도날드가 있다면 그리스에는 구디스가 있다. 그리스의 햄버거 체인으로 번화가인 에르무 거리에 위치해 있어 많은 관광객과 현지인의 사랑을 받고 있다.

맥도날드와 차이는 없으나 다른 그리스 음식들과 가격적인 차이가 없고 저렴해서 햄버거를 먹으면 되겠다고 생각한다면 큰 오산이다. 세트메뉴가 6€ 이상이라 그리스 전통음식을 먹는 것이 더 저렴하다.

위치 에르무(Ermou) 거리의 중간

시간 09~새벽2시 **요금** 세트메뉴 6€

버거바
Burgur Bar

그리스는 유럽이지만 여행자들에게는 물가가 싸다. 모나스티라키 지하철에서 모나스티라키 광장의 오른쪽 골목으로 들어가면 여행자와 현지인이 밤늦게까지 먹고 마시는 미아오우리 거리Miaouli의 중간에 위치한 버거집으로 항상 기다려야 먹을 수 있다.
뉴욕의 쉐이크 쉑Shake shack버거와 맛도 비슷하고 가격은 2~4.5€ 정도로 돈이 없는 배낭여행자에게 저렴하게 한끼를 제공해주고 있다.
베트남계 그리스인, 조지가 오랜 노하우로 만들어낸 버거는 지금 아테네에서 인기 만점이다. 대부분 몇 개 안되는 테이블에 서서 먹는 장면도 인상적이다.

위치 48 Agias Theklas Street
시간 9시 30분~24시  **요금** 버거 2~5.5€

세르비티아
Serbetia

그리스의 여성들에게 인기가 많은 달콤한 맛을 전해주는 공간이다. 미아오우리 거리Miaouli의 끝, 오른쪽에 위치한 후식을 먹는 장소로 아기자기한 내부 인테리어가 눈에 띈다.
세르비티아 인근에는 터키식의 레스토랑이 있어 터키음식을 먹을수도 있고 밤 늦게까지 운영하는 술집들도 많다. 달달한 맛을 좋아하는 그리스인들의 입맛에 맞는 세르비티아는 단맛을 곁들여 빵부터 커피, 무사카 등도 판매한다. 주인이 웃는 얼굴로 손님을 받아 달콤한 인상을 가지게 된다.

위치 106 Agias Theklas Street, 미아오우리 거리(Miaouli)의 끝 오른쪽 2번째 집
시간 9시 30분~17시 **요금** 핫도그 1~3€, 버거 3~6€(인기메뉴 텍사스: 4.5€)

시티 서커스 호스텔
City Circus Hostel

모나스티라키역에서 가깝고 외국 관광객들에게 인기가 많은 호스텔로 굉장히 깨끗하고 호텔같은 분위기이다. 아늑하고 깔끔한 침구와 따뜻한 분위기로 아테네에서 가장 번화한 모나스티라키에 위치하고도 가격이 저렴하다.

2층의 프런트와 식당, 휴게실까지 매우 청결하여 호텔로 착각을 할 정도이다. 가끔 모나스티라키역에서 시티 서커스를 찾아가기가 힘들수도 있지만 번화가를 지나가기 때문에 위험하지는 않다. 아테네의 명동인 에르무거리와도 상당히 가깝다.

홈페이지 www.hostelworld.com 위치 16, Sarri Street, Psiri
비용 1박 : 도미토리 18~24€, 가족실 68~118€, 2인실 44~64€

아테네 스타일 호스텔
Athens Style Hostel

모나스티라키역 바로 옆에 위치해 밤에도 어디서나 쉽게 찾을 수 있는 호스텔이다. 아테네의 밤도 우리나라처럼 늦게까지 즐기는 문화인데 밤늦게도 쉽게 숙소로 돌아갈 수 있다.

최근에 개장하여 시설이 깔끔하고 자체 제작한 아테네시내 지도로 아테네 시내여행도 충분히 가능하다. 옥상에서 아크로폴리스도 볼 수 있다. 저렴한 가격에 머물고 싶어하는 여행자들에게 4~6인실이 인기가 높다.

홈페이지 www.athenstyle.com 위치 10, Agias Theklas Street, Psiri
비용 1박 : 도미토리 18~24€, 가족실 68~118€, 2인실 44~64€

아말리아 호텔
Amalia Hotel

신타그마 광장 근처에 있는 아말리아 호텔은 깔끔하고 깨끗하여 신혼부분들에게 인기가 높다. 원목가구가 고급스러운 분위기를 연출한다. 위치가 아테네 중심부인 신타그마 광장이라 아테네 여행을 하기에 가장 좋은 위치에 있는 호텔이다.

홈페이지 www.amaliahotel.com **위치** 10, Amalias Ave, Sintagma **비용** 1박 : 더블(트윈) 120€

일렉트라 호텔
Electra Hotel

에르무 거리가 가깝고 신타그마 광장 근처에 있어 위치도 좋고 깨끗하고 깔끔한 디자인으로 인기가 많다. 발코니에서 아크로폴리스를 볼 수 있어 야경의 분위기도 낼 수 있어 신혼부부에게 인기가 많다. 중심부인 신타그마 광장이라 아테네 여행을 하기에 가장 좋은 위치에 있는 호텔이다. 그리스 신화에 나오는 신의 이름을 따서 가족들이 운영하는 호텔로 시설이 좋지는 않다. 하지만 신타그마 광장에서 모나스티라키로 가는 도로에 있는 호텔로 에르무 거리가 가까워 저렴하고 위치가 높은 호텔을 원하는 관광객들에게 인기가 많다.

홈페이지 www.panhotel.gr  **위치** 11, Mitropoleos **비용** 더블룸 60~95€

플라카 호텔
Plaka Hotel

플라카 지구로 들어가는 입구에 있는 호텔로 에르무거리와도 가까워 인기가 높다. 규모는 작지만 호텔옥상에서 아크로폴리스가 보이고 조금만 걸어가면 번화가인 에르무 거리와 모나스티라키 광장도 가까워 밤에도 심심하지 않다. 호텔자체의 시설보다는 주위가 여행하기에 좋은 위치라는 점이 최대 강점이다.

홈페이지 www.plakahotel.gr **위치** 7, Kapnikareas & Mitropoleos St
비용 더블룸 65~135€

제이슨 인 호텔
Jason inn Hotel

모나스티라키 광장에서 사바스쪽으로 가다가 오른쪽 골목길로 들어가면 보이는 호텔로 저렴하지만 아침식사가 좋고 친절하여 인기가 높다.
또한 아테네 근교인 코린토스나 델피로 가는 투어버스도 이 호텔을 지나간다. 호텔의 시설은 저렴한 가격에 비하면 괜찮은 편이다.

홈페이지 www.jasoninnhotel.gr **위치** Agias Theklas Street, Psiri **비용** 1박 : 더블룸 55~105€

폴리스 그랜드 호텔
Polis Grand Hotel

높은 건물을 가진 호텔로 객실수가 많아 저렴한 가격을 원하는 관광객들이 주로 찾는다.객실은 심플하고 간단하여 화장실도 작다. 오모니아 광장근처에 있는 호텔치고는 시설은 깔끔하다.

홈페이지 www.polisgrandtotel.com **위치** 10 Pireou St, Omonia
비용 1박 : 더블(트윈) 60~90€

티타니아 호텔
Titania Hotel

오모니아 광장에서 아테네학술원을 가는 도로를 따라 가면 보이는 객실수가 365개나 되는 큰 비즈니스 호텔이다. 웅장하고 큰 로비와 아크로폴리스와 리카비토스 언덕이 보이는 전망도 좋다.
객실은 크고 편안하고 밤에는 라이브로 재즈 바도 운영하여 밤에도 심심하지 않다. 오모니아 광장쪽으로는 저렴한 식사를 즐길 수 있는 레스토랑들이 주위에 많다.

홈페이지 www.polisgrandtotel.com **위치** 10 Pireou St, Omonia

비용 1박 : 더블(트윈) 60~90€

세인트 조지 리카비토스 호텔
St George Licabettus Hotel

콜로나키에서 리카비토스 언덕을 올라가는 입구에 위치한 호텔로 호텔까지 이동하는 것이 쉽지 않다. 하지만 화려한 객실과 아크로폴리스가 보이는 전망이 아름답다. 우리나라 관광객보다는 아테네의 부자동네에 있고 싶다면 이보다 더 좋은 호텔은 없다. 번잡한 분위기를 싫어한다면 추천한다.

 홈페이지 www.stgeorgehotel.com   위치 5 kolonaki 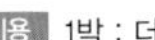 비용 1박 : 더블(트윈) 150€

힐튼 호텔
Hilton Hotel

국립 미술관 건너편에 위치한 힐튼호텔은 400개가 넘는 객실수와 대통령궁이 가까운 호텔이다. 리카비토스 언덕과 아크로폴리스를 다 볼 수 있는 전망과 수영장, 스파등의 시설도 완비되어 있다. 현대적인 건물로 국립미술관의 모습과 대비된다.

홈페이지 www.hilton.com 위치 2, Michalakopoulou St,Sintagma & Constantinou Ave 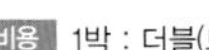 비용 1박 : 더블(트윈) 150€

아테네 호텔 위치도

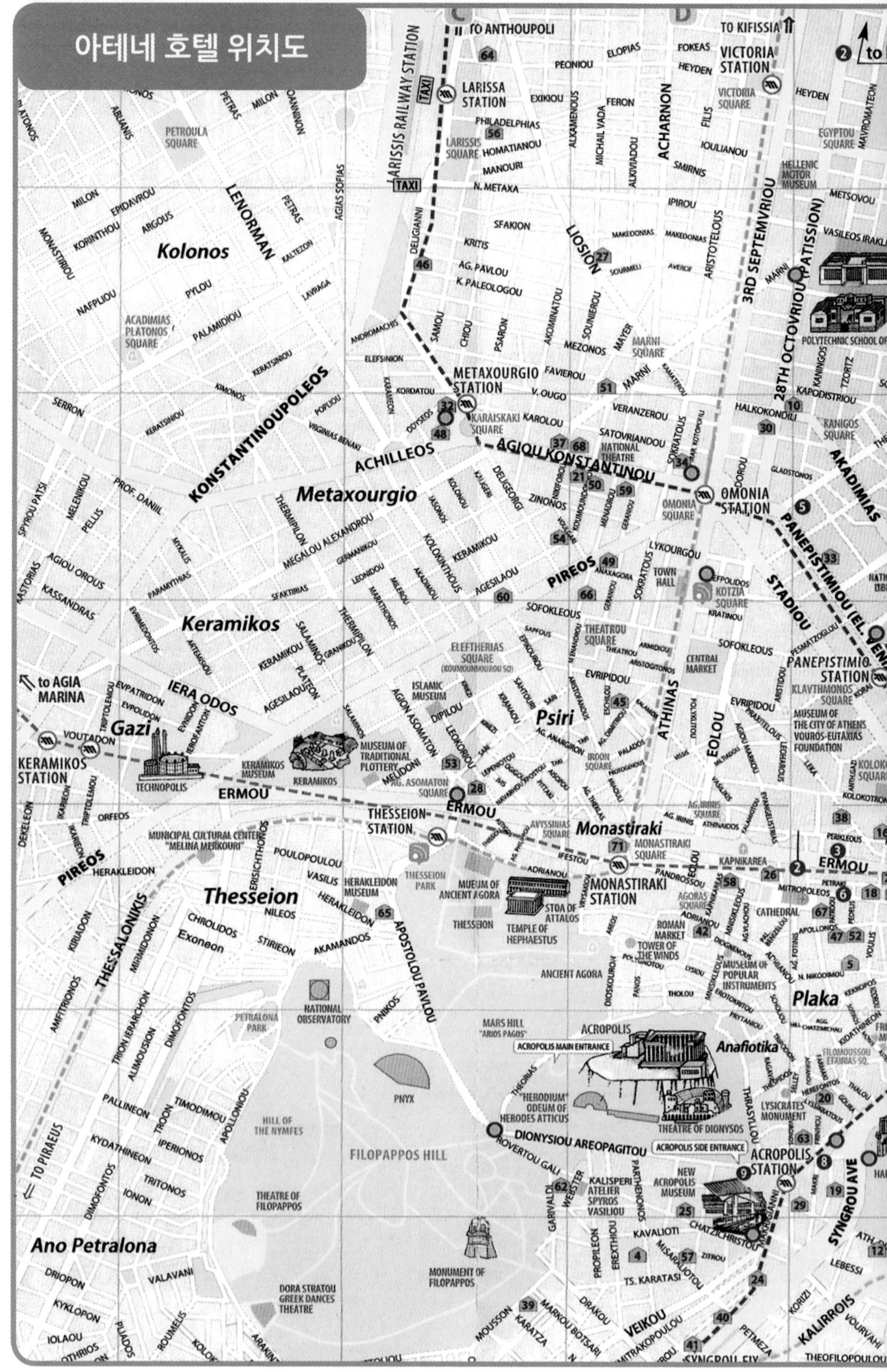

TO ANTHOUPOLI
LARISSA STATION
LARISSIS RAILWAY STATION
TAXI
TO KIFISSIA
VICTORIA STATION
VICTORIA SQUARE
PETROULA SQUARE
LARISSIS SQUARE
EGYPTOU SQUARE
HELLENIC MOTOR MUSEUM
Kolonos
LENORMAN
ACADIMIAS PLATONOS SQUARE
LIOSION
ACHARNON
3RD SEPTEMVRIOU
28TH OCTOVRIOU (PATISSION)
POLYTECHNIC SCHOOL OF
MARNI SQUARE
METAXOURGIO STATION
KARAISKAKI SQUARE
KANIGOS SQUARE
KONSTANTINOUPOLEOS
ACHILLEOS
AGIOU KONSTANTINOU
NATIONAL THEATRE
Metaxourgio
OMONIA STATION
OMONIA SQUARE
AKADIMIAS
PANEPISTIMIOU (EL. VENIZELOU)
STADIOU
PIREOS
TOWN HALL
KOTZIA SQUARE
Keramikos
THEATROU SQUARE
ELEFTHERIAS SQUARE (KOUMOUNDOUROU SQ)
CENTRAL MARKET
PANEPISTIMIO STATION
KLAVTHMONOS SQUARE
MUSEUM OF THE CITY OF ATHENS VOUROS-EUTAXIAS FOUNDATION
to AGIA MARINA
IERA ODOS
Gazi
ISLAMIC MUSEUM
Psiri
ATHINAS
EOLOU
KERAMIKOS STATION
TECHNOPOLIS
KERAMIKOS MUSEUM
KERAMIKOS
MUSEUM OF TRADITIONAL POTTERY
AG. ASOMATON SQUARE
IROON SQUARE
ERMOU
THESSEION STATION
AVYSSINIAS SQUARE
Monastiraki
MONASTIRAKI SQUARE
AG. IRINIS SQUARE
MUNICIPAL CULTURAL CENTER "MELINA MERKOURI"
THESSEION PARK
MUSEUM OF ANCIENT AGORA
STOA OF ATTALOS
MONASTIRAKI STATION
CATHEDRAL
Thesseion
HERAKLEIDON MUSEUM
THESSEION
TEMPLE OF HEPHAESTUS
ROMAN MARKET
TOWER OF THE WINDS
MUSEUM OF POPULAR INSTRUMENTS
ANCIENT AGORA
THESSALONIKIS
APOSTOLOU PAVLOU
Exoneon
Plaka
NATIONAL OBSERVATORY
PETRALONA PARK
MARS HILL "ARIOS PAGOS"
ACROPOLIS
ACROPOLIS MAIN ENTRANCE
Anafiotika
PNYX
HILL OF THE NYMFES
"HERODIUM" ODEUM OF HERODES ATTICUS
THEATRE OF DIONYSOS
LYSICRATES' MONUMENT
DIONYSIOU AREOPAGITOU
ACROPOLIS SIDE ENTRANCE
FILOPAPPOS HILL
ACROPOLIS STATION
TO PIRAEUS
THEATRE OF FILOPAPPOS
KALISPERI ATELIER SPYROS VASILIOU
NEW ACROPOLIS MUSEUM
SYNGROU AVE
Ano Petralona
MONUMENT OF FILOPAPPOS
DORA STRATOU GREEK DANCES THEATRE
VEIKOU
KALIRROIS

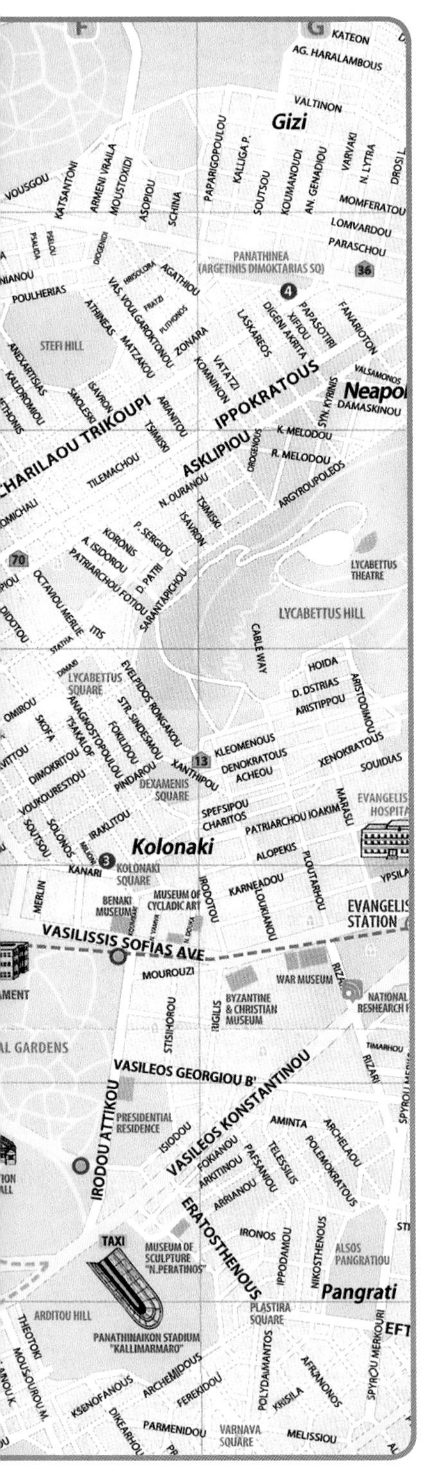

LUXURY

Athenaeum InterContinenta
Athens Ledra Hotal
Crowne Plaza-Ahens city Center
Divani Caravel
Divani Palace Acropolis
Electra Palace
Grande Bretagne
Hilton Athens
Holiday Suites
Meliá
NJV Athens Plaza
Radisson Blu Park Hotel Athens
Royal Olympic
St. George Lycabettus
Stratos Vassilikos

FOUR STARS

71 360 Degrees
15 Alezandros
16 Astor
17 Athens Atrium
18 Athens Diamond
19 Athens Gate
20 Ava
21 Delphi Art
22 Electra
23 Glden Age
24 Hera
25 Herodion
26 Magna Grecia
27 Novotel Athènes
28 O & B Athens Boutique Hotel
29 Parthenon
30 Polis Grand
31 President
32 Stanley
33 Titania
34 The Alassia
35 Xenos Lycabettus
36 Zafolia

THESS STARS

37 Achillion
38 Achilleas
39 Acropolis Hill
40 Acropolis Museum
41 Acropolis Select
42 Adrian
43 Areos
44 Arethusa
45 Arion Athens
70 Athens Way
46 Candia
47 Central
48 Central City
49 Dorian Inn
50 Epidavros
51 Golden City
52 Hermes
53 Jason Inn
54 Marina
55 Museum
56 Oscar
57 Philippos
58 Plaka
68 Pythagorion
59 The Athens Mirabello
60 The Athens Odeon

TWO STARS

61 Acropolis Ami ABoutique
62 Acropolis vIEW
63 Byron
64 Diethnes
65 Phidias
66 Soho
67 Sweet Home

Delphoi
델피

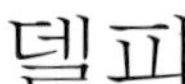

DELPHOi

델피는 아테네에서 북쪽으로 약 178㎞떨어진 유적지 도시로 그리스여행의 핵심관광지이다. 세상의 중심으로 불리던 델피에 있는 아폴로신전 스타디움, 아테나 프로네아 성역은 꼭 봐야한다.

델피는 아테네에서 북쪽으로 약 178㎞떨어진 유적지 도시로 그리스여행의 핵심관광지이다. 세상의 중심으로 불리던 델피에 있는 아폴로신전 스타디움, 아테나 프로네아 성역은 꼭 봐야한다.

아테네에서 델피로

델피를 가려면 리오시온 버스 터미널에서 버스로 약 3시간 30분 이상 소요된다. 교통비도 왕복 44€(편도 22€)로 많은 비용이 든다.
델피 버스터미널에 도착해도 델피유적지까지는 또 택시를 이용하거나 무료로 운행하는 에코 트레인을 타고 유적지까지 이동해야 한다. 그래서 대부분은 투어상품을 구입하여 당일여행으로 델피여행을 한다. 투어상품은 55~99€까지 다양하다. 55€는 점심을 제공하지 않고 99€는 점심까지 제공하는 상품으로 다양한 회사들이 투어상품을 일년내내 운영하고 있는 인기투어상품이다. 겨울에는 화,일요일에, 여름에는 매일 투어가 진행된다.

델피 시내 IN

에코 트레인

만약 버스를 타고 직접 델피로 왔다면 델피 타운에서 에코 트레인을 타야 한다. 택시를 타는 방법도 있지만 관광지라 택시비가 만만치 않다. 타운의 서쪽 끝에서 12정류장을 거치며 매일 5회 운행(월요일은 3회 운행)하고 있다.
델피에서 델피박물관을 거쳐 카스탈리아까지 운행하여 관광객들이 편리하게 유적지를 볼 수 있도록 해놓았다. 버스정류장 앞에서 기다리면 코끼리 열차가 오는 것을 보고 타면 된다. 가끔씩 여름에는 많은 관광객들이 탑승하기 때문에 미리 기다리도록 하자.

델피의
렌트카 여행

아테네 → 델피 자동차로 이동하기

델피도 역시 아테네 근교로 당일여행을 떠날 수 있는 여행지이다. 보통은 투어를 이용하거나 렌트카를 이용하여 델피를 당일로 여행하기도 한다. 그리스 본토의 여행지를 묶어 코린토스와 델피, 메테오라로 여행을 하기도 한다.

먼저 렌트카 여행을 할때는 네비게이션에 델피Delpi를 입력하여 위치를 확인하고 출발하자. 델피는 영어로는 'Delpi'이지만 고대 그리스어로는 "델포이"로 불러 한글로 델포이로 입력하기도 하는데 반드시 영어 'Delpi'로만 네비게이션이 인식할 수 있다. 관광지로 찾아서 들어가 델피를 검색할 수도 있다.

이동도로 일정

아테네 시내 → 동쪽의 고가도로 2번 통과 → 8번 도로 → 1번 도로 → E75번 도로 → 2시간 정도 후에 델피 도착 → 약 20분후에 고대 델피 유적지 이동

아테네에서 렌트카를 타고 유적지를 갈때는 어디를 가든 아테네 시내를 나와 고속도로까지 이동하는 것은 같다. 코린토스는 8번도로에서 E94번 도로를 타고 이동하고, 델피는 8번도로에서 우회전하여 1번도로를 타다가 E75번 도로로 합류하게 되어 있다.
그러므로 코린토스를 먼저 가든, 델피를 먼저가든 한번만 이동해 보면 이동하는 것이 어렵지 않다는 것을 알게 된다. 처음에 아테네 시내에서 나올 때 고가도로가 2개 통과하면, 차량이 많지 않아 우리나라와 운전이 다르지 않다. 델피까지는 약 2시간 이상이 소요된다.

① 렌트차를 인수하면 가민 네비게이션에서 델피까지 입력한 후, 경로가 탐색되면 출발하면 된다. 코린토스와 같이 신타그마 광장, 오른쪽으로 돌아 오모니아 광장으로 이동한다. (가민 네비게이션의 위도, 경도로 입력하는 방법과 지명으로 입력하는 방법을 먼저 입력하는 방법을 사용해서 알고 난 후에 이동하도록 한다.)

② 오모니아 광장 왼쪽으로 라운드 어바웃을 돌아나와서 직진하여 도로 끝까지 이동한다. 도로를 나오면 8차선의 외곽으로 나가는 도로를 발견하게 된다. 그 도로를 계속 따라가면 어려움없이 이동할 수 있다.
도로는 2번의 고가도로를 지나 고속도로로 진입하도록 되어 있다.

③ 8번 도로로 진입하여 5분 정도를 이동하면 우회전하여 1번 도로로 이동한다. E75번 도로가 나오면 통행요금소가 나온다. 고속도로 통행요금소는 우리나라와 같아서 티켓을 뽑으면 된다.

④ E75번 고속도로를 따라 계속 이동한다. 중간 중간 휴게소가 나오고 2시간 동안 평원과 멀게는 산들이 펼쳐진다. 주일이라면 많은 관광객들이 휴게소에서 주문을 할 때 시간이 오래 걸리기도 한다.

⑤ 1시간 40분 정도를 달리면 델피 표지판이 나오면서 남은 ㎞를 표시해 준다.
델피에 가까워지면 속도를 줄이면서 오른쪽으로 차선을 변경하여 미리 대비를 하자.

⑥ 고속도로 통행요금소를 지나 델피 표지판을 보고 오른쪽으로 나온다. 여름에는 많은 차들이 델피로 이동하기 때문에 차들을 따라가면 지나치지 않을 것이다.

⑦ 델피마을은 도로가 좁고 많은 차들로 복잡하여 접촉사고가 많다. 편안한 마음으로 천천히 이동해야 접촉사고를 방지할 수 있다. 다시 네비게이션을 고대 델피 유적지나 델피 박물관으로 입력하고 이동해야 한다.
델피 시내와 유적지는 약 20분 정도 이동해야 하므로 정확한 장소입력이 필요하다. 점심때가 가까워졌다면 시내로 들어가 점심을 먹고 이동하는 것이 좋다. 델피 유적지에는 점심을 먹을 장소가 없다. 델피 유적지는 산속에 있기 때문에 산등성이를 따라 가는 도로로 굴곡이 심하다.

⑧ 굴곡이 심한 도로를 20분 정도를 지나 프로내아 성역이 먼저 나오고 아폴로 신전이 다음으로 나온다.

⑨ 만약 아테네로 돌아간다면 델피까지 이동했던 같은 방법으로 이동하면 된다. 메테오라로 이동한다면 E65번 고속도로를 이용해야 한다.

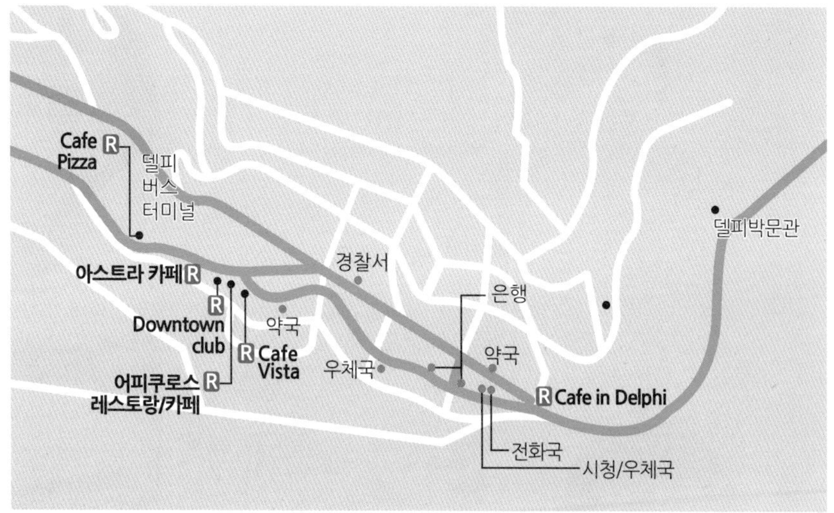

신전에 바친 델피유적

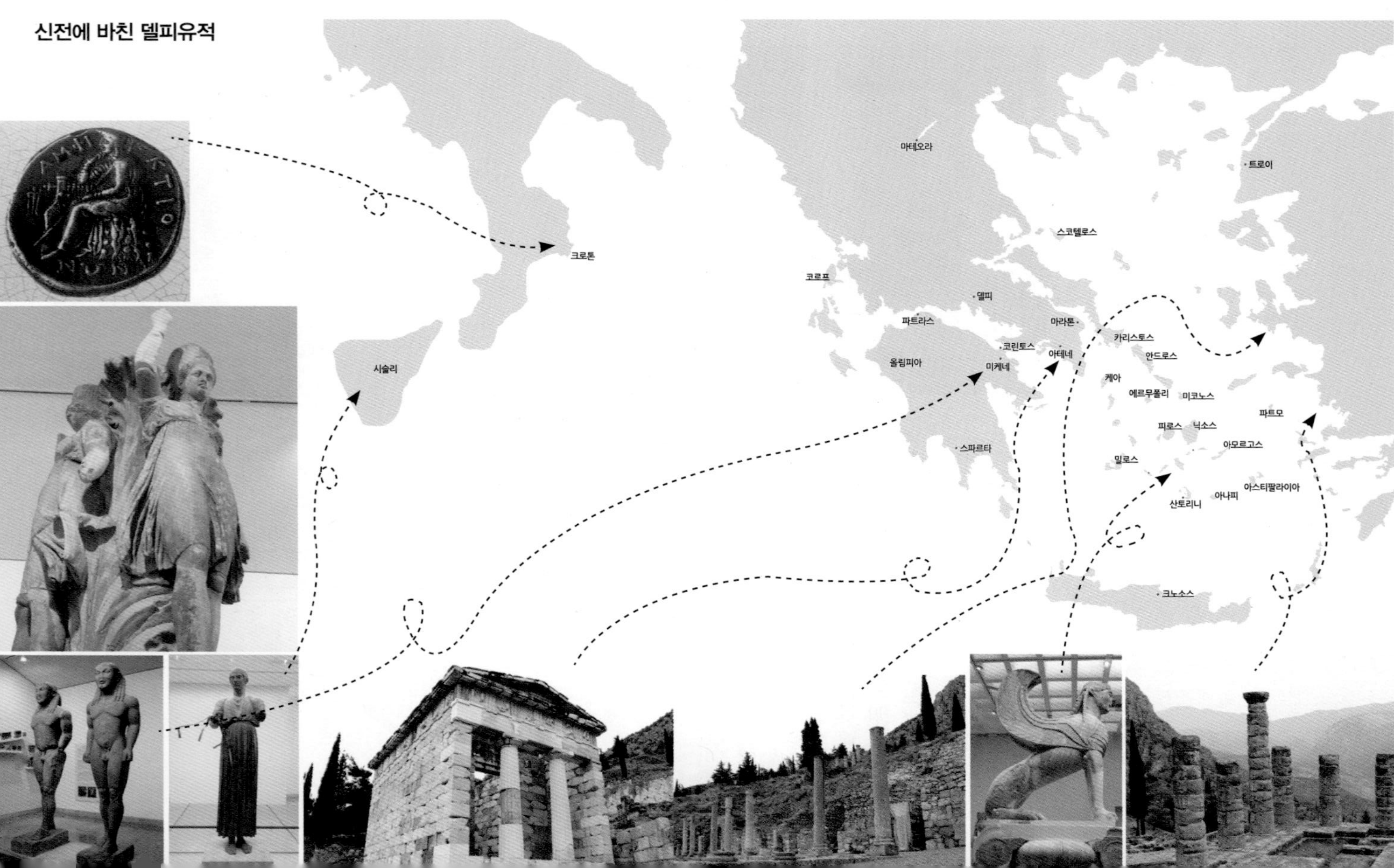

크로톤
시슬리
마테오라
트로이
스코텔로스
코르프
델피
파트라스
마라톤
카리스토스
안드로스
코린토스
아테네
올림피아
미케네
케아
에르무폴리
미코노스
파트모
피로스
낙소스
아모르고스
스파르타
밀로스
아스티팔라이아
아나피
산토리니
크노소스

고대의 델피
Ancient Delphi

델피 고대 유적지는 아폴론 신전과 아테나 프로나이아 성소, 김나지움과 카스텔리아의 샘으로 나눠지는데 아폴론 신전을 보기 위해 입장료를 내는 것이다. 아폴론 신전에서 오른쪽으로 걸어 올라가면 극장이 처음으로 보이고 투어상품에서는 가이드의 설명이 극장부터 시작된다. 아폴론 신전은 기둥만 덩그러니 서있어 황량한 느낌이 들지만 그리스역사에서 차지하는 비중이 커서 그리스인들은 체험학습으로 반드시 오는 장소이다.

- 스델피 버스정류장에서 걸어서 20분 소요
- 08~15시(마감시간 30분전까지 입장가능), 1월 1일, 6일 / 3월 25일 / 5월 1일 / 부활절, 월요일 / 10월 28일 / 12월 25일, 26일
- 3€(델피박물관 통합 입장료 9€)

고대 델피 유적지 복원도

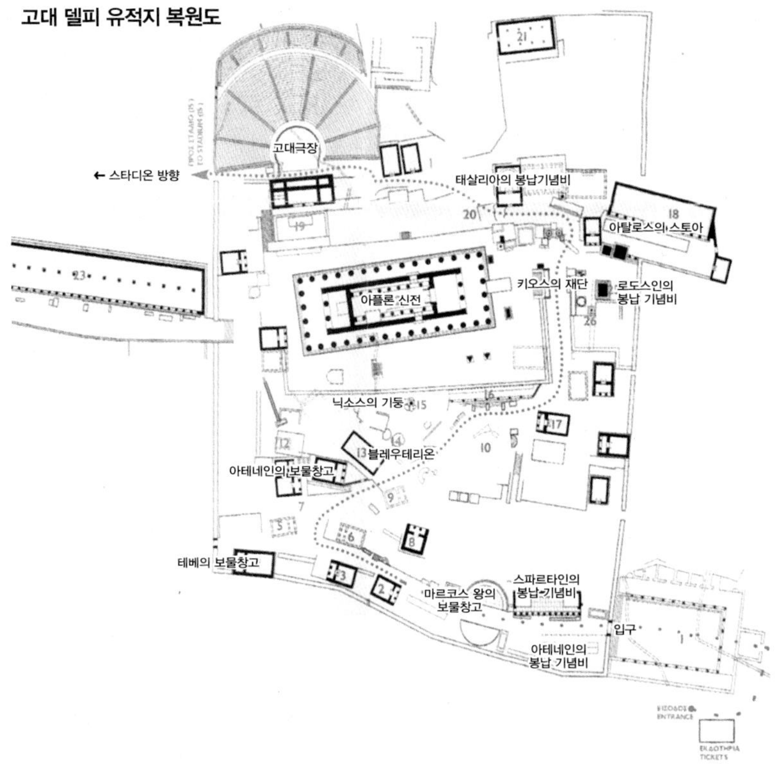

보물창고

The Treasuary of the Athenians

아테네인들의 보물창고를 보면 기둥위에 부조로 만들어진 그림이 있다. 정면 6개에는 아마존 전투, 북면 9개에는 헤라클레스의 임무, 서쪽 6개에는 게리온의 가축 훔치는 장면이 그려져 있고 "마라톤 전투에서 메데스의 전리품으로 아테네인들이 아폴론 신에게 바친다" 문구가 적혀 있다.

보물창고의 복원도

아폴로신전

The Temple of Apollo

아폴론의 황금상이 있었다고 전해지는 아폴론 신전에는 현관에 "너 자신을 알라", "너무 지나치지 않게"라는 고대 금언이 씌여져 있었다고 한다.

처음에 만들어진 신전이 화재로 소실되고 스핀 타로스와 세노도로스, 아가통 등의 건축가가 다시 지었지만 지금은 기둥만 남아 있다. 남아 있는 터와 복원도를 보며 아폴론 신전의 웅장한 모습을 상상해 보자.

극장
Theater

에우메네스가 극장을 수리하여 기원전2 세기에 헤라클레스의 노역에 대한 주제로 공연을 하기도 했다. 델피에서는 아직도 축제때 아폴론 신을 찬양하는 드라마나 공연이 열리기도 한다.

고대 김나지움
Ancient Gymnasium

체육관과 교회, 수영장, 목욕탕 등으로 이루어져 있었다고 전해진다. 고대에 선수들은 카스탈리아 우물에서 몸을 씻고 트랙에서 운동을 하였다.
실내 체육관이 있어 비오는 날에는 걱정없이 운동이 가능했다고 한다.

아테나 프로나이아 성소
The Sanctuary of Athena Pronaia

다른 도시들이 건축한 보물창고와 원형건축물, 신전들로 구성된 단지로 지금은 토대와 기둥인 톨로스만 남아 있다.
기둥위에는 아마존 전투를 주제로 한 조각이 있다 나머지 유물들은 델피 박물관으로 이전되어 있다.

스타디움
The Stadium

스타디움은 아폴론 신전과는 떨어져 있다. 숲 속에 경기장이 있는데 약 6~7천명이 경기를 관람할 수 있었다고 한다. 북쪽에는 12줄, 남쪽에는 6줄의 관람석이 있다.

델피 박물관
Delphi Museum

고대 델피 유적지를 나와서 오른쪽으로 5분정도만 걸어가면 델피 박물관이 나온다. 델피유적지는 오후 3시면 마감되지만 델피 박물관은 1시간 더 박물관을 둘러볼 수 있다. 유적지에서 나온 관광객을 배려하여 1시간 뒤에 박물관 마감시간을 맞추어 놓았다. 박물관 입장료도 6€이지만 대부분은 델피유적지와 통합하여 9€를 주로 통합 입장권을 구입하여 델피를 관광한다.

델피는 유적지에서 나온 유물들을 보존하기 위해 만든 박물관으로 1896년에 발굴된 청동상과 작은 도상부터 아르카이크 시대부터 로마시대까지 시대별로 그리스의 발전사를 볼 수 있는 박물관으로 의미가 있다. 델피는 그리스학생이면 누구나 찾아와서 체험하는 체험학습장이기도 해 평일에도 관람인원은 많고 주말이면 관광객들로 항상 붐빈다.

7~8월의 휴가기간에는 음악과 고대 드라마 페스티벌까지 개최되어 델피를 방문하는 관광객은 절정을 이룬다.

델피박물관 내부 조감도

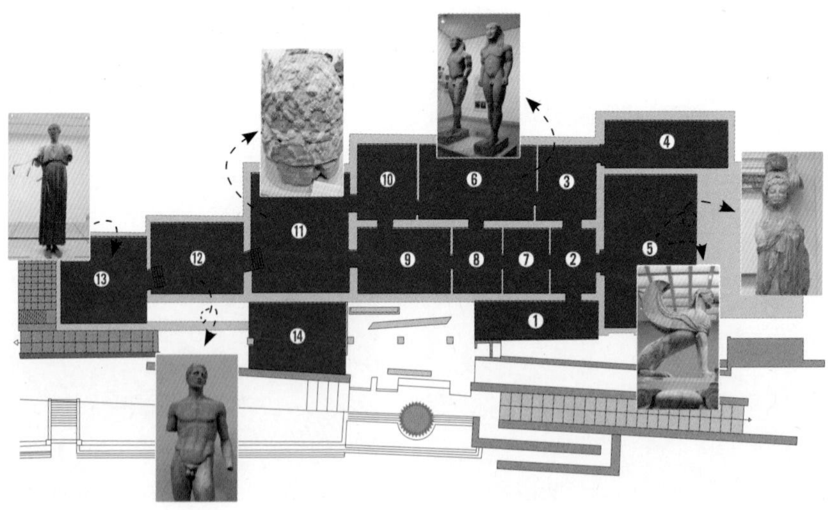

황금머리 황소
golden-headed bull

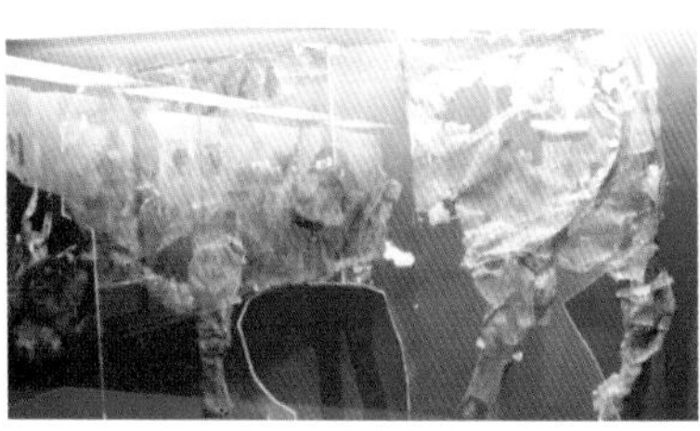

황금머리 황소는 기원전 6세기이전 이오니아의 작품으로 동판에 부착도록 세작되었다. 화재로 소실되어 땅에 묻혀 있다가 발견되어 고고학박물관팀이 복원하여 델피 박물관에 보관되어 있다.

스핑크스
The Sphinx OF The Naxians

키클라제도의 낙소스섬에는 고대 그리스에서 가장 부유하고 예술적인 능력이 뛰어난 예술가가 많았다. 그들이 아폴론 신을 보호한다는 의미로 아폴론 신에게 바치는 작품이었다. 아폴론 신전의 남쪽에 무녀 바위 옆에 세워져 아폴론 신을 지켰다. 지금도 상당히 보존이 잘되어 있다.

옴파로스
Omphalos

"세상의 배꼽"이라는 의미의 옴파로스는 제우스가 세상의 중심을 찾기 위해 2마리의 독수리를 우주의 양 끝으로 날려 보냈는데 2마리의 독수리가 만난 곳이 델피에 있던 옴파로스라고 전해지는데, 지구의 중심이라고 생각되는 지점에 옴파로스를 놓았다.

그곳은 아폴론 신전의 '아다톤'이라는 방이었다고 한다. 아폴론 신이 죽였던 가이아의 아들인 뱀 피티온의 무덤으로 믿었다고 전해지며, 기원전 3세기경에 다시 만든 작품이라고 추정하고 있다. 옴파로스는 조그만 돌덩이라고 생각할 수 있지만 균형을 중시한 그리스에서는 대단히 중요한 돌로 취급받았고 지금도 가이드가 중요하게 설명하고 있다.

전차를 모는 청동 마부상
Charioteer

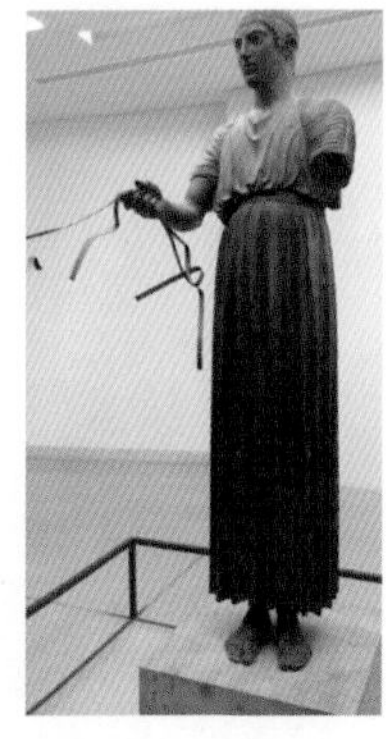

델피 박물관에서 가장 보존이 잘되어 있고 실물과 같은 크기라 더욱 생생한 작품으로 인기가 많다. 4마리의 말을 몰고 있는 마부상으로 사모스 섬의 겔라의 참주, 폴리잘로스가 지시하여 피타고라스가 만든 작품으로 추정된다.
373년의 지진으로 땅에 묻혀 있다가 발굴되었는데 보존의 상태가 매우 좋은 작품이다. 마치 나를 쳐다보는 듯한 느낌으로 다가오며 옷의 주름까지 생생하게 표현되어 있다.

무희의 기둥
column of danc

아테네가 신전에 바친 작품으로 무희 3명이 기둥을 기대고 서 있다. 바닥의 기둥은 코린토스 양식이다.

클레오비스와 비톤 형제
Cleobis and Biton

아르고스지역에서 바친 쿠로스 상으로 클레오비스와 비톤 형제로 알려져 있는데 상당히 보존상태가 좋다. 클레오비스와 비톤은 그리스 신화에 나오는 두 형제로 효성이 지극한 것으로 표현되어 있다. 형제의 어머니는 아르고스에서 헤라를 섬기는 여제사장이었는데 헤라를 기념하는 축제를 가기 위해 신전으로 가야 하나 수레를 끌 소를 구하지 못했다.
이에 두 형제가 소의 멍에를 벗겨 두 사람의 몸에 걸치고 수레를 끌고 먼길을 갔다. 신전에 도착한 어머니는 효성스런 두 아들을 여신에게 자랑하며 형제에게 가장 소중한 선물을 달라고 기대 하였다.
다음날 어머니를 수레에 모시고 집으로 돌아갈 생각을 하며 신전에서 잠들다 다시는 깨어나지 않아 신이 그들을 데리고 간 것을 가장 행복한 사람으로 묘사되어 있다.

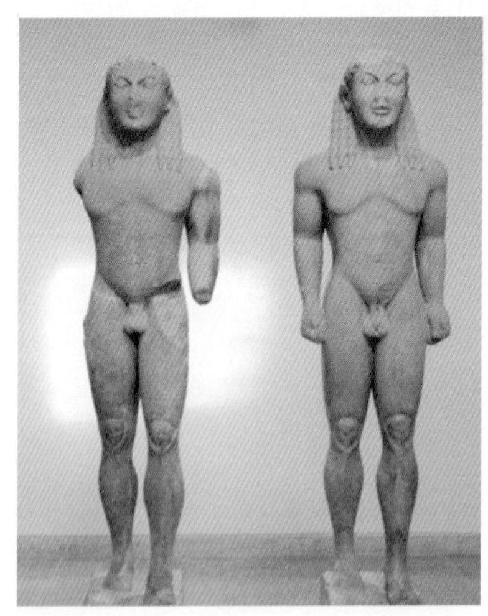

폴리스의 확대

폴리스의 성장과 더불어 인구가 늘어나자, 기원전 8세기 후반~기원전 7세기 사이에 그리스의 폴리스에서는 시민들을 외국으로 내보내 새로운 땅을 개척하는 식민 운동을 활발하게 펼쳤다. 그리스의 식민 운동은 집단 이주로 새로운 농경지를 찾아 새로운 땅으로 떠나 정착했고 본국의 도움 없이 새로운 폴리스를 건설했다.

식민시는 남는 식량을 본국으로 보내고 올림피아 제전에도 참가하는 등 본국과 좋은 관계를 유지하였다. 그 결과 지중해 일대에는 여기저기에 그리스 인의 새로운 식민시가 생겨났다. 리비아의 키레네, 흑해 부분의 비잔티움, 시칠리아의 시라쿠사, 이탈리아의 네아폴리스, 갈리아의 마실리아가 모두 이때 세워졌다. 그런데 이들 식민시들은 대개 본국의 지배를 받지 않는 독립적인 새로운 폴리스들이었다.

한편, 외국에 식민시를 세우지 않고도 인구와 식량 문제를 해결할 수 있었던 폴리스는 식민 운동을 거의 하지 않았다. 이웃 국가인 메세니아를 빼앗은 스파르타나 흑해 연안의 곡물을 들여올 곳을 마련해 둔 아테네가 그런 경우였다.

대대적인 식민 운동과 더불어 그리스의 무역 활동이 부쩍 활발해졌다. 교역을 위해 식민시를 세운 것은 아니지만, 식민시들은 지중해에서 그리스인의 무역 활동을 활발하게 해 주었다. 그리스의 자연 조건은 과일나무 재배에 알맞아 수출품도 포도주와 올리브유가 많았다. 아울러 포도주와 올리브유를 담는 데 필요한 도자기 산업도 크게 발달했다. 반면, 그리스는 땅이 좋지 않고 산이 많았기 때문에 곡물과 목재는 주로 수입에 의존했다. 곡물은 이집트와 흑해 연안이나 시칠리아에서, 목재는 그리스 북쪽의 삼림 지대에서 들여왔다. 그리스의 무역이 활발해지자, 외국에 그리스 인의 무역 기지가 들어섰다. 이집트의 나우크라티스와 시리아의 알미나는 그리스 인의 중요한 교역 도시였다.

그렇다고 그리스 인이 지중해 무역을 앞서서 이끈 것은 아니었다. 당시 지중해 무역을 활발하게 이끈 것은 페니키아 인이었다. 페니키아 인은 기원전 1100년경부터 지중해 무역을 손아귀에 넣었고, 페니키아의 식민지 카르타고도 활발히 교역 활동을 벌이고 있었다.

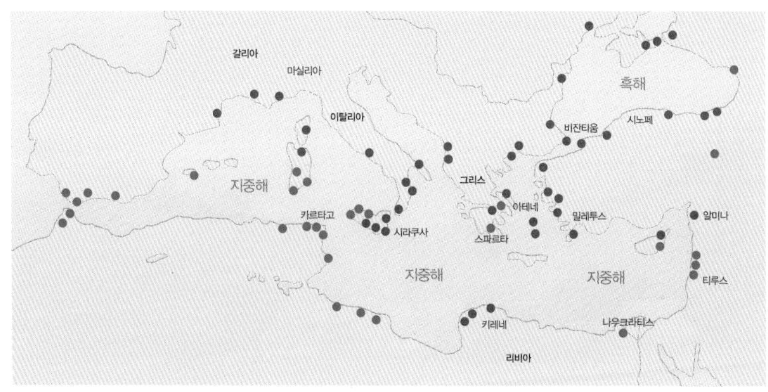

고대

그리스 올림픽

당신은 TV에서 올림픽 성화를 체화하는 장면을 본적이 있습니까?
올림픽이 열리는 해가 되면, 그리스의 올림피아에 있는 헤라 신전의 제단 부근에서 고대 그리스풍의 옷을 입은 여인들이 성화에 불을 붙인다. 왜 올림픽 성화는 언제나 여기에서 채화하는 것일까? 그 이유는 올림픽 경기를 처음 시작한 장소가 바로 이 올림피아이기 때문이다. 올림픽이 처음 시작된 것을 기념하기 위해 올림픽 성화는 항상 올림피아의 헤라신전에서 불을 붙인다. 헤라 신전은 올림피아에서 가장 오래된 건물이다.

기원전 776년에 처음 시작한 올림픽은 그리스 신중의 으뜸인 제우스신에게 바치는 경기였다. 고대 그리스는 여러 개의 도시 국가로 나뉘어 있었는데, 올림픽은 이런 도시들을 하나로 묶는 역할을 하였다. 그래서 올림픽 기간 동안에는 전쟁을 하지 않았다. 처음에는 하루 동안 달리기 경기만 하였는데 점점 날짜도 5일로 늘어나고 멀리뛰기, 레슬링, 창던지기, 원반던지기, 나팔수나 전령들의 경주 등도 생겨났다. 로마 시대에는 음악이나 시도 경기에 포함되었다고 한다.
이렇게 1,000년간 계속된 고대 올림픽은 393년에 없어졌다. 크리스트교를 국교로 삼았던 로마 황제 테오도시우스 1세가 다른 신을 숭배하는 올림픽 경기를 더 이상 열지 못하게 하고 신전도 없애라고 명령하여 올림피아 유적들이 많이 파괴되었다. 그 뒤, 지진과 홍수로 올림피아는 모래 속에 완전히 파묻혀 버렸다. 올림피아 유적들은 19세기에 들어서야 다시 햇빛을 보게 되었지만 아직도 대부분 폐허로만 남아 있다. 1896년에 프랑스인 쿠베르탱 남작의 제안으로 근대올림픽이 부활하였다.

아테네의 올림픽 스타디움(Panathenaic Stadium / Olympic Stadium)

올림픽 경기 모습의 장면

1회 올림픽, 올림픽 주화

고대 경기장으로 복원된 근대 올림픽의 영광이 서려 있는 올림픽 스타디움Panathenaic Stadium / Olympic Stadium은 약 5만 명을 수용할 수 있고, 트랙은 말굽 모양의 대리석으로 만들어진 경기장이 특색이 있다. 현재도 육상경기와 각종 행사에 사용되어 아테네를 상징하는 경기장이 되었다.

고대 올림픽이 제우스 신에게 바치는 경기인 만큼 올림피아에는 제우스 신전이 있었다. 원래 제우스 신전 안에는 세계 7대 불가사의 중의 하나라는 황금으로 장식한 제우스 신상이 있었다고 한다. 사람들은 이 위대한 조각을 남긴 사람이 아테네에 있는 파르테논 신전의 아테나 여신상을 조각했던 페이디아스였을 것이라고 추측을 한다. 제우스 신전 부근에서 페이디아스 작업장 터를 발견했기 때문이다. 그러나 위대한 조각가가 만든 위대한 조각품인 제우스 신상은 아쉽게 지금은 볼 수 없다. 다만 로마 시대에 만든 동전의 문양에서 그 모습을 확인할 수 있을 뿐이다. 제우스 신상이 어떻게 없어졌는지는 정확히 알 수 없다. 불이 나서 녹아 버렸다고도 하고, 지진으로 없어졌다고도 한다.

또 하나 올림피아에는 고대 올림픽 경기가 열리던 스타디온이 있다. 올림픽 경기장을 일컫는 스타디움은 바로 여기에서 나왔다. 원래 스타디온은 길이를 재는 단위였다. 1스타디온의 길이는 각 지방마다 달랐는데 올림피아 지방에서는 약 192.3m였다. 그래서 출발선에서 약 192.3M 떨어진 곳에 결승점이 있는 것이다. 이 스타디온에는 4만 명이 넘는 사람이 들어갈 수 있었다니 당시로는 엄청난 크기였다. 올림픽에서 선수들은 모두 벌거벗고 경기를 하였다. 여자와 노예는 참가는 물론 구경도 할 수 없었다. 구경하는 사람들은 흙바닥에 앉아 경기를 보았지만 심판들은 대리석으로 만든 계단에 앉아 심판을 보았다고 한다.

Corinth

코린토스

코린토스

코린토스는 아테네 근교 관광지 중에서는 가까운 거리에 있지만 혼자서 여행을 하는 것은 쉽지 않다. 먼저 51번 버스를 타고 아테네 키피소스 버스 터미널로 가서 코린토스 도시로 이동한다.
코린토스 운하는 코린토스 도시를 가기 전에 내려야 한다. 하지만 코린토스 운하는 택시를 타고 다시 코린토스까지 이동해야 하는 번거로움과 버스가 거의 운행이 안 되는 단점이 있다. 코린토스 고대 유적지는 코린토스 시내에서 다시 버스를 타고 20여분을 더 가서 고대 유적지에 도착할 수 있다. 코린토스 고대 유적지까지는 3시간 정도가 소요된다.

코린토스 시내 IN

코린토스 시내에 버스가 도착하는 곳은 시청이 있는 곳이다. 시청에서 오른쪽으로 걸어 올라가면 택시 정류장이 있고 계속 올라가면 사거리가 나오는데 여기가 고대 유적지로 가는 버스를 타는 버스 정류장이다. 하지만 버스정류장의 표시는 없으니 반드시 시민들에게 확인하고 탑승하도록 하자. 또한 버스표는 버스표를 파는 직원이 따로 있으므로 직원에게 물어보고 직원이 타라는 버스를 타야 한다. 버스는 번호가 따로 표시되어 있지 않다.

시청에서 왼쪽으로 걸어가다보면 바다가 보이는데 바닷가로 걸어가서 오른쪽으로 돌아 걸어가면 버스 터미널이 나온다. 버스터미널이 크지 않아서 위치를 잘 확인하여 아테네로 돌아가는 버스시간을 확인하고 버스 터미널에서 30분 전에는 기다리고 있어야 한다.

만일 렌트카를 이용하여 코린토스로 가면 1시간 30분이면 도착할 수 있다. 아니면 코린토스까지 투어를 이용하면 중간에 휴게소에서 쉬는 시간까지 2시간 정도면 도착한다.

버스 터미널에서 버스를 기다리는 학생들

교통비도 왕복 31~36유로로 투어와 15유로정도 비용에 차이가 난다. 버스터미널까지 시내버스 : 1.2유로(왕복 2.4유로), 고속버스 왕복 14.5유로, 코린토스 시내에서 고대 유적지까지 버스 : 왕복 3.2유로이다. 그래서 대부분은 투어상품을 구입하여 당일여행으로 코린토스 여행을 한다. 투어상품은 58유로(서비스 제공이 달라 비용의 차이는 있을 수 있음)정도의 비용이다. 다양한 회사들이 투어상품을 여름에만 운영하고 있다.

코린토스로 가는방법

키피소스 버스 터미널 가는 방법

코린토스에 가기 위해 오모니아 광장에서 트살다리 거리를 향해 내려가면 도리안 인 호텔이 왼쪽에 나오고 오른쪽에는 손 그림이 벽에 나온다. 손 그림벽을 오른쪽으로 돌면 51번 버스가 왼쪽에 서 있다. 그 51번 버스를 1.2유로를 내고 타면 25분 정도 지나 키피소스 버스 터미널에 도착한다.

버스 터미널에서 직진하여 터미널 안으로 들어가면 왼쪽으로 돌아 직진하여 코린토스행 버스 티켓을 구입하면 된다.(왕복 14.5유로 구입)

버스 터미널은 우리나라의 시골 터미널같은 분위기지만 상당히 큰 편이다. 코린토스행 버스는 안으로 들어가서 좁은 거리를 건너 왼쪽 4곳의 가게들을 지나면 코린토스행 표지판을 발견할 수 있다. 횡단보도를 건너야 코린토스행 버스 표지판을 찾을 수 있다. 레스토랑도 있으니 버스를 타기 전에 배를 든든히 채우고 출발하자.

코린토스 조각상들이 머리만 잘려 나간 설 3가지

1. 로마시대 말기에 로마에서는 황제가 권력투쟁에서 밀리는 경우가 계속 발생해, 황제의 석상을 완성하기 전에 목없는 조각상을 미리 만들어 바뀌는 황제의 얼굴만 빨리 갈아 끼웠다고 한다.
2. 오스만 투르크가 그리스를 정복하고 나서 성상숭배를 금지하는 이슬람교 때문에 파괴하려고 하자 파괴하려는 조각상의 양이 너무 많아 목만 잘라 없앴다는 설이다.
3. 그리스, 로마 시대에 귀족들은 자신들의 집 앞에 자신을 과시하려는 자신의 조각상을 세워 문패의 역할을 하였는데 이사를 가면 새로 이사가는 집에 머리와 손만 떼어가서 다시 붙였다는 설이다.

코린토스 운하
Corinth Canal

코린토스 운하는 로마에 정복 당한 후, 계속 운하를 만들 계획을 세우지만 실행에 옮기지 못했다. 폭군인 네로 황제로 공사를 시작했지만 4년만에 중단하였다. 결국 폭 21m, 길이 6.34㎞, 수심 8m의 공사를 마무리 했지만 폭도 좁고 수심도 깊지 않아 커다란 배들은 다니지 못해 제대로 된 운하의 역할은 못하고 있다.

운하 위에 다리가 있어 운하를 가까이서 볼 수 있다. 여름에는 운하에 대한 역사와 풍경을 설명하는 프로그램이 운영되고 있다. 운하에서 번지 점프를 하는 엑티비티가 있지만 거의 이용하는 관광객은 없다.

코린토스 운하

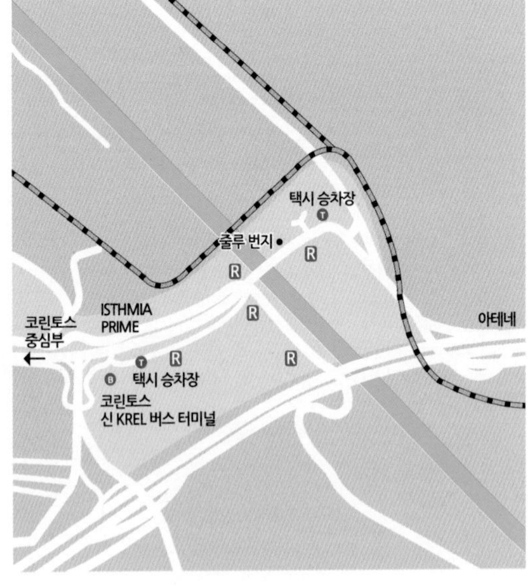

고대 코린토스 유적지
Ancient Korinthos

코린토스는 로마에 의해 정복 당하면서 대부분의 유적지가 파괴되었다. 현재의 유적지는 율리어스 시이저가 기원전 44년에 코린토스에 도시를 다시 건설하면서 남아 있는 것들이다. 유적지는 지진의 영향으로 파괴가 많이 되었지만 옛 영광을 짐작할 수 있다.

오데온
Odeion

고대 유적지에서 가장 처음으로 만나게 되는 유적이 음악당인 오데온이다. 고대 유적지 입구 건너편에 위치하고 있어 유적지로 들어가지 않아도 볼 수 있다.
코린토스가 강력했던 1세기경에 헤로데스 아티쿠스의 후원으로 세워진 건물로 약 3천명을 수용할 수 있었다고 한다. 로마에게 정복당한 후에는 검투장으로 사용되기도 했다. 객석은 커다란 암반을 깍아 만들어 특이하다.

고대 극장
Ancient Theater

오데온 옆에 고대 극장이 위치해 있다. 고대 극장은 보존 상태가 좋지 않다. 기원전 5세기 전에 신전자리에 극장을 만들었지만 현재의 극장은 3세기경에 연극을 하기 위해 극장을 개조해 현재에 이르고 있다.

고대 극장
Ancient Theater

도리아 양식의 신전으로 남아있는 그리스 신전중에서 2번째로 오래된 신전이다. 코린토스는 신전의 제사장들과 여사제들의 생활이 문란하여 고대 코린토스가 발전하지 못하고 로마에 정복당하는데 중요한 역할을 하였다.

글아우케의 우물
The Spring of Glauke

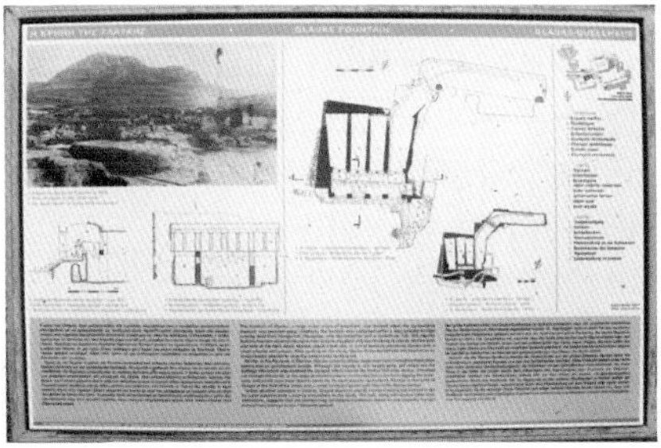

고대 유적지를 입장하면 처음으로 보이는 상징적인 기둥들은 글라우케의 우물이다. 코린토스의 왕인 크레온의 딸인 글라우케의 이름에서 글라우케의 우물이라는 이름을 지었다. 저수지로 암벽을 깍아 만들어 언덕에 연결된 물관을 통해 물을 채웠다고 한다.

코린토스 박물관

시지프스 산

고고한 박물관
Ancient Museum

그리스에서 박물관의 유물들의 상태가 매우 좋은 박물관이다. 미국인인 스몰 무어가 기중한 박물관으로 코린토스에서 발견된 유물들을 정면의 앞마당과 4개의 룸Room, 회항, 서쪽의 별관으로 나눠 전시해 놓았다. 아폴론 신전의 웅장한 모습을 상상해 보자.

박물관을 들어서면 바로 보이는 동상들을 인상적이다. 대부분은 목부분이 없어진 상태로 세워져 있다. 오스만투르크에 정복당한 후로 목을 잘린 상태로 나머지 부분은 상태가 좋다.

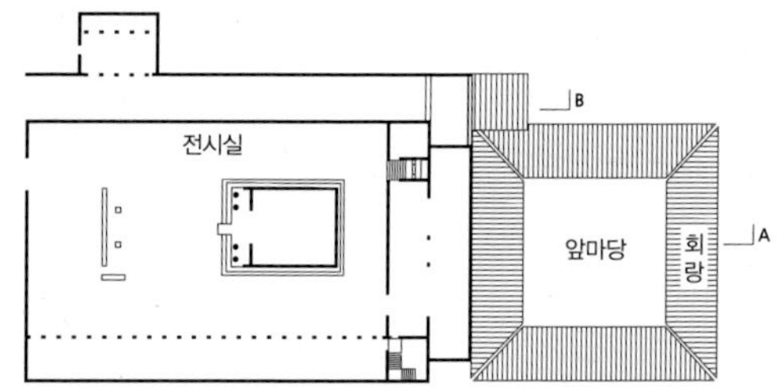

회랑

전시실로 들어가기 위해 회랑을 걸어가면 회랑에 여러 가지 주제로 부조를 전시해 놓았다. 처음 5개는 아마존 전투 장면, 다음의 4개는 헤라클레스의 임무를 표시하고 있다. 6개는 올림포스 신들과 거인들과의 전쟁을 나타내고 있다.

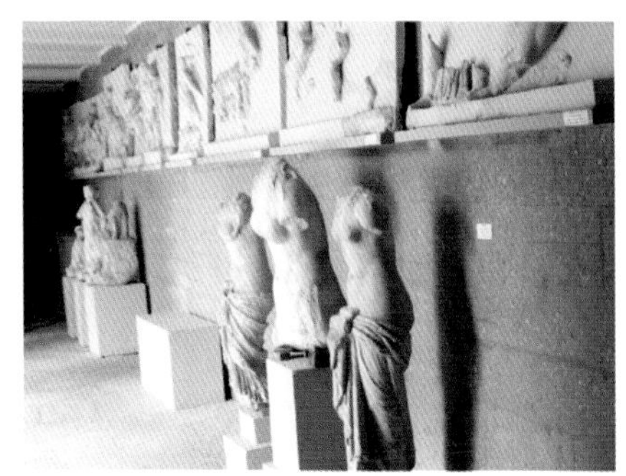

룸 1~3

입구로 들어서면 왼쪽에 있는 방이 룸 1로 신석기 시대의 토기와 장신구, 인형, 도구들을 전시하고 있는데 주목할 만한 유물은 없다.

룸 2

코린토스의 토기들을 주로 전시하고 있는 전시실로 기원전 4백전경의 신전에 바친 유물들과 아르카이크 시대의 스핑크스가 전시되어 있다.

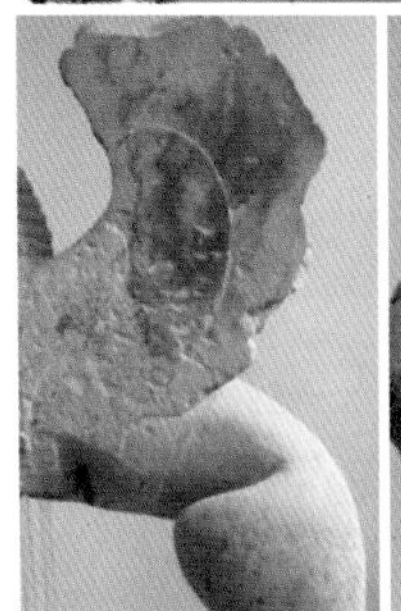

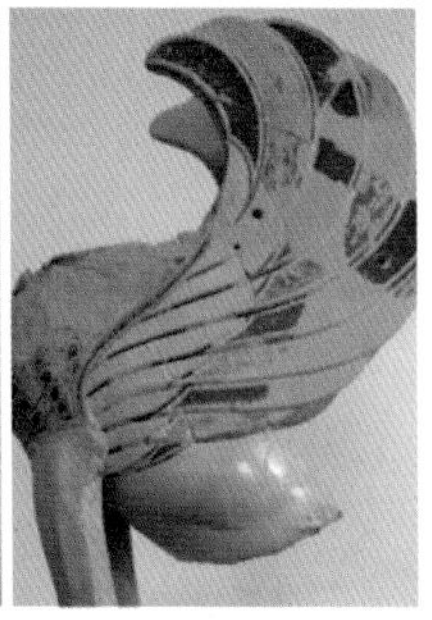

룸 3

로마와 알렉산더 대왕과 비잔틴 시대의 유물들을 전시해 놓았고 코린토스 유적지의 입구인 피로필레아에서 나온 2개의 쿠로스 거상들과 토기들이 전시되어 있다.

시지프스 신화는?

시지프스 산

시지프스는 그리스에 있던 여러 나라 중 한 나라의 왕이었다. 시지프스는 병에 걸리자 자신을 죽음의 세계로 데려가려고 오는 헤르메스를 잡아서 감금시켜버렸다. 저승으로 인도하는 사자인 헤르메스가 일을 하지 못하자, 죽어서 저승으로 가야할 사람들이 저승으로 가지 않고 계속 살아있는 혼란이 발생했다. 그러자 분노한 제우스가 시지프스를 잡아서 산 위로 바위를 밀어 올려, 바위가 항상 꼭대기에 있게 하라는 명령을 한다. 하지만 바위가 산의 정상으로 올라가는 순간 다시 바닥으로 굴러 떨어져버린다는 문제가 있었다. 시지프스는 영원히 바위를 굴려 올리는 형벌을 받으면서 살아가게 되었다. 시지프스의 바위는 영원한 고통을 상징한다.

우리에게 무엇을 가르쳐 주는 것일까?

시지프스는 바위를 산꼭대기로 밀어 올리고 바위는 다시 굴러 떨어지고, 다시 밀어 올리고 끝이 나지 않는 형벌을 받게 된다. 살아가는 삶에서 우리는 수많은 산들을 만나게 된다. 그 산은 성공, 꿈, 사랑, 슬픔, 고통 등으로 이루어진 산이다. 속세에 사는 우리는 산이 아무리 오르기 험난하다해도 산을 올라가려고 한다. 시지프스가 무거운 돌을 언덕 위로 굴러 올리듯이 우리의 인생을 위해 굴러 올린다고 이야기하지만, 언제나 산을 오르면서 고통을 받고 있다.

다리가 아파오고 숨이 턱까지 차고 땀이 온 몸을 젖는 것은 아무것도 아니다. 그것을 꿈이라는 포장을 하며 평생을 오르다가 인생은 끝이 나고 있다. 결국 죽을때가 되어 후회를 하면서 주위의 소중함을 잊고 바쁘다는 이유로, 먹고 살기 힘들다는 이유로 외면하고 있다.

정상에서 잠시 우리를 기다리는 한줄기 시원한 바람만이 유일한 희망일 것이다. 그 바람은 올라가면서 내려놓고 싶었던 고통과 산을 내려가고 싶었던 갈등의 번민을 잠시 씻어만 줄 뿐이다.

렌트카 여행

아테네 → 코린토스 자동차로 이동하기

아테네에서 여행을 마치고 렌트카를 이용하여 여행을 할때는 먼저 네비게이션에 코린토스Korinthos를 입력하여 가는 길을 확인하고 출발해야 한다. 코린토스는 영어로는 'Korinthos'이지만 'Corinth'로 네비게이션이 인식할 수도 있다. 관광지로 찾아서 들어가면 그리스 언어를 인식하기 때문에 코린토스를 검색할 수 있다. 만약 한글을 입력할 수 있다면 쉽게 찾을 수 있을 것이다.

일 정

아테네 시내 → 동쪽의 고가도로 2번 통과 → 8번 도로 → E94번 도로 → 8번 도로 → 40분정도 후에 코린토스 운하 → 약 20분 후에 고대 코린토스 유적지까지 이동

아테네에서 렌트카를 타고 자동차여행을 할 때 처음으로 장거리 운전을 하는 거라 긴장할 수 있지만 코린토스까지 이동하는 것은 어렵지 않다. 아테네 외곽에는 고가도로가 2개 있어 고가도로를 통과하는 데만 조심한다면, 차량이 많지 않아 우리나라에서 운전을 하는 것보다 쉽다.

1. 시내는 대부분 주차가 힘들기 때문에 차를 인수하면 가민 네비게이션에서 코린토스까지 입력한 후, 경로가 탐색되면 출발하면 된다. 바로 신타그마 광장, 오른쪽으로 돌아 오모니아 광장으로 이동한다.
(가민 네비게이션의 위도, 경도로 입력하는 방법과 지명으로 입력하는 방법을 먼저 입력하는 방법을 사용해서 알고 난 후에 이동하도록 한다.)

2. 오모니아 광장 왼쪽으로 라운드 어바웃을 돌아나와서 직진하여 도로 끝까지 이동한다. 도로를 나오면 8차선의 외곽으로 나가는 도로를 발견하게 된다. 그 도로를 계속 따라가면 어려움없이 이동할 수 있다. 도로는 2번의 고가도로를 지나 고속도로로 진입하도록 되어 있다.

3. 8번도로로 진입하여 10분 정도를 이동하면 통행요금소가 나온다. 고속도로 통행 요금소는 우리나라와 같아서 티켓을 뽑으면 된다.

4. 8번도로를 진입하여 서쪽으로 계속 이동한다. 간혹 E94번도로가 표시되어도 같은 8번도로이니 당황하지 않는다.
40분 정도 이동하기 때문에 점심때가 지났다면 점심을 해결하고 이동하는 것이 편하다. 중간에 휴게소가 있지만 맛좋은 음식은 거의 없다.
또한 간혹 많은 관광객들이 휴게소에서 점심을 먹어서 주문을 할 때 시간이 오래 걸리기도 한다.

5. 아테네에서 코린토스까지 8번 도로를 따라 40~50분정도 지나면 코린토스 가는 표지판이 나오는데 터널을 2번 통과 후에 바로 코린토스 운하가 나온다. 터널에 가까워지면 속도를 80㎞로 줄이라는 표시가 나오므로 미리 대비 하자.

6. 고속도로 통행요금소를 지나 코린토스 표지판을 보고 오른쪽으로 돌며 바로 운하가 오른쪽으로 나온다. 운하는 코린토스 시내에 진입하기 전에 나오므로 혹시 지나쳤다면 길가에 주차를 하고 운하로 이동한다. 여름에는 많은 차들이 코린토스 운하로 이동하기 때문에 차들을 따라가면 운하를 지나치지 않을 것이다.

7. 다시 네비게이션을 고대 코린토스 유적지로 입력하고 이동해야 한다. 코린토스 시내와 유적지는 약 15분 정도 이동해야 하므로 정확한 장소입력이 필요하다. 점심때가 가까워졌다면 시내로 들어가 점심을 먹고 이동하는 것이 좋다. 코린토스 유적지까지는 해안도로를 따라 이동하다가 언덕이 있는 유적지로 빠지는데, 시골길을 이동하므로 속도를 줄이고 천천히 이동한다.

8. 시골길은 왼쪽, 오른쪽으로 3번씩 반복하므로 네비게이션을 자세히 보면서 이동하는 것이 이동시간을 줄이는 방법이다. 고대 유적지Ancient Korintos 표지판이 나온 후 고고학 박물관Archaelogical Museum이라는 표지판을 따라 가면 된다.

9. 만약 아테네로 돌아간다면 코린토스까지 이동했던 같은 방법으로 이동하면 된다. 델피로 이동한다면 아테네와 반대방향으로 고속도로를 이용해야 한다.

Sounion c.
수니온 곶

약 60m높이의 가파른 절벽 위에 있는 아름다운 포세이돈 신전의 사진을 보면 가보고 싶어진다. 수니온 곶은 아테네에서 68km떨어진 가장 남쪽에 있는 땅 끝 마을이다. 가보고 나면 다들 반응이 "포세이돈 신전 하나밖에 없네!"라는 공통된 답을 내놓는다. 시간이 된다면 가보고 아니라면 생략해도 좋은 관광지이다. 해질 때의 풍경은 압권이다.

수니온곶 IN

버스를 타고 약 1시간 30분 정도를 가면 수니온 곶이 나온다. 신타그마 버스 정류장, 오모니아 광장 근처의 마브로마테온Mavromateon 거리에 있는 아티키 버스 정류장, 이집투 광장Egiptou에서 수니온 곶을 가는 버스를 탈 수 있다. 하지만 대부분은 신타그마 광장에서 버스를 타고 이동을 한다.

아테나 여신의 신전
The Temple of Goddess Athena

포세이돈 신전을 보고 오른쪽에 400m정도 떨어진 곳에 아테나 여신의 신전이 있다. 펠로폰테소스 전쟁 기간에 지어진 신전이라는 설이 우세하다. 아테나 여신에게 봉헌한 신전인지 아르테미스 여신에게 봉헌한 신전인지는 모른다.

포세이돈 신전
Temple of Poseidon

바다가 내려다보이는 바위투성이의 높은 언덕 위에는 바다의 신 포세이돈을 기리는 그리스에서 가장 유명한 신전 중 하나가 서 있다. 아테네에서 차로 80㎞ 정도 가면 나오는 수니온 곶Cape Sounion에 위치해 있는, 그림 같은 사로니코스 만Saronic Gulf에 있는 바위 언덕 위에 자리 잡고 있는 포세이돈 신전Temple of Poseidon에서는 에게 해가 한 눈에 내려다보인다.

포세이돈 신전Temple of Poseidon은 기원전 444~440년 사이에 건축되었으며 높이가 6m에 달하는 42개의 하얀 대리석 기둥이 있었고, 예배당에는 6m 높이의 거대한 포세이돈 동상이 서 있었다. 반짝이는 바다와 지금까지 남아있는 15개의 도리아 기둥을 바라보면 왜 이곳이 그리스에서 가장 많은 사랑을 받는 고고학 유적지로 손꼽히는지 알 수 있다. 기둥 중 하나에 새겨진 영국의 시인, 바이런 경의 서명이 있으므로 한번 찾아보자.

포세이돈 신전Temple of Poseidon의 가장 큰 매력 중 하나는 아름다운 경치로, 맑은 날에는 저 멀리 있는 케아와 펠로폰네소스 섬들까지 볼 수 있다는 것이다. 언덕에서 보이는 노을은 아무렇게나 찍어도 작품으로 만들어준다.

왜 포세이돈 신전을 만들었을까?
그리스 신화에서 포세이돈은 제우스를 제외한 그 어떤 신보다도 강력한 존재였다. 고대의 그리스 어부들과 선원들은 포세이돈에게 풍년을 기도했다. 그는 삼지창을 들고 있는 모습으로 자주 묘사되었으며 화가 나면 이 삼지창을 사용하여 배가 뒤집힐 만한 풍랑을 일으키곤 했다. 포세이돈의 마음을 얻고 싶었던 그리스인들은 신전 계단에 동물과 다양한 선물을 갖다 바쳤다.

Greece
North
그리스 북부

Meteora

메테오라

메테오라는 아테네에서 북동쪽으로 352㎞떨어진 '공중에 떠 있는'이라는 뜻의 중세 수도원이다. 거대한 사암석의 바위산 위에 풍화작용에 깎여 만들어진 수도원으로, 15세기말에 오스만 제국이 비잔틴 제국을 제압하고 그리스를 점령하자 그리스 정교회의 수도사들이 그들을 피래 메테오라 바위 동굴에 수도원을 짓기 시작하였다. 메테오라 전체가 세계문화유산으로 지정돼 그리스 북부 여행의 대표 관광지가 되었다.

솟아오른 산봉우리 위에 그리스 정교회 수도원들이 하나씩 들어서다가 15세말에는 24개의 수도원이 생겨날 정도로 많아졌다. 17세부터 수도원이 떠나면서 쇠락했다가 지금은 6개의 수도원만 남아 있다 수도원 안에는 아름다운 프레스코화를 볼 수 있어 관광객을 끌어들이는 그리스의 귀중한 문화유산이다.

메테오라 IN

버스

메테오라의 칼라바카에 가기 위해 아테네의 리온시온 터미널 B에서 매일 8편의 버스가 운행하고 있다.(07:30이후 2시간마다, 17시는 금, 일만 운영, 18시, 21시) 약5시간 정도 지나면 도착하는데, 도착 후에 메테오라가 있는 캄람바카까지 가는 버스를 타고 들어가야 한다.

기차

아테네 라리시스 역에서 메테오라 칼람바카역까지 하루에 한번, 오전 8시 25분에 출발하여 13시 20분에 도착한다. 유레일 패스를 소지하면 무료로 이용이 가능해 여름에는 기차 이용객이 많다.

택시들이 입구에서 기다리고 있어 여럿이 모여 택시를 이용해 가면 편리하게 버스요금과 비슷하게 이용할 수 있다. 중간에 팔레오파르살로스Palaedfarsalos 역을 경유하여 메테오라로 이동할 수 있지만 7시간 정도가 소요되어 추천하지 않는다.(07:20, 12:20, 14:20, 16:16 출발)

메테오라 수도원 핵심도보여행

칼람바카 시청 분수대에서 버스를 타고 20분 정도를 가면 버스 종점에 도착해 수도원을 둘러볼 수 있다. 각 수도원마다 입장하는 시간은 여름과 겨울에 다르다. 메테오라 관광객이 여름과 가을까지 몰리다가 겨울에는 관광객이 급속히 줄어들어서 수도원마다 입장 시간이 다를 수밖에 없다.

여름이어도 오후 5시까지만 입장이 가능하여 여유롭게 방문하려면 오후 3시까지는 입장하여 둘러봐야 할 것이다. 모든 수도원들이 입장할 수 있는 기간은 주말뿐이므로 주말에 메테오라로 여행하는 것이 좋다. 여성은 대여해주는 긴 스카프를 둘러야 한다.
험준한 바위산 위의 수도원을 방문하는 것인 만큼 산길을 걸어야 한다. 그래서 등산이라는 생각으로 준비를 해야 한다. 시청분수대에서 시작해 대 메테오라 수도원을 둘러보고 카스트리카 수도원, 칼람바카로 돌아오는 코스로는 5시간 이상이 소요된다.

겨울을 제외하고 아테네에서 단체로 투어로 오는 코스로는 당일치기 여행이 가능하다. 개인적인 여행이라면 당일치기 여행은 힘들고 1박2일로 칼람바카에서 가장 가까운 성 스테파노 수도원을 먼저 둘러보고 다음날에 오전 9시에 버스를 타고(11시, 13시도 출발 가능) 대 메테오라 수도원부터 둘러보고 다시 아테네로 돌아가면 좋은 1박2일 여행이 된다.

일 정

칼람바카 시청 분수대 → 버스 탑승(20분) → 대 메테오라 수도원 → 바를람 수도원 → 성 스테파노 수도원 → 트리니티 수도원 → 누네리 수도원 → 성 니콜라스 아나프르사스 수도원 → 성모 마리아 비잔틴 교회 → 칼람바카 시청 분수대

준비물

여름의 강렬한 햇빛으로 선글라스, 선크림, 물과 편한 운동화를 미리 준비해 가면 좋다. 수도원에서는 음식을 팔지 않으니 약간의 먹거리도 미리 준비하자.

입장시간

여름 08:30~17:00 / 겨울 09:00~14:00, 간혹 15:30까지 입장가능)

입장료

대 메테오라 수도원, 바틀람 수도원, 바바라 수도원, 아나프라사스 수도원, 성 삼위 수도원, 성 스테파노스 수도원 €3.

대 메테오라 수도원
Great Meteor monastery

14세기에 최초로 세워진 수도원으로 버스 종점에 내려 수도원으로 난 계단을 올라가면 수도원 입구가 나온다. 가장 규모가 큰 목수 공방, 민속 박물관, 수도원 박물관, 성화 기념품 상점, 예배당 등의 시설이 있다. 사진 촬영은 할 수 없지만 메테오라의 가장 대표적인 수도원이라 상업적인 분위기가 표출된다.

루사누 누네리 수도원
Roussanou Nunnery monastery

1545년에 지어진 공중에 떠 있는 수도원으로 전망이 좋아 올라갈 만하다. 가파른 계단과 다리로 연결되어 tvN의 '꽃보다 할배'에서도 할배들이 전망을 구경한 수도원이다. 벽면을 가득 채운 벽화들을 볼 수 있다. 현재는 수녀원으로 사용하고 있다.

성 니콜라스 아나파프사스 수도원
St. Nikolas Anapafsas monastery

16세기에 건축된 수도원으로 택시투어를 한다면 가장 먼저 둘러보게 된다.
니콜라스는 산타클로스를 의미하며, 가장 낮은 곳에 위치한다. 프레스코 벽화와 도르래를 볼 수 있다.

바를람 수도원
Varlaam monastery

1517년에 지어진 2번째로 큰 수도원으로 메테오라에서 가장 아름답고 아찔한 바위산에 위치한 수도원이다. 빨간 구름다리를 건너 195개 계단을 따라 올라가면 정상에 매표소가 있다. 수도원 박물관은 수도원 마당에 있고 저장고도 볼 수 있다. 아직도 도르래를 이용한 그물과 기중기를 사용하고 있다.

트리니티 수도원
Holy Trinity monastery

바를람 수도원에서 걸어서 50분 정도 걸어가야 하는 가장 접근이 어려운 수도원으로 여행자들이 근처까지만 갔다가 돌아오는 경우가 많다. 1475년부터 2년 동안 지어진 수도원으로 지형이 험하고 규모가 크며, 140개의 계단을 올라가야 한다.

성 스테파노 수도원
St. Stephen monastery

칼람바카에서 거리상으로 가장 가까운 수도원으로 계단을 올라가지 않아도 도로에서 바로 수도원 입구로 들어갈 수 있다. 현재는 수녀원으로 사용하고 있으며, 주방을 박물관으로 개조해 개방하고 있다.

아르혼타리키
Archontariki

메테오라하면 이 레스토랑을 빼놓고 이야기할 수 없다고 할 정도로 유명한 레스토랑이다. 광장의 한복판에 위치해 쉽게 찾을 수 있고 여름에는 야외에서 아름다운 해지는 모습을 감상하며 식사를 할 수 있다.

메테오라의 호텔들은 다 시설이 나쁘지 않아 만족도가 높다. 다만 호텔의 숫자가 적어 여름에는 반드시 미리 호텔을 예약하고 와야한다.

홈페이지 www.archontarikitaberna.gr
위치 Trikalon 13, Kalampaka 422 00
시간 12시~22시, 화요일 휴무 요금 10€~15€ 전화 +30-2432-022449

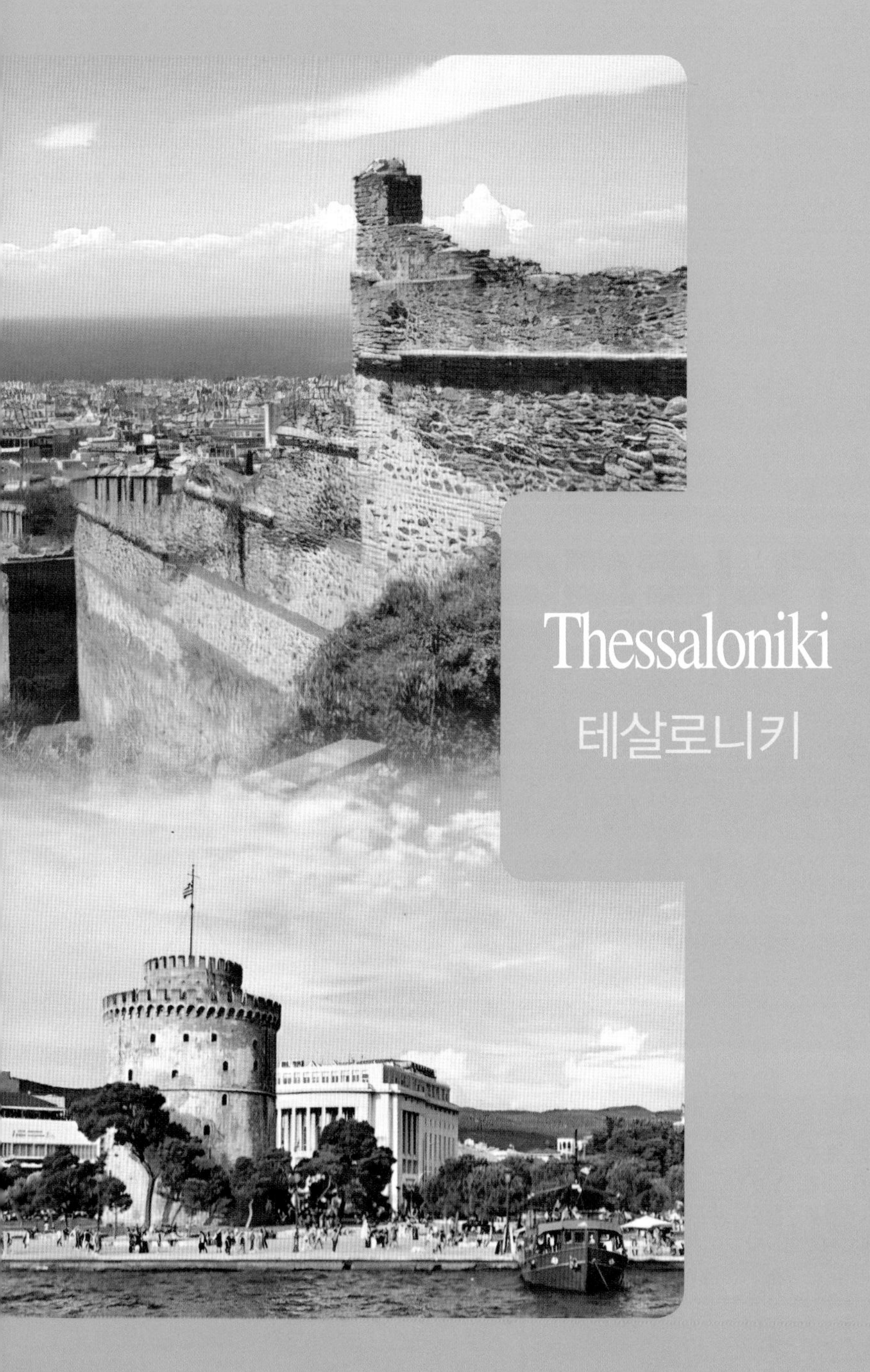

Thessaloniki
테살로니키

테살로니키

THESSALONIKI

인구는 약 100만 명의 대학도시로 살로니카(Salonica), 테살로니카(Thessalonica)라고도 알려져 있는 테살로니키는 그리스에서 2번째로 큰 도시이다. 아리스토텔레스 대학을 비롯해 유명한 대학이 많고 대학생의 수만도 8만 명이 넘어 레스토랑, 나이트 라이프가 활성화된 도시이다. 마케도니아의 알렉산더 대왕 때부터 성장하여 그리스, 로마 시대를 거쳐 비잔틴 제국 때는 중심도시로 역할을 다했다. 그래서 그리스, 로마시대의 유적들이 많이 남아있지만 온전한 유적은 많지 않은 편이다. 그리스 동북부의 교통요지로 테살로니키 국제공항도 있는 국제적인 도시이다.

테르마이코스 만 해안에 유서 깊은 건물, 전통 요리, 해변 리조트와 밤 문화가 있는 그리스에서 2번째로 큰 도시가 자리잡고 있다. 프레스코화로 장식된 비잔틴 교회, 로마 유적지, 해변과 활기 넘치는 밤 문화가 기다리는 테살로니키는 그리스에서 가장 매력적인 관광지 중 하나이다. 그리스에서 2번째로 큰 도시에서 해안 지역의 여유로운 분위기와 2,000년이 넘는 역사를 체험할 수 있다. 지중해성 기후를 보이는 테살로니키에서 계절과 상관없이 해안, 문화와 역사를 체험할 수 있다.

테살로니키
도시의 역사

성경에 나오는 테살로니가 전서와 후서에서 나오는 사도 바울의 편지로 유래된 도시로 BC 315년 마케도니아의 왕 카산도로스가 건설하였고, 그의 왕비인 테살로니카의 이름을 따서 도시의 이름을 지었다. BC 146년 이후 로마 시대에는 식민지 마케도니아의 제일 큰 도시로 번영하였다. 기원전 315년 마카도니아의 장군인 카산드로스가 도시를 설계하였다고 전해진다.

항구인 동시에 바르다르 강과 모라바 강에 의해 도나우 강과 연결된다. 유럽 내륙의 출구에 해당하며 아드리아 해와 비잔틴을 연결하는 에그나티아 도로의 중간에 있는 교통 상 중요한 위치에 있었기 때문에 번영하였다.

1세기에 사도 바울로가 이곳에 교회를 세웠으며 305년 갈레리우스 황제가 페르시아를 정복한 것을 기리기 위해 개선문을 건설하였는데 오늘날까지도 남아 있다. 동로마 시대에도 콘스탄티노폴리스 다음 가는 도시로 번영하였고, 수많은 교회가 세워졌다. 현재도 아테네 다음 가는 그리스 제2의 도시로 발전하고 있으며 매년 9월에는 국제시장이 열린다. 아테네를 제외하고 그리스에서 대학교가 있는 곳은 이곳뿐이다. 세계유산목록에 등록되어 있다.

테살로니키 IN

테살로니키로 가려면 도시에서 남쪽으로 17km 떨어진 곳에 위치한 마케도니아 국제공항 Macedonia International Airport으로 향하는 항공편을 이용하거나, 아테네에서 기차, 버스 또는 렌터카를 이용하여 516㎞ 정도를 이동하는 방법도 있다.
아테네에서 40분이 지나면 테살로니키 국제공항에 도착할 수 있기 때문에 북부 테살로니키 여행에서 가장 많이 이용되는 교통편이다. 78번 버스를 타면 공항과 시내를 왕복할 수 있다.
터키항공을 이용하면 테살로니키로 입국할 수 있어 북부의 테살로니키부터 여행을 시작할 수 있다. 아테네에서 테살로니키까지 기차(아테네 출발 직행열차가 08:27)로 12시간, 버스로는 7시간이 소요된다. 기차의 시간이 너무 오랜 시간이 소요되어 버스로 이동하는 경우가 대부분이며, 중간에 메테오라를 보고 테살로니키까지 이동하는 경우도 많았다. 그리스에 최근 개통한 종단 철도가 있어 철도로 테살로니키의 이동이 쉬워졌다. (유레일패스 사용가능, 국제 학생증 할인 가능)

테살로니키 1일 코스

테살로니키는 기원전 315년에 건립되었으며 그리스, 로마, 비잔틴, 오스만 제국의 통치를 받았다. 이들이 남기고 간 건물에서 각 문명의 흔적을 찾아볼 수 있다. 16세기에 구축된 비잔틴 양식의 성벽인 테살로니키의 흰 탑과 로만 포룸Roman Forum을 비롯한 도시의 고대 유적지를 둘러보고, 지은 지 1,000년이 넘은 비잔틴 교회와 15세기의 함자 베이 모스크Hamza Bey Mosque를 살펴보자.

어퍼 타운Upper Town의 자갈길을 따라 거닐며 도시의 분위기에 적응한 후 그리스와 오스만의 전통 가옥을 살펴볼 수 있다. 4세기에 건축된 장엄한 갈레리우스Galerius의 아치를 장식하고 있는 조각을 보면 옛 영광을 알 수 있다. 도시에 즐비한 세이보리 또는 꿀이 들어간 전통 페이스트리, 부갓사bougatsa 가게에 들러 커피와 부갓사를 맛보자.

치즈, 향신료, 야채와 생선과 올리브 통이 진열되어 있는 모디아노 시장Modiano Market의 가판대는 관광객들의 오감을 자극한다. 5㎞의 해안 산책로를 따라 현지 주민들이 볼타volta라 부르는 저녁 산책에 나가 작은 배를 타고 항구 주변을 유람해 보면 여행의 피로가 풀린다.

도심에서 반경 30㎞ 내에 위치한 아기아 트리아다, 페레아, 에파노미와 네아 미카니오나에서는 일광욕과 수상스포츠를 즐길 수 있다. 해안의 바에서 술 한 잔을 즐긴 후, 시내의 부주키아Bouzoukia 클럽에서 라이브 음악을 즐기고, 늦은 밤까지 운영되는 라다디카 쿼터Ladadika Quarter에서 밤문화를 즐길 수 있다.

갈레리우스의 아치

테살로니키
한눈에 살펴보기

도시는 기원전 4세기에 만들어진 계획도시라고는 믿기 어려울 정도로 바둑판처럼 짜여진 큰 도시이다. 관광지는 한곳에 몰려있는 도시로 걸어서 다 볼 수 있는 거리로, 니키스Nikis에 있는 플라테이아 엘레프세리아스Plateia Dimokratias와 아리스토텔레스Aristotelous 중앙광장이 있다.

도시의 이정표는 니키스Nikis 동쪽 끝에 있는 하얀 탑인 '화이트타워'이다. 기차역은 플라테이아 디모크라티아스Plateia Dimokratias 뒤에 있는 모나스티리오Monastiriou에 있다. 드넓은 해안 거리를 따라 한적하게 관광을 즐길 수 있으며 마케도니아의 알렉산더 대왕과 관련이 있는 동상도 볼만 하다.

아리스토텔레스 광장
Aristoteles Square

테살로니키의 주 광장으로 많은 현지 주민들로 북적이는 광장에서는 1년 내내 대규모 행사가 열린다. 아리스토텔레스 광장Aristoteles Square은 테살로니키의 심장과 같은 곳으로 상점, 레스토랑, 바와 호텔이 줄 지어 있어 사람들의 생활을 느껴보기에 아주 좋은 장소이다. 해안 지역까지 뻗어 있는 아리스토텔레스 광장에서 테르마이코스 만의 아름다운 경치를 감상할 수 있다. 아리스토텔루스 광장Aristoteles Square은 도심의 유일한 야외공간이므로 크리스마스 시장에서 정치 연설에 이르는 대규모 행사의 진행 장소로 자주 이용되고 있다.

도시의 상당 부분을 불태워버린 화재가 발생한 후에 광장에 대한 개발이 착수되었다. 프랑스의 건축가였던 어니스트 에브라는 1918년에 훼손된 도심을 다시 설계했지만 대부분의 건축 공사는 1950년대까지 지연되었다. 결국 광장은 에브라가 제안했던 웅장한 설계에는 미치지 못했지만 그가 꿈꾸던 도심의 모습을 갖추는 데에는 성공했다.
미트로폴레오스 애비뉴Mitropoleos Avenue에는 1920년대에 세워진 유명한 올림피온 극장Olympion Theater이 있다. 매년 테살로니키 국제영화제Thessaloniki International Film Festival가 개최된다.

연말 휴가 시즌에 방문하면 테살로니키의 크리스마스와 새해맞이 축제를 구경할 수 있다. 그리스의 크리스마스 전통에 따라 매년 12월이 되면 광장에 배 모양을 한 거대한 금속 구조물이 설치되어 불빛이 환히 밝혀진다. 광장에서는 1년 내내 다양한 콘서트, 박람회와 문화 행사가 열린다. 아리스토텔레스 광장Aristoteles Square은 도심 한 가운데에 자리 잡고 있어 도시의 주요 버스 노선 대부분이 광장을 통과한다.

트리고나 파노라마토스 (trigona panoramatos)

광장에 줄지어 있는 상점들을 둘러보고 제과점에 들러 트리고나 파노라마토스(trigona panoramatos)를 맛보자. 달콤한 크림이 들어있는 이 페이스트리는 테살로니키에서 처음 만들어진 것으로 알려져 있다.

엘렉트라 팰리스 호텔 (Electra Palace Hotel)

광장 주변을 거닐며 도시에서 가장 호화로운 호텔 중 하나로 꼽히는 엘렉트라 팰리스 호텔(Electra Palace Hotel)은 광장을 굽어보고 있는 랜드마크이다. 1970년대 초반에 들어섰으며 도시의 유서 깊은 비잔틴 건축 양식을 반영하도록 설계되었다.

화이트 타워
White Tower

독특한 모양새를 갖춘 이 탑은 수백 년의 세월 동안 테살로니키와 함께 변모해 왔으며 현재, 도시의 역사에 대해 소개하는 박물관이 들어서 있다. 테살로니키의 여행안내서와 기념품에 거의 빠짐없이 등장하는 화이트 타워White Tower는 도시에서 단연 돋보이는 명소이다.

독특한 원통형 외관과 최상층에서 내려다보이는 항만의 탁 트인 전경으로 유명한 이 탑은 오랜 세월 동안 다양한 역할을 수행해 왔다. 오늘날에는 비잔틴 문화 박물관의 전시 공간으로 이용되고 있다.

높이가 무려 33.9m에 달하는 탑을 올려다보고 있으면 왜 도시 전체의 기준점으로 이용되었는지 쉽게 알 수 있다. 탑 외관에서는 더 이상 규칙적인 흰색 패턴을 볼 수 없지만 여전히 색이 바란 흰색 부분을 간간히 볼 수 있다.
화이트 타워White Tower는 365일 개관하므로 쉽게 찾을 수 있다. 다만 흰 탑은 역사적인 구조물이기 때문에 화장실, 냉방 장치, 식당, 엘리베이터가 없다.

역사

화이트 타워(White Tower)는 도시의 항만을 보호하기 위한 방어 기지로 오스만 제국에 의해 세워졌으며, 20세기 초반에 투르크족이 도시에서 퇴각할 때까지 교도소로 사용되었다. 한 죄수가 자유를 조건으로 탑을 흰색으로 칠했다는 설이 있는가 하면 일부에서는 그리스인들이 투르크 족의 흔적을 지우고 도시를 정화하기 위한 목적으로 탑을 흰색으로 칠했다는 설이 있다. 이 탑은 제 1, 2차 세계대전 당시 도시의 중요한 방어 수단으로 이용되었다가 1980년대에 박물관으로 개조되었다.

내부

안으로 들어가기 전에 잠시 발걸음을 멈추고 구조물을 보고, 탑 안으로 들어가 박물관을 구경해 보자. 전시관은 탑의 6개 층에 걸쳐 나누어 전시되고 있으며 6개의 나선형 계단으로 연결되어 있다. 시청각 전시 장치를 이용하여 2,300년을 거슬러 올라가는 도시의 역사에 대해 알 수 있다.

전망대

굽이진 계단을 따라 탑의 전망대에도 올라가 보면 도시와 항구가 내려다보이는 아름다운 전망은 수많은 관광객들이 상징적인 화이트 타워(White Tower)를 찾는 주된 이유 중 하나이다.

테살로니키 고고학 박물관
Archaeological Museum

도시에서 가장 중요한 박물관 중 하나인 테살로니키 고고학 박물관에서 테살로니키와 그리스 북부의 역사에 대해 알아볼 수 있다. 패트로클로스 카란티노스가 1962년에 설계한 박물관 건물은 현대 그리스 건축 양식의 진수를 보여주며 기념비적인 현대 유산monument of modern heritage으로 등재되어 있다.
박물관은 2001~2004년까지 대규모 리노베이션을 거쳐 상설 전시관이 7개의 테마 전시관으로 재편성되었다. 7개의 전시관을 둘러보며 정교한 모자이크, 세심하게 제작된 금속 공예품과 완벽하게 보전된 로마 건축물을 둘러보자. 테살로니키 고고학 박물관에서는 세계 유수의 박물관들과 함께 특별 전시회를 수시로 개최하고 있다.
테살로니키 고고학 박물관에는 고대 마케도니아를 소개하는 수많은 전시관이 마련되어 있다. 박물관에는 선사 시대에서 초기 기독교 시대에 이르는 수백 년의 역사를 다루고 있을 뿐만 아니라 일상 도구, 장례용품, 도자기와 그림을 비롯한 다양한 유물을 통해 고대 왕국의 삶과 문화를 개괄적으로 살펴볼 수 있다.
고대 마케도니아의 금광 산업, 삶과 죽음에 대한 문화적 신앙에서 금이 얼마나 중요했는지를 보여주는 마케도니아의 금Gold of Macedon 전시관은 꼭 방문해야 하는 곳이다. 필드하우스 가든그레이브Field House Garden Grave 실외 전시관은 2개의 구역으로 구성되어 있다. 첫 번째 전시관에는 2~4세기 사이에 죽음과 관련하여 이루어진 의식에 대해 알아볼 수 있으며 묘비와 석관도 구경할 수 있다. 이어서 두 번째 구역에는 실제 모자이크 바닥이 깔린 전형적인 로마의 가옥이 재현되어 있다.
종합이용권을 구입하면 테살로니키 고고학 박물관과 비잔틴 박물관을 모두 이용할 수 있다.

Manoli Andronikou 6 ⓒ39~16시 ⓒ 6€ +30-231-33-0201

비잔틴 문화 박물관

Museum of Byzantine Culture

그리스에서 가장 뛰어난 비잔틴 미술품들을 보유한 박물관에 해당하는 비잔틴 문화 박물관Museum of Byzantine Culture에는 테살로니키 역사에서 큰 비중을 차지했던 시대를 살펴볼 수 있다.

1994년에 문을 연 건물은 유명 건축가인 키리아코스 크로코스Kyriakos Krokos가 설계를 담당했다. 그리스에서 가장 아름다운 공공 건축물 중 하나로 손꼽혀 국립 사적 기념물national historical monument로 등재되어 있다.

비잔틴 문화 박물관Museum of Byzantine Culture에는 3세기에 시작되어 1,000년 동안 이어진 그리스 비잔틴 시대의 유물들이 2,900점 이상 보관되어 있다. 박물관에 전시되어 있는 다수의 골동품은 비잔틴 제국의 중심지 중 하나였던 테살로니키에서 발견되었다.

비잔틴 문화 박물관은 365일 개관하며 소정의 입장료가 있다. 테살로니키 고고학 박물관을 함께 관람할 수 있는 복합이용권을 구입하면 요금을 할인받을 수 있다.

2 Leoforos Stratou 9~16시 +30-231-086-8570

전시 구성

박물관의 상설 컬렉션은 11개의 전시관으로 구성되어 있으며 시간과 주제에 따라 배치되어 있다. 먼저 초기 기독교 교회에 대해 소개하고 있는 제1관에는 종교와 관련된 다수의 모자이크, 종교화와 조각상이 전시되어 있다. 박물관의 전시관들을 돌다 보면 일상도구와 주화부터 프레스코화와 성자의 초상화에 이르는 다양한 전시품이 있다.

비잔틴 제국의 유물을 전시하기도 하지만 당시의 일상과 문화에 대한 전반적인 모습을 보여주는 것에도 목적을 두고 있으며, 전시관에 설치되어 있는 멀티미디어 전시 장치, 안내 문구와 여러 시각 자료들을 통해 살펴볼 수도 있다.

마지막 갤러리에서는 박물관 자체에 대해 소개하는 흥미로운 전시회를 개최하고 있고, 박물관 운영 방식은 물론 새로 발굴된 유물들이 어떠한 과정을 거쳐 전시물이 되는지에 대해 알아보도록 하고 있다.

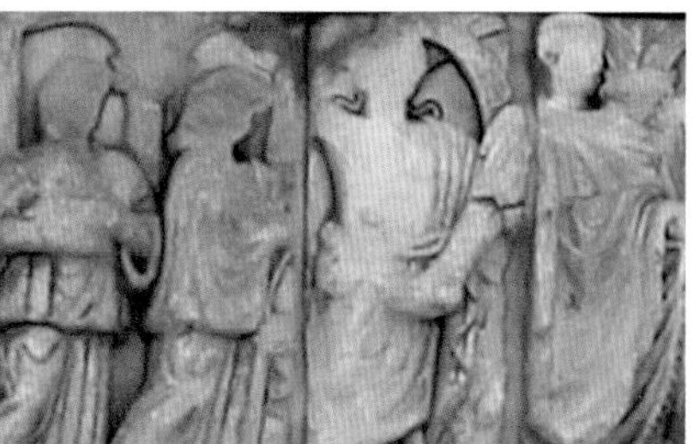

갈렐리우스 개선문

Arch gallelliuseu

테살로니키의 가장 유명한 기념물이자 도시의 상징인 갈레리우스 개선문Arch Gallelliuseu은 4세기 로마의 흥미로운 건축 양식을 보여준다. 카마라Kamara라고도 불리는 갈레리우스 개선문Arch Gallelliuseu은 테살로니키 도심 지역을 굽어보고 있다. 역사적인 로마 시대의 아치는 현대적인 테살로니키의 상점과 레스토랑에 둘러싸여 있다. 갈레리우스 개선문Arch Gallelliuseu은 에그나티아 스트리트Egnatia Street 북쪽에 위치해 있으며 근처에는 아리스토텔레스 광장과 테살로니키의 유명한 로툰다(원형 건축물)가 있다.

특징

갈레리우스 개선문(Arch Gallelliuseu)은 한때 중앙의 돔 지붕, 4개의 거대 기둥과 2개의 보조 기둥으로 이루어진 장엄한 구조물의 일부였다. 4세기 초반, 로마의 황제였던 갈레리우스(Gallelliuseu)가 사산조 페르시아를 상대로 쟁취한 승리를 기념하기 위해 세워졌다. 아치는 갈레리우스(Gallelliuseu)의 왕궁으로 연결되는 도로를 포함한 도시의 두 주요 도로 위에 전략적으로 건축되었다. 아치의 특징은 인상적인 크기와 아름다운 조각 장식이며, 도시가 수백 년에 걸쳐 어떻게 변모해 왔는지를 보여준다.

처음 모습

처음에 완공되었을 당시만 해도 아치는 정교한 몰딩으로 구분된 여러 개의 대리석 판으로 장식되어 있었고, 각 판에는 조각이 새겨져 있었다. 현재까지 남아있는 3개의 기둥을 살펴보면 한때는 정교했던 장식을 확인할 수 있다. 기둥을 자세히 살펴보면 갈레리우스(Gallelliuseu)가 페르시안 황제를 공격하는 모습을 볼 수 있지만 실질적으로 두 황제가 전장에서 마주했던 적은 없다. 다른 판에서는 상징적인 승리의 화관을 움켜쥔 한 마리의 독수리가 갈레리우스Gallelliuseu의 품을 향해 날아오는 장면을 볼 수 있다.

상징하는 것

갈레리우스(Gallelliuseu)가 그의 가솔과 함께 다른 4명의 영주와 재회하는 장면이 담긴 대리석 판에는 세월의 무게로 본래의 모습이 희미해지긴 했지만 그 주제는 여전히 명확하게 남아 있다. 정교하게 조각된 각 대리석 판은 갈레리우스(Gallelliuseu)와 로마 제국의 힘을 상징한다.

이 허물어져 가는 고대의 기념물과 오늘날 이곳을 둘러싸고 있는 현대적인 카페와 상점의 대조적인 모습을 보면 그리스의 현재 모습을 보는 듯하다. 갈레리우스 개선문Arch Gallelliuseu은 도시의 주요 랜드마크이기 때문에 현지인들의 약속 장소로 이용되고 있다. 카페의 테이블에 앉아 아치 주변을 오가는 사람들의 바쁜 발걸음을 구경하면 그리스가 현재 처한 모습을 보는 듯해 슬퍼지기도 한다.

비잔틴 성벽
Byzantine Rampart

기원전 4세기경에 지어진 경이로운 비잔틴 성벽은 아름다운 테살로니키 고대 건축 양식의 진수를 보여주고 있다. 비잔틴 성벽은 테살로니키의 현대적인 도심을 둘러싸고 있다. 현대적인 주택, 레스토랑과 상점과 경계를 이루는 비잔틴 성벽은 도시의 과거와 현재 사이의 확연한 연결 고리 역할을 하고 있다. 성벽의 건축적, 문화적 중요성 외에도 높이 솟은 성벽 탑 위에서는 도시와 테르마이코스 만의 탁 트인 저녁을 감상할 수 있다.

원래의 성벽은 기원전 315년경에 세워졌다. 지금 보전되어 있는 성벽은 좀 더 시간이 흐른 뒤인 기원후 4세기에 지어졌다. 비잔틴 성벽에는 초기 성벽의 특징은 물론 도시의 로마 기념물에서 가져온 석재와 대리석도 사용되었다. 성벽 대부분은 19세기 후반 도시 확장 공사의 일환으로 철거되었다.
에그나티아 로드Egnatia Road 서쪽 끝에서 출발하는 성벽은 언덕을 따라 곡선을 그리고 있다. 성벽을 구경할 때에는 벽에 새겨진 태양, 십자가와 여러 기호들을 확인하면서 이동하면 그리스와 초기 기독교와 관련된 주제가 반영되어 있는 것을 확인할 수 있다.

성벽에서 가장 높은 지점으로 이동하면 도시의 아크로폴리스와 연결되어 있다는 사실을 알 수 있다. 이 성채는 한때 도시를 포위로부터 방어하기 위한 2차 방어선으로 활용되었다. 요새는 외부 방어선이 무너졌을 경우 도시를 공격으로부터 보호하기 위한 최후의 보루 역할을 했다. 2,000년 이상의 세월을 간직한 아크로폴리스 유적지는 대부분 옛 건물의 잔해로 이루어져 있다. 아크로폴리스 북쪽에 있는 엡타피르지오Eptapyrgio의 잔해를 찾아보자.

동문을 따라 아크로폴리스 밖으로 나온 후 15세기 후반에 성벽에 추가된 트리고니온 타워Tower of Trigonion를 보고, 타워 꼭대기로 올라가면 탁 트인 경치를 볼 수 있는데, 맑은 날에는 올림푸스 산까지 볼 수 있다고 한다. 비잔틴 성벽은 시내버스를 타고 아노폴리(어퍼 시티) 안에 있다.

하기아 소피아
Hagia Sophia

도시에서 가장 큰 비잔틴 교회에서 수백 년 된 종교 유적지와 유적지 내부에서 발견된 아름다운 미술품들을 만나볼 수 있다. 도시에서 가장 오래된 교회 중 하나인 하기아 소피아Hagia Sophia는 중세 비잔틴 건축 양식의 특징을 잘 보여주고 있다. 외관은 단순해 보일지 모르지만 교회 안쪽의 넓은 공간에는 수백 년 된 모자이크와 충분히 눈 여겨 볼만한 가치가 있는 프레스코화가 다수 보관되어 있다.

원래는 정교회로 이용되었던 하기아 소피아Hagia Sophia는 오스만투르크 제국 통치 시기인 16세기에 이르러 사원으로 바뀌었다. 1917년의 대화재 이후에는 재건축을 통해 기독교 교회의 모습을 되찾게 되었다. 대부분의 역사학자들은 이 교회가 8세기에 세워졌다고 믿고 있지만 이르면 6세기에 건축되었을 수도 있음을 보여주는 몇몇 증거가 존재하여 논란은 계속되고 있다. 발굴 작업의 결과로 한때 같은 자리에 서 있었던 기독교 성당과 로마 건축물의 잔해가 모습을 드러내게 되었다.

교회 안으로 들어가면 10m 높이의 돔 지붕이 웅장한 자태를 드러내고, 9세기에 추가된 돔 지붕의 모자이크는 그리스도의 승천을 묘사하고 있다. 8세기 전까지 거슬러 올라가는 교회의 다른 모자이크에는 종교와 관련된 인물을 미술로 묘사하는 행위가 금지되어 있었기에 모자이크에는 별, 십자가와 문자가 대신 사용되었다. 여러 성자의 모습이 담긴 11세기의 프레스코화를 살펴보면 달라진 시대상을 확인할 수 있다. 교회 안에서는 반바지나 민소매 티셔츠를 착용할 수 없으므로 주의하자.

Agia Sofias +30-231-027-0253

테살로니키를 기반으로 성장한

마케도니아 왕국

펠로폰네소스 전쟁에서 승리하여 아테네를 누르고 그리스의 최강국이 된 스파르타는 각 폴리스에 군대와 관리를 보내 힘으로 다스리면서 많은 공납금을 거두어 갔다. 예전 아테네보다 스파르타가 더 심하게 거두어 가는 세금에 각 폴리스에서는 당연히 스파르타에 대한 불만이 쌓여 갔다.

마침내 아테네와 아테네 북쪽의 테베를 비롯한 폴리스의 연합군은 기원전 395년에 스파르타를 공격했다. 아테네는 더 나아가 해상권을 되찾기 위해 기원전 378년에 제 2차 해상동맹을 맺었다.

마케도니아 왕국의 유적들이 늘어선 테살로니키 시내

스파르타는 페르시아의 지원을 받아 근근이 지배권을 유지했지만 테베는 기원전 371년에 최강의 육군이라던 스파르타 군대를 이겼다. 그리고는 스파르타의 식량 창고 구실을 하던 메세니아를 스파르타로부터 독립시켜 스파르타로 하여금 더 이상 그리스의 지배자 역할을 못하도록 만들었다. 하지만 테베는 그리 부유한 폴리스가 아니었기 때문에 그리스를 오랫동안 지배할 힘은 없었다. 그래서 기원전 362년 이후에는 그리스의 강국들이 서로 세력 다툼을 하고 다른 폴리스들은 강국들 틈에서 자유와 독립을 지키느라 그리스 전체가 혼란 상태로 빠지고 말았다.

이 무렵, 그리스의 북쪽에서는 우수한 기병대와 중무장 보병을 갖춘 마케도니아 왕국이 힘을 기르고 있었다. 기원전 359년에 마케도니아 왕이 된 필리포스 2세는 그리스를 통일하고 페르시아를 정복하겠다는 큰 꿈을 품고 있었다. 그런데 그리스에 뚜렷한 강국이 없이 각 폴리스들이 세력 다툼으로 어지러운 것을 보고, 기원전 338년에 그리스 정복에 나서기로 결정했다. 이때 그리스는 폴리스 사이의 분열과 계속되는 전쟁으로 시민 계급이 무너지고

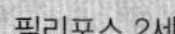

필리포스 2세

필리포스 2세의 갑옷
마케도니아 왕실 무덤에서 발굴된 이 갑옷은 철과 금으로 만들어져 있다.

빈민과 노예가 늘어났다. 시민이 곧 병사이던 폴리스 사회가 망해 가기 시작한 것이다. 그리스가 혼란을 겪고 있는 틈을 타 크게 성장한 마케도니아가 그리스로 밀고 내려왔다. 그러자 그리스에서는 마케도니아와 싸우자고 주장하는 데모스테네스 파와 마케도니아와 힘을 합쳐 페르시아를 치자는 이소크라테스 파로 갈라져 싸움이 일어났다. 마침내 마케도니아군이 쳐들어오자 데모스테네스 파는 아테네, 테베 동맹을 맺어 마케도니아에 맞서 싸웠다. 하지만 기원전 338년에 카이로네이아 전투에서 그리스는 크게 지고 말았다. 이것으로 자유와 독립의 폴리스 세계가 끝난 것이나 다름없었다. 데모스테네스는 해외로 도피해 스스로 목숨을 끊었다. 이렇게 그리스는 마케도니아의 손에 넘어가고 말았다.

카이로네이아 전투로 그리스는 폴리스 시대를 마감하게 되었다. 더불어 그리스에서 이룩한 민주 정치도 함께 몰락했다. 필리포스 2세는 아테네와 테베의 연합군을 무찌르고 그리스를 정복했지만 페르시아 원정을 떠나기 전에 왕가의 내분으로 암살당했고 아들 알렉산드로스가 왕위를 물려받았다. 그리스 인들이 이룩한 문화는 알렉산드로스 대왕에 의해 동방으로 퍼져 나갔고, 로마 인들에 의해 후대로 이어져 나가 오늘날 서양 문명의 뿌리가 되었다.

마케도니아 왕국

기원전 12세기를 도리아 인이 남하할 때 일부가 그리스 북부의 마케도니아에 정착했다. 민족으로 보면 그리스 인과 동족이다. 이렇다 할 힘이 없던 마케도니아는 폴리스들이 힘을 잃고 주춤하는 사이 그리스를 정복했다.

알렉산드로스 제국의 건설

알렉산드로스가 꿈꾼 것은 페르시아를 하나로 묶어 세계 제국을 건설하는 것이었다. 그래서 페르시아를 정복한 알렉산드로스는 페르시아 인들에게도 진정한 왕으로서 존경을 받고 싶었다. 알렉산드로스는 페르시아 옷을 입고 페르시아 귀족들을 잘 대했다. 부하들에게도 페르시아 인들에게 잘해주면서 페르시아 여성들과 결혼하라고 장려하면서 스스로도 박트리아의 공주 록사나와 결혼했다.

기원전 327년 초여름, 알렉산드로스는 장군들을 불러 모아 인도를 공격할 계획을 세웠다. 그러고는 페르시아 군인들과 마케도니아, 그리스의 군인들을 합쳐 12만 대군을 이끌고 박트리아를 떠났다. 기원전 326년, 페르시아 제국의 북동쪽 지역을 하나하나 정복해 나가던 알렉산드로스는 마침내 인도의 북서쪽에 있는 인더스 강에 도달했다. 인더스 지방은 '포루스'라는 왕이 다스리고 있었다. 포루스 왕은 코끼리 부대를 앞세워 알렉산드로스와 치열하게 싸웠지만 결국 무릎을 꿇었다.

알렉산드로스는 포루스 왕에게서 인도에는 코끼리 수천 마리와 많은 군대를 거느린 크고 힘센 왕국이 많다고 들었다. 동쪽에는 갠지스라는 커다란 강이 바라로 흘러간다는 이야기도 들었다. 알렉산드로스는 갠지스 강이 세계의 끝이며, 거기까지만 가면 세계를 정복할 수 있다고 생각했다. 하지만 알렉산드로스의 부하들은 생각이 달랐다. 부하들은 오랜 전쟁에 지쳐 있었다. 더구나 장마철이라 며칠 동안이나 계속 비가 오고 있었다. 부하들은 집으로 돌아가자고 고집했다. 알렉산드로스는 인도 정복의 꿈을 이루지 못해 안타까웠지만, 하는 수 없이 말 머리를 돌려 수사로 돌아갔다. 기원전 324년의 일이었다.

이렇게 해서 서쪽으로는 그리스와 이집트로부터 동쪽으로는 인도의 북서부에 이르는 거대한 알렉산드로스 제국이 건설되었다. 이것으로 알렉산드로스가 꿈꾸었던 동양과 서양의 문화가 어우러져 새로운 문화가 태어날 바탕이 마련된 셈이었다.

헬레니즘 문화의 탄생

수사에 돌아온 알렉산드로스는 마케도니아 병사들과 페르시아 여자들을 결혼시켰다. 스스로도 다리우스 3세의 딸을 아내로 맞았다. 페르시아 소년 3만 명을 뽑아 그리스 어를 가르치고 그리스 식 군사 훈련을 시켰다. 마케도니아를 비롯한 그리스 병사들에게 페르시아 식으로 생활하게 하고, 페르시아 인들을 그리스 식으로 가르치자 알렉산드로스의 부하들은 불만이 많아졌다. 하지만 알렉산드로스는 이렇게 해야 여러 민족으로 이루어진 세계 제국을 다스릴 수 있으리라고 생각했다.

그뿐만 아니라 아시아의 종교와 관습을 인정해야 다스리는 데에 유리하다고 믿었다. 그러면서 아시아의 종교와 관습 안에 그리스의 문화를 혼합시켰다. 정복한 땅에는 곳곳에 알렉산드리아라는 도시를 세워 그리스 문화를 보급하는 기지로 삼았다. 두 문화가 혼합되어 독특한 문화가 생겨났는데, 이 문화를 헬레니즘 문화라고 한다. 헬레니즘 문화는 인도와 중앙아시아를 거쳐 중국에까지 영향을 미쳤다.

알렉산드로스는 제국의 수도를 바빌론으로 정하고 바빌론으로 거처를 옮겼다. 그리고 또다시 원정을 구상하고 있었다. 아라비아를 침공한 다음 북아프리카 해안 전체를 정복할 생각이었다. 하지만 기원전 323년 6월, 알렉산드로스는 심한 열병에 걸렸다. 6월 13일 오후, 알렉산드로스는 침대에 누워 있었다. 알렉산드로스는 부하 장군들을 불러 모아 원정에 관해 발표를 했지만, 알렉산드로스의 병은 더욱 깊어 갔다. 알렉산드로스가 일어나지 못하리라는 것은 너무나 명백했다. 알렉산드로스가 숨을 거두려 하자, 신하들은 누가 거대한 왕국을 물려받게 되느냐고 물었다. 그러자 알렉산드로스는 "가장 힘이 센 사람"이라고 말하고 숨을 거두었다.

알렉산드로스가 죽은 뒤 알렉산드로스의 부하 장군들은 필리포스 2세의 다른 아들 필리포스 3세와 록사나가 낳은 알렉산드로스 4세를 공동 왕으로 지명했다. 하지만 공동 왕은 이름뿐이었다. 장군들은 서로 많은 권력을 차지하기 위해 다투었기 때문에 알렉산드로스 대왕이 없는 제국은 하나로 유지되기가 힘들었다. 장군들은 알렉산드로스의 가족을 모두 죽이고 자기들끼리 제국을 4개로 쪼개어 가졌다. 그런 다음에도 40년 동안 서로 싸움을 멈추지 않았고 결국 기원전 270년에는 이집트, 시리아, 마케도니아의 3개 왕국만 남았다. 이 세 나라는 민족과 지리, 관습이 달랐지만 모두 그리스 출신 왕이 다스리는 헬레니즘 국가였다. 이들 국가는 지중해 지역과 오리엔트 지역에 헬레니즘 문화를 널리 퍼뜨리는 데 이바지했다.

About 알렉산드로스

알렉산드로스는 자기 자신과 부하들을 끝까지 몰고 가는 강철 같은 의지와 힘이 있었다. 동시에 부드럽고 유연하게 생각할 줄도 알았다. 그는 물러설 때와 정책을 바꾸어야 할 때를 알고 있었다. 상상력도 풍부하여 그리스 신화 속의 신들과 자기를 늘 비교했고, 서로 다른 무기들을 결합해서 사용할 줄 알았다. 포루스의 코끼리 부대같이 처음 보는 전투 방식에 부딪쳐도 전술을 바꾸어 유연하게 대처했다. 그가 세우는 전략은 매우 뛰어났고 상상력이 풍부했다. 어떤 전투에서든 승패를 결정하는 순간을 놓치지 않았다.

빈틈없는 추격전을 벌여 승부를 확실하게 결정지었다. 또한 기병대를 매우 효과적으로 이용했기 때문에 보병을 동원해 결정타를 날릴 필요가 없었다. 그러나 전쟁이 오랫동안 계속되자 알렉산드로스는 점점 더 쉽게 화를 냈다. 무자비하고 고집이 세져 폭력을 썼고 자신이 더 이상 믿지 못할 사람은 조금도 망설이지 않고 죽였다. 부하들은 알렉산드로스를 끝까지 믿고 따랐고 사람들은 알렉산드로스를 대왕이라고 불렀다.

헬레니즘 시대

알렉산드로스가 세상을 떠난 다음에 태어난 헬레니즘의 세 왕국은 모두 그리스 인들이 다스리는 나라였다. 그래서 이들 나라에서는 페르시아 문화를 비롯한 원래의 문화와 그리스 문화가 합쳐진 독특한 문화가 발전했다. 이 독특한 문화를 헬레니즘 문화라고 하는데, 그리스 식 문화라는 뜻이다. 그리고 이 세 나라가 생겨서 로마에 멸망할 때까지(기원전 330년~기원전 30년)를 헬레니즘 시대라고 부른다.
헬레니즘 세 왕국은 서로 경쟁하면서도 같은 헬레니즘 국가였기 때문에 활발하게 무역을 했다. 그래서 상업과 교역은 활발해졌고, 헬레니즘 문화 또한 더욱 발전했다.

헬레니즘 왕국들의 발전

알렉산드로스가 건설한 제국 영토에 헬레니즘 3대 왕국이 자리를 잡았지만, 세 왕국이 모두 평화를 누렸던 것은 아니었다. 나라 안에서는 왕위를 둘러싼 싸움이 이어졌고, 세 나라 사이에도 다툼이 끊이지 않았다. 나라를 다스리는 데에도 어려움이 많았다. 헬레니즘 3대 왕국은 지배층은 모두 그리스 인이었지만, 백성들은 이집트인이나 페르시아 인과 같이 외국인이었다. 그래서 헬레니즘 왕국의 왕들은 그리스 식 도시를 여기저기 세워 그리스 문화를 나라 구석구석까지 퍼뜨리려고 애썼다. 이들 그리스 도시들의 주민은 처음에는 주로 그리스 군인들이었다. 왕들은 이 그리스 도시에 여러 가지 혜택을 주었다. 이 도시의 주민들은 회의를 통해 관리를 뽑아 자치를 했다. 도시에는 자체의 토지가 있어서 주민들은 토지를 가질 수 있었으며, 세금을 내지 않아도 되었다.

도시는 갈수록 커지면서 그리스 식 체육관과 극장, 신전들이 세워졌다. 길도 매우 잘 닦여 있었고, 거대한 학문 연구소와 공원, 도서관 등이 들어섰다. 도시가 자유롭고 풍요롭다는 말이 퍼지자, 그리스 인뿐만 아니라 이집트 인, 유대 인, 시리아 인들이 이 도시로 모여들었다. 그래서 알렉산드리아나 안티오크 같은 도시는 주민이 몇 십만 명이나 되는 큰 도시가 되어 국제적인 중심지로 발전했다.

새로 생긴 도시들 이외에 테베나 바빌론과 같은 예전의 큰 도시들도 있었다. 왕들은 이들 도시에 대해서는 그리스 인 총독을 통해 감독을 하기도 했지만, 대체로 자치를 허용했고, 그 지역의 관습을 그대로 따를 수 있도록 허락해 주었다. 그래서 이 도시의 주민들은 원래 살던 그대로 법을 지키고 계약을 맺으며 살았다. 자기들이 믿는 신의 신전을 지을 수도 있었고 토지를 소유할 수도 있었다. 그러나 정치적으로나 경제적으로 중요한 역할을 맡을 수는 없었기 때문에 예전의 도시들 가운데 어떤 도시도 왕국의 수도가 되지는 못했다. 헬레니즘 왕국의 등장으로 오리엔트에는 여러 가지 변화가 찾아왔지만 속을 들여다보면 단지 지배층이 바뀌었을 뿐 백성들의 생활에는 거의 변화가 없었다.

상업과 교역의 발전

헬레니즘 시대에는 아테네와 스파르타 같은 예전 그리스의 폴리스들은 아무런 힘이 없었다. 그 대신 새로 생긴 도시들이 그리스 문화를 곳곳에 퍼뜨리는 기지 역할을 하면서 경제의 중심지 역할까지 했다. 이 시대에는 알렉산드로스가 거대한 제국을 건설해 놓은 덕택에 인도에서 지중해에 이르는 동서 교통로가 활짝 열렸다. 도시 안에서는 상업과 공업이 발달했고, 도시와 도시 사이에는 무역이 활발하게 이루어졌다. 그래서 물건을 사고팔기 위해 화폐도 많이 쓰였다. 헬레니즘 왕국의 국왕들은 상공업과 무역의 발전을 위해 적극적으로 뒷받침을 했다. 물건을 사고팔 때마다 세금을 거둘 수 있었기 때문이다.

도시들 가운데 특히 이집트의 알렉산드리아는 지중해와 아라비아, 인도를 이어 주는 새로운 무역 중심지가 되었다. 아라비아의 향신료와 인도의 금, 영국의 주석, 아프리카의 상하 등 세계 각지에서 다양한 상품이 알렉산드리아로 모여들었다. 알렉산드리아는 문자 그대로 헬레니즘 문화의 중심지였다. 그러나 헬레니즘 시대의 번영은 그리스 출신의 귀족과 상인에게만 해당되었다. 도시의 자유와 풍요로움을 바라고 수많은 사람이 도시로 몰려들었지만, 도시에는 일자리가 그렇게 많지 않았다.

사람들은 아주 적은 돈을 받고 힘든 일을 해야 했다. 일자리를 얻지 못한 사람들은 나라에서 공짜로 나누어 주는 급식을 먹으며 겨우 목숨을 이어 나갔다. 상공업과 무역의 발전과 함께 농업에도 변화가 나타났다. 헬레니즘 왕국의 국왕들은 토지를 모두 빼앗아 자기 것으로 만든 다음, 친족이나 귀족들에게 나누어 주었다.

또 가지 몫으로 남긴 땅은 농민에게 빌려 준 뒤 세금을 받았다. 농민들은 다른 곳으로 이사를 갈 수도 없었으며, 국왕에게 세금을 내기 전까지는 농작물을 함부로 팔수도 없었다. 국왕은 농민들이 반란을 일으키거나 도망을 치면 붙잡아 노예로 만들었다. 이렇게 되자 땅을 많이 가진 귀족과 국왕은 갈수록 부자가 되었지만 땅이 없는 농민들은 점점 국왕과 귀족의 노예가 되었다. 농사를 짓는 사람들의 수도 줄어들고, 땅을 가질 수 있는 사람들의 수도 줄어들었다. 이렇게 내부의 문제로 헬레니즘 왕국들은 조금씩 힘을 잃어갔지만 그리스 문화를 중심으로 이집트와 메소포타미아 문화가 한데 섞이면서 헬레니즘 문화는 세계 문화가 되어 갔고, 대제국과 세계 문화는 그대로 로마 제국과 로마 문화로 이어졌다.

Islands of 그리스의 섬들

GRECE
islands

Blue Star Ferries
ΛΕΙΒΑΔΑΡΑΣ
ΠΑΓΙΔΑΣ EXPRESS
ΜΕΤΑΦΟΡΙΚΗ ΣΥΡΟΥ

시로스(Syros)

그리스에는 많은 섬들이 있어 그 섬들을 통제하고 관리하는 주도라고 부르는 섬들이 있다. 시로스는 키클라데스 제도의 주도로 상당히 큰 섬이다. 미코노스를 페리를 타고 갈 때, 처음으로 거치는 섬이 시로스이다. 산토리니처럼 관광객들에게 유명하지는 않지만 하루정도 지내기에는 좋은 섬이다.

산토리니행 페리는 시로스(Syros)와 낙소스(Naxos), 이오스(Ios)를 거쳐 산토리니(Santorini)항구로 가게 된다. 시로스(Syros)는 3시간, 낙소스(Naxos)는 1시간, 이오스(Ios)는 1시간30분, 산토리니는 오후 3시30분 정도에 도착하게 된다.

트로이
카리스토스
안드로스
케아
에르무폴리
미코노스
파트모
피로스
닉소스
아모르고스
밀로스
아스티팔라이아
아나피
산토리니
로도스
크노소스

낙소스(Naxos)

아테네의 왕자 테세우스는 아리아드네와 결혼을 약속하고 크레타섬을 떠나지만 도중에 신탁을 받고 아리아드네를 남겨놓고 떠나버린다. 홀로 남겨진 아리아드네는 큰 상심에 빠지지만 술의 신인 디오니소스가 거두고 결혼을 하고 낙소스에 같이 살게 된다. 신화의 낙소스는 키클라데스 제도 중 가장 큰 섬이다. 포도주가 유명하여 낙소스의 포도는 낙소스의 자랑이다.

낙소스는 페리와 항공으로 다녀올 수 있다. 항공은 45분 소요되며 페리는 약 4시간정도 , 고속페리는 3시간 소요된다.(파로스에서는 1시간, 산토리니와 미코노스에서는 1시간 30분 소요된다. 낙소스의 항구 호라에 도착하면 항구를 중심으로 마을이 형성되어 렌트나 버스, 택시를 이용해 섬을 관광할 수 있다.

자킨토스(Zakynthos)

깨끗한 해변과 맑은 백사장이 아름다워 그리스 인들의 숨은 휴양지로 알려져 있었다. 거북이가 해변에 알을 낳아 새끼 거북을 볼 수 있어 해변에 관광객이 많아지자 거북이를 보호하기 위해 해변을 통제하고 있다. 대부분의 관광객은 오랜 시간 머물며 섬을 관광하므로 단기 여행객은 상대적으로 수가 작다. 자킨토스 국제공항에 에게 항공이 주 3회 운항하고 있다.

태양의 후예로 알려지기 시작해 자킨토스 섬을 찾은 여행객들은 시가지화한 섬을 보고 실망하기도 하지만 휴양지라 오랜 시간 머물면 섬의 아기자기한 풍경이 눈에 들어오기 시작한다. 메트로폴리탄 극장이 자킨토스 시내의 가장 유명한 번화가이다.

비잔틴 박물관Byzantine Museum of Zakynthos, 세인트 디오니시오 성당The Cathedral of Saint Dionysios, 파네로메니 교회Faneromeni Church가 자킨토스 섬의 유명 관광지이다.

나바지오 비치

Navagio Beach

전 세계에서 가장 아름다운 해변 Top 10에 이름을 올린 그리스의 지중해 지역의 섬이다. 대한민국 관광객들은 드라마 '태양의 후예' 방송 후 나바지오Navagio Beach 해변을 가려고 자킨토스 섬으로 떠난다. 나바지오 비치는 난파선과 코랄 블루색의 아름다운 바다가 아름다워 관광객의 발길이 끊이지 않는다.

아테네에서 75번 도로를 따라 이동하여 자킨토스 섬으로 이동할 수 있다. 섬에서 나바지오 비치까지 배를 타고 이동해야 하므로 대부분은 투어를 이용한다. 투어회사는 나바지오 해변까지 이동하여 90분 정도의 시간을 주고 볼 수 있도록 한다(약 45€).

난파선은 아름답지만 난파한 내용은 아름답지 않다. 담배를 밀수하려는 배는 그리스 해양경찰의 감시를 피해 항해를 하다가 비바람에 난파하여 나바지오 해변에 배가 있었지만 그리스 경찰이 다가오자 배를 버리고 달아났다. 그 난파선이 지금은 자킨토스 섬과 나바지오 해변으로 전 세계의 관광객을 끌어 모으고 있다.

나바지오 해변은 자킨토스 섬의 왼쪽 부분의 산을 올라가 정상에서 바라보면 사진 속의 아름다운 해변 사진을 찍을 수 있다. 산 정상에 먼저 올라갔다 내려오면 더워 바다에서 수영을 즐길 수 있다. 파도도 거의 없어 바다수영을 즐기기에도 안성맞춤이다.

스코펠로스(Skopelos)

자킨토스 섬이 태양의 후예로 우리나라에 더 많이 알려졌다면 스코펠로스Skopelos 섬은 영화 '맘마미아'로 전 세계에 알려진 섬이다. 아테네에서 스키아토스로 다시 스키아토스에서 스코펠로스섬까지 이동이 쉽지 않아 관광객이 거의 찾지 않는 섬이었지만 2008년 뮤지컬 영화 '맘마미아' 의 성공으로 인기가 급상승한 섬이다.

교통

스키아토스섬까지 1주일에 주 4회, 하루 2~3회 항공편이 있고 스키아토스 섬에서 스코펠로스Skopelos 섬까지 페리로 약 50분 정도 소요된다. 버스로는 직접적으로 가는 교통편이 없어서 거의 이용하지 않는다. 렌트를 해 자동차를 이용하면 75번 도로를 따라 이동하였다가 보리아Vouria에서 스키아토스Skiathos, 스키아토스에서 스코펠로스까지 페리를 이용해야 해 거의 이용을 하지 않는다.

뮤지컬과 영화로 제작된 맘마미아

스웨덴 혼성 그룹 아바(ABBA)의 명곡으로 만들어진 뮤지컬을 영화화한 작품으로 그리스의 아름답고 여유로운 풍경에 신나는 아바의 노래가 곁들여지면서 흥행에도 성공한 뮤지컬 영화이다. 영화는 주로 북부의 스코펠로스 섬, 스키아토스 섬에서 촬영됐다. 자연 그대로의 자연을 자랑하는 곳들로 코발트빛이 넘치는 지중해와 함께 아기자기한 마을의 풍경들로 당장이라도 그리스로 떠나고 싶게 만든다.

코르푸(Corfu)

유럽 사람들이 여름 휴가지로 가장 가고 싶어하는 곳 중에 하나인 코르푸Corfu 섬은 지중해의 중앙에 위치해, 그리스 남쪽에 위치한 산토리니같은 다른 섬들과는 위치가 상당히 떨어져 있다. 이오니아 해의 섬들 중에 2번째로 큰 섬으로 케르키라Kerkeyra라고 부르기도 한다.

교통

비행기

올림픽 에어웨이즈Olympic Airways,에게안 항공을 이용해 약 20분 정도면 코르푸 국제공항으로 간다. 코르푸 국제공항은 시내에서 2㎞가 떨어져 있다.

페리

페트라Patra항구와 이구메니챠Igoumenitsa항구에서 페리를 타고 이동할 수 있다. 코르푸에는 패트라 항구와 이구메니챠항에서 출발하는 배들은 신항구The New Port에 도착한다.

시내 IN

시내까지 버스는 없고 대부분은 택시(약 10~15€)를 타고 시내로 이동한다. 만약 바가지요금을 달라고 한다면 경찰에게 신고를 한다고 하여 요금을 조정하면 된다. 호텔 픽업 서비스도 많이 이용하는 방법이다. 공항에는 많은 호텔 픽업 서비스를 제공하는 호텔이 있으니 확인하고 탑승하면 된다.

로도스 섬(RHODES)

신화에 의하면 태양의 신 헬리오스Helios는 로도스를 그의 신부로 삼고 그녀에게 빛, 따뜻함, 식물을 선물했다고 한다. 이러한 축복이 제대로 이루어진 것처럼 로도스 섬은 꽃들이 만발하고 그리스 섬들 중에서도 가장 맑은 날이 많은 곳이다.

린도스와 카미로스는 중요한 로도스의 고대 유적지들이다. 1291년에 기사 세인트 존St. John은 십자군 원정 중 포위당한 예루살렘을 내버려두고 로도스로 와서 주인 행세를 했다고 한다. 1522년에 오스만 제국의 술탄이었던 쉴레이만 1세는 이 섬을 공격하여 로도스시를 점령했다. 그래서 이 섬은 다른 도데카네스 섬들과 함께 오스만 제국의 일부가 되었다. 1912년에는 이탈리아인들이 이곳을 점령하고 1944년에는 독일이 이어받았다. 다음 해에 로도스는 영국과 그리스 특공대에 의해 해방되었고 1948년에 다른 도데카네스 섬들과 함께 그리스의 영토가 되었다.

로도스 섬의 수도이자 항구인 로도스 시는 섬 북쪽 끝에 있다. 이 도시의 볼 것들은 대부분 성벽 안쪽에 있다. 신시가 북쪽은 관광업이 활기를 띠는 곳으로 다양한 국적의 단체 관광객들로 북적인다. 시내에는 2곳의 버스 정류장이 있는데 모두 구 시가 동쪽에 있고, 북쪽에는 만드라키 부두가 있는데 이곳에 거대한 청동 아폴로 신상인 콜로서스 상이 서 있던 곳으로 여겨지는 곳이다. 이 신상은 겨우 65년 동안 서 있다가 지진에 의해 넘어졌다. 이것은 653년까지 버려진 채로 있다가 사라센인들에 의해 토막내져서 상인들에게 팔려 갔다고 한다. 시리아로 실려 간 후 목적지까지 옮겨가는데 980마리의 낙타가 필요했었다는 이야기도 있다.

이드라(Hydra)

마치 이탈리아의 피렌체나 크로아티아의 두브로브니크를 닮은 주황색 지붕이 있는 아름다운 섬으로 유럽인들에게 인기가 높은 휴양 섬이다. 우리나라에는 소개가 안 되어 거의 가지 않는 섬이지만 자킨토스의 나바지오 해변이 KBS 드라마, '태양의 후예'에 나와 인기를 얻은 것처럼 충분히 TV 프로그램에 소개될 수 있는 섬이다.

이드라 IN

아테네 피레우스 항구(08시 출발) → 이드라 섬(3시간 30분 소요)

아테네에서 이동하는 배편이 많지 않아 이드라 섬에 들어가면 오랜 시간을 지내려는 유럽 관광객이 대부분이다. 오랫동안 있는 관광객들은 1달 정도를 지내는 장기 여행자가 많은 섬이다. 지도가 필요 없는 작은 섬이기 때문에 천천히 섬을 즐기며 섬의 가장 높은 뷰 포인트까지 올라가면 한눈에 아름다운 주황색 지붕의 섬이 한눈에 들어온다.
1821년 오스만 투르크 제국과 독립전쟁을 시작하자 이드라 섬의 상인들도 독립전쟁에 참여하면서 이드라 섬이 개발되기 시작하였다. 도로는 적의 침입에 대비해 넓히지 않아서 아직도 자동차의 이동이 섬에서는 금지되어 있다. 당나귀를 이동한 동키 택시나 수상택시를 타고 해변을 이동해야 하는 경우가 많다.

Creta

크레타 섬

CRETA

크레타 섬은 그리스에서 가장 큰 섬이다. 게다가 지중해 동쪽의 한가운데 자리 잡은 덕분에 아프리카의 이집트나 동쪽의 여러 아시아 나라와 교류할 기회가 많았다. 미노스 왕은 이곳에서 스스로의 힘으로 발전하던 여러 세력을 하나로 모았다. 미노스 왕은 크노소스 궁전을 중심으로 크레타 섬을 다스리면서 동부 지중해의 교역을 독점하고 정치력과 군대, 예술을 발전시켰다. 미노스 왕은 에게 해 주변 지역에서 발달한 에게 문명을 꽃피운 사람이라고 할 수 있다.

크레타의 문명

1899년, 영국의 고고학자 아서 에번스는 그리스 크레타 섬의 크노소스 부근 언덕을 파헤치기 시작했다. 땅을 파 내려가자 커다란 건물이 있던 터가 나타났다. 건물 터 여기저기에서 프레스코 벽화와 도자기, 여러 조각상이 하나씩 모습을 드러냈다. 이 건물 터는 크노소스 왕궁 터로 밝혀졌다. 이렇게 해서 아주 오래전, 크레타 섬에 화려한 문명이 있었음이 세상에 널리 알려지게 되었다.

크레타 문명은 에게 해 최초의 문명으로 기원전 3000년 경에 시작되어 기원전 2000년 경에 꽃을 피웠다. 이 문명을 일군 사람들은 처음으로 석기를 사용했지만 메소포타미아 지역으로부터 청동기를 받아들여 사용하기 시작했다. 크레타 문명은 바다를 무대로 발전한 해상 문명이었다. 동부 지중해의 교통 중심지였던 크레타는 메소포타미아의 앞선 문물을 받아들이고 에게 해의 모든 지역으로 힘을 뻗쳐 강력한 해상 왕국을 건설했다. 해상 왕국의 흔적은 티라 섬의 유적과 크레타의 왕 미노스의 전설 등에서도 찾아볼 수 있다.

크레타 문명이 얼마나 발달했는지는 크노소스 왕궁 터에 가장 잘 드러나 있다. 사면의 길이가 각각 170m를 넘는 큰 왕궁 터와 여러 층짜리 건물들, 커다란 항아리, 화려한 채색의 벽화와 정교한 세공품들은 당시 크노소스 왕의 막강한 권력과 세련된 궁전 문화 수준을 말

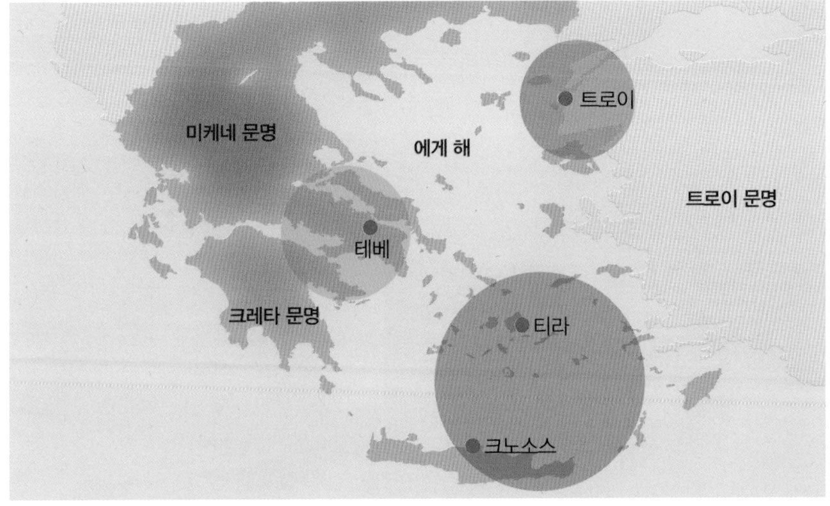

해준다. 크노소스 왕궁은 기원전 2000년~기원전 1580년 사이에 세워진 것으로 추측된다. 크레타 인은 선문자 A라는 문자를 사용했는데 아직 그 뜻을 알 수 없다. 크레타 문명의 자세한 역사와 문화는 여전히 비밀에 싸여 있다.

크레타 문명은 기원전 15세기 말에 멸망했다. 북방 그리스 인 같은 외래 민족의 침입이나 지진과 해일 같은 자연재해 때문에 멸망했을 것으로 보인다. 크레타 문명이 무너진 후, 에게 해의 주도권을 잡은 것은 그리스 본토에서 미케네 문명을 건설한 사람들이었다.

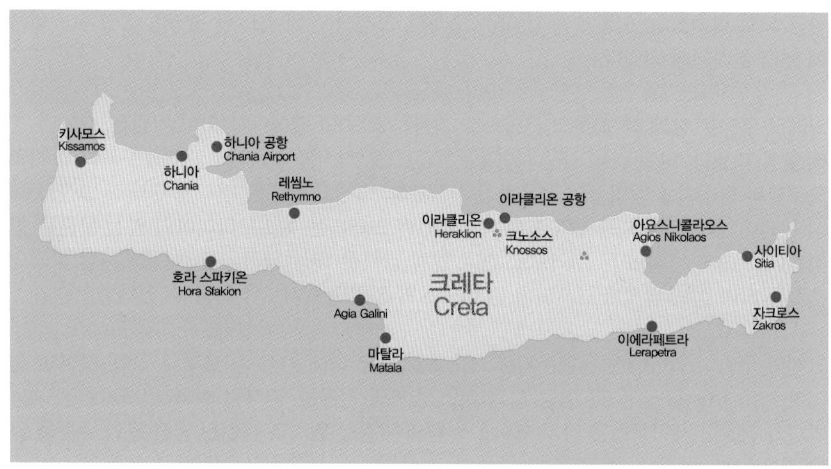

크레타 IN

페리

아테네에서 크레타로 바로 이동한다면 비행기를 타는 것이 좋지만 산토리니에서 이동하면 페리가 좋은 방법이다. 크레타에는 헤라클리온, 하니아, 시티아, 레팀노, 아기오스 등 많은 항구가 있다.

■ 아테네 → 크레타

▶시간 : 일반페리는 10시간 이상, 고속페리는 7시간 정도 소요

▶비용 : 40€~

■ 산토리니 → 크레타

▶시간 : 일반페리는 5시간, 고속페리는 2시간정도 소요

▶비용 20~50€

항공

크레타섬에는 총 3개의 공항이 있었다. 2개의 국제공항과 1개의 국내공항이다. 니코스 카잔차키스 공항(헤라클리온 공항이라고 부름)이 주요공항으로 시내에서 동쪽방향으로 5㎞ 정도 떨어져 있는 공항이 주 공항이었지만 2015년 카스텔리 공항으로 이전하였다.
카스텔리 공항은 구시가까지 약 40㎞떨어져 있는 먼 거리로 버스는 1시간은 족히 걸린다.

■ 카스텔리 공항(Kasteli Airport)

www.hcaa-eleng.gr/en/our-airport/kratikos

아테네, 테살로니키에서 크레타를 가는 국내선이 매일 6~7회 운항하고 있다. 다른 항공사들도 매일 2회 정도 운항하고 있다. 편도 항공료가 25~130€로 가격차이가 크다. 저가항공은 빨리 예약할수록 저렴하기 때문에 여행 일정이 정해지면 빨리 항공을 예약, 결제하여야 한다.

■ 하니아 공항(Chania Airport)

작은 규모의 국내 공항으로 약 15㎞정도 떨어져 있다.
www.hcaa.gr/en/our-airport/kratikos

공항에서 시내 IN

시내버스와 택시를 이용해 헤라클리온 시내로 들어갈 수 있다. 1번 버스가 약 15분마다 운행하고 있다. 엘레프테리아스 광장까지 15분 정도 되는 짧은 거리이다.

시내 교통

크레타는 하니아, 레씸노, 이라클리온의 3개 도시가 중심지로 이 도시를 버스가 05~21시까지 1시간 마다 운행하고 있다.

■ 베스트 코스

크레타의 유적지를 찾아가는 코스

엘레플테리아스 광장 → 크노소스 궁전 → 고고학박물관 → 다달루 거리 → 베니젤로 광장

지중해의 휴양

엘레플테리아스 광장 → 페스토스 → 아기아 트리아다 → 티리소스 →마타라 비치 →고르티스

잠시 머무는 여행객을 위한 짐 보관소

크레타 섬은 대한민국 여행객들은 대부분 1일 이상 여행하지 않고 페리나 비행기를 타고 다음 여행지로 이동한다. 잠시 여행하려면 짐을 보관할만한 장소가 필요하다. 짐은 공항이나 항구, 시내 보관소에 맡겨두고 여행하도록 한다.

보관소

공항 | 주차장 중앙에 위치 / 24시간 운영 / 7유로(화폐 단위로 넣어주세요)
항구 | 항구 인포메이션 센터 / 08:00~21:30 / 3유로
터미널 A | 입구에서 왼쪽 대각선 / 06:00~21:00 / 4유로
시내 | 베니젤로 광장 옆 키돈니아스 광장 / 09:00~21:00 / 5유로

이라클리온
Heraklion

화창한 날, 이라클리온 정원Heraklion Garden에서 평화롭게 여유를 만끽할 수 있다. 꼭 가봐야 하는 관광지는 '니코스 카잔차키스 박물관Kazantzakis Museum, 종교미술 박물관, 크레타 섬 전투와 그리스 레지스탕스 박물관 등이 있다. 호기심을 자극하는 소장품들로 가득한 자연사 박물관, 이라클리온 고고학 박물관, 크레타 자연사 박물관도 인기 박물관이다. 예술 작품을 좋아한다면 엘 그레코 박물관, 시립 미술 갤러리를 찾으면 된다. 크레타 역사박물관에서 흥미로운 과거 사실과 역사 지식도 얻을 수 있다.

역사에 별로 관심이 없어도 크노소스 궁전, 이라클리온 로기아Heraklion Rogia에 가면 다양한 볼거리와 유익한 시간을 보낼 수 있다. 틸리소스와 벰보 분수에도 과거 여행을 즐길 수 있는 매력적인 요소로 가득하다. 코울레스 요새의 방어 기지에서 섬 주민들이 버텨낸 전쟁의 역사를 확인하고, 베네치아 성벽, 쿠베스, 데르마타스 문 등에서 이라클리온의 과거로 여행을 떠날 수 있다.

성 마가 대성당, 성 카타리나 교회, 성 베드로와 성 바오로의 수도원, 파나이아 아크로티리아니도 여행객 사이에서 인기가 높은 유명한 성지이다. 밖으로 나와 신선한 공기와 햇살을 만끽하는 주민들을 만날 수 있다. 도보 여행을 꿈꾼다면 엘레프테리아스 광장, 코르나로우 광장, 리온스 광장으로 찾아가자.

베니젤로 광장

Platia Venizelou

헤라크리온Heraklion의 중앙 광장에 위치한 화려한 분수대는 한때 수천 명의 주민들에게 매일 식수를 공급해 주었다. 라이온스 광장Lions Square이라고도 여행자에게 불리는 모로시니 분수Morosono Fountain의 아름다운 조각은 약 400년 전 주민들이 중앙 수조를 지탱하는 네 마리 사자의 입에서 물이 쏟아져 나오는 것을 보며 분수대에서 물동이를 채우던 장소이다.

네 마리의 용맹한 사자가 중앙 수조를 받들고 있는 모로시니 분수Morosono Fountain를 처음 만들었을 당시에 상단에 그리스 신이었던 포세이돈의 거대한 조각상이 있었지만 지금은 사라지고 없다. 조금 더 가까이 다가서면 분수대를 둘러싸고 있는 8개의 로브에 새겨져 있는 헌사를 볼 수 있다. 문구는 베네치아 인들이 그리스 신화를 기념하기 위해 새겨놓은 것으로 수조에는 지금도 그리스 신화의 트리톤, 돌고래, 님프와 신화의 장면들이 새겨진 부조의 흔적이 남아 있다.

모로시니 분수Morosono Fountain는 1628년 당시에 크레타를 통치하던 인물인 '프란체스코 모로시니Morosono의 지시'로 지어졌다. 헤라크리온Heraklion에서 가장 유명하고 아름다운 기념물로 손꼽히지만 원래의 목적은 미적 인 면보다 실용적인 면을 추구하는 데 있었다. 분수는 매일 복잡한 시스템을 통해 아르차네스Archanes샘에서 끌어온 약 1,000통 이상의 식수를 쏟아냈다.

모로시니 분수Morosono Fountain를 제대로 즐길 수 있는 방법은 광장 주변의 카페에 앉아 분수를 감상하는 것이다. 분수는 도시 중앙에 위치해 있어 주민들의 약속 장소로 사용되고 있다. 분수 주변을 오가는 사람들의 모습과 줄기차게 쏟아져 내리는 물소리가 혼잡한 광장에서 사람들의 재잘거림은 즐거운 분위기를 자아낸다.

뱀의 여신상

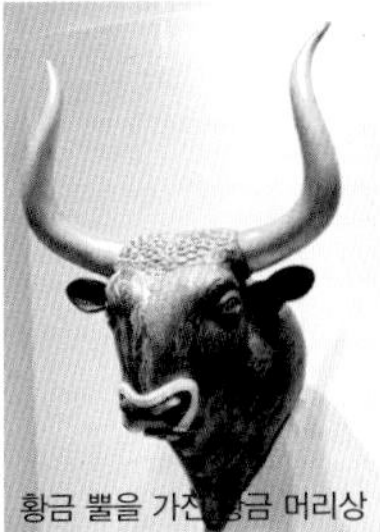
황금 뿔을 가진 황금 머리상

이라클리온 고고학 박물관

Heraklion Archaeological Museum

신석기 시대~로마시대까지의 유물을 전시해 놓은 크레타에서 가장 유명하고 큰 박물관으로 크레타 섬에서 반드시 방문해야 하는 곳이다.

가장 유명한 전시물은 미노아인들이 숭상해 제사를 지낼 때 사용한 뱀의 여신상The Snake Goddesses, 황금 뿔을 가진 황금 머리상, 해석이 불가능한 파이어오스 판The Phaistos Disk 등이다.

www.heraklionmuseum.gr 2 Xanthoudidiou

08:00~20:00(4~10월), 08:30~15:00(11~3월) 8유로(학생 4유로), 크노소스 유적지의 통합 티켓(15유로)

553-8140

베네치아 성벽 & 니코스 카잔차키스의 묘
Venetian Walls & Tomb of Nikos Kazantzakis

베네치아 성벽은 항구와 이라클리온Heraklion의 구 시가지를 삼각형 모양으로 둘러싸고 있다. 1462년부터 200년이 넘는 세월 동안 축조되었고, 미켈레 산미켈리를 비롯한 수많은 건축가가 작업에 참여하였다. 지중해 지역 최대 규모인 베네치아 성벽은 20년 넘게 오스만 제국으로부터 도시를 방어하는 역할을 해냈다.

수백 년 간 외부의 침략으로부터 도시를 수호한 오래된 성벽을 따라 좁은 돌계단을 올라 성벽 위에 서보고, 커다란 아치와 좁은 터널 사이로도 지나가 보자. 마티네고 보루 위에 올라 성벽과 구시가지의 아름다운 전경을 즐길 수 있다. 4.5㎞ 길이의 성벽을 다 돌아보려면 2시간 정도 걸린다.

항구 서쪽 끝에는 7개의 보루 중 첫 번째인 성 앤드류 보루가 자리 잡고 있다. 두꺼운 석벽과 아치문으로 통하는 내실로 이루어져 있는 각각의 보루는 하나의 작은 요새와도 같다. 보루 위에서 터키군의 습격에 대비해 망을 볼 수 있도록 설계되어 있다.

남쪽을 향해 내려가면 4개의 문 중 첫 번째인 베들레헴 문이 나온다. 큰 석조 아치문은 과거 도시를 처음 방문하는 사람들을 무척 압도했을 것 같다. 성벽 주위의 거대한 도랑은 농작물을 키우는 데에 사용되기도 했다. 성벽에 새겨진 글자들과 녹슨 포탄 더미, 설명이 적힌 표지판 등을 둘러보며 성벽을 따라 걸어 다닐 수 있도록 되어 있다. 성벽을 오르면 도시의 전경이 펼쳐지는데, 남쪽의 마티네고 보루에서 보이는 전경은 단연 최고이다. 이곳에 작가 '니코스 카잔차키스의 묘'가 자리하고 있다.

이라클리온 로기아
Heraklion Loggia

이라클리온Heraklion의 시청이 자리 잡고 있는 베니치아 건축물로 도리아와 이오니아 양식의 이라클리온 로기아Heraklion Loggia에서 옛날 귀족들이 회동을 하거나 공연을 관람했다. 사자와 문장(紋章)의 부조 등 세세한 부분까지 빠짐없이 복원되었다.
건축가 프란체스코 모로시니가 설계한 이라클리온 로기아는 1626~1628년 사이에 건립되었다. 이라클리온 로기아Heraklion Loggia는 크레타를 점령한 베네치아에 의해 세워진 4번째 베네치아의 공공건물인 '로기아'로 지금까지 남아 있는 유일한 로기아이다. 1915년에 시작된 복원 작업은 제2차 세계대전 직후 마무리되었다. 과거의 영광을 되찾은 크레타 섬 최고의 베네치아 건물이다.
건물이 가까워지면 직사각형으로 된 형태와 매혹적인 주랑이 눈길을 끈다. 아름다운 아치들은 밤이 되면 안쪽에서 은은한 불빛이 비추어 더욱 매혹적이다. 각 코너를 장식하고 있는 사각 기둥은 베네치아 건축의 전형적인 특징이다.

이라클리온 로기아Heraklion Loggia 내부의 회랑은 바로 로기아Loggia의 핵심으로 회랑에서 열리는 행사와 공연을 참관하기 위해 모여드는 베네치아 귀족들이 모이는 장소였다. 상층부와 하층부의 서로 다른 건축 양식을 눈여겨보자. 하층부는 전형적인 도리아식인 반면, 상층부의 작은 아치에는 이오니아 양식이 적용됐다. 벽과 기둥은 성 마가와 사자와 문장(紋章)이 부조된 것을 발견할 수 있다. 이곳은 현재 이라클리온Heraklion의 시청으로 사용되기도 하기 때문에, 일부 구역은 관광객의 입장이 금지된다.

25th Avgoustou

니코스 카잔차키스의 무덤
Nikos Kazantzakis Grave

베네치아 성벽 위의 마르티네고 요새에 있는 그리스를 대표하는 니코스 카잔차키스Nikos Kazantzakis의 무덤이 있다. 니코스 카잔차키스는 현대 그리스 문학을 대표하는 소설가이자 시인이다.

근대인의 고뇌를 그린 장편 철학시 '오디세이아'와 소설 '그리스인 조르바', 영화로 만들어진 '최후의 유혹' 등으로 유명한 니코스 카잔차키스는 평소 자신의 생각과 사상을 잘 담아낸 "나는 아무것도 바라지 않는다. 나는 아무것도 두려워하지 않는다. 나는 자유이므로."이라는 묘비명을 남겼다.

신화, 미노타우로스 이야기

그리스 신화에는 미노스 왕이 나온다. 미노스 왕의 아내인 파시파에는 포세이돈이 보낸 황소를 사랑했다. 그리하여 몸은 인간인데 머리는 소인 미노타우로스를 낳았다. 그러자 미노스 왕은 아테네의 장인 다이달로스에게 한번 들어가면 다시 나올 수 없을 만큼 복잡한 미궁을 짓게 하고는 그 안에 미노타우로스를 가두었다.

그 뒤로 살아 있는 사람을 미노타우로스의 제물로 바쳐야 했는데, 아테네의 영웅 테세우스가 괴물 미노타우로스를 물리치고 미궁에서 살아 돌아왔다는 이야기이다. 이 신화로 미루어 보면, 크레타 문명을 멸망시킨 것은 그리스 본토에서 온 사람들이었던 것 같다.

크노소스 궁전

Palace at Knossos

유럽 최고의 유적지인 크노소스 궁전은 그리스 신화가 꽃피우던 장소이다. 미노스 왕국의 왕족들이 기거하던 침실과 침실사이를 거닐면, 고대의 왕궁이 뿜어내는 웅장함에 압도당한다. 미로와 같은 구조를 돌아보며 신화 속의 건축가 다이달로스가 겪는 모험 이야기도 확인할 수 있다. 궁전을 둘러보는 데에는 약 2시간 정도 소요된다.

크노소스 궁전은 그리스 최대의 청동기 시대 유적지로 기원전 1375년에 파괴되기 전까지 미노스 문명의 정치, 종교 중심지였다. 고고학자 아서 에번스에 의해 1900년에 발굴과 복원 작업이 시작되고 나서 유럽 최고의 유적지가 모습을 드러냈다. 크노소스 궁전은 이라클리온 남동쪽으로 5㎞ 떨어진 거리에 있다.

보는 순서

경사로를 올라 입구로 들어서 미로와 같은 궁전을 거닐다 보면, 이곳에서 그리스 신화가 꽃을 피운 이유를 알 것도 같다. 처음 방문하는 곳은 왕가의 생활공간으로 왕비의 침실 벽에 걸려 있는 돌고래 프레스코화를 보게 된다. 왕비가 사용하던 유명한 '수세식' 변기의 작동 원리는 지금과 동일하다. 거대한 계단을 오르면 '양날도끼 실'이라 불리는 왕의 침실이 나오고 벽돌에 새겨진 양날도끼를 찾을 수 있다.

계단을 끝까지 오르면 중앙 안뜰이 펼쳐지는데, 북서쪽에 자리 잡은 왕실에는 풍파에 닳은 석조 왕좌가 놓여 있다. 극장 공간에서 공연을 관람하는 왕과 왕비를 상상할 수도 있다.

궁정의 장인들이 함께 모여 작품에 열을 올렸을 작업장도 방문한다. 장인들이 남긴 걸작 중 하나인 사제왕의 거대한 프레스코화가 남쪽의 중앙 안뜰을 향해 걸려 있다. 궁전 바깥의 왕의 길은 유럽에서 가장 오래된 도로라 여겨진다.

가이드투어의 장점

가이드 투어에 참여하면 발굴된 보물들에 대하여 자세히 설명을 들을 수 있다. 자유롭게 둘러볼 수도 있지만, 가이드 투어에 참여하여 주요 지점을 모두 둘러보는 것이 좋다.

크레타 역사 민속박물관
Creta Historical Museum

역사상의 수많은 시기를 거쳐 온 이라클리온Heraklion의 전통 예술을 감상하고 매혹적인 이야기들에 귀 기울여 보자.
크레타 역사 민속박물관Creta Historical Museum에서 초기 기독교 시대에서부터 현대까지 이르는 이라클리온의 흥미로운 역사에 대해 전시하고 있다. 비잔틴 예술 작품을 감상하고 그리스 최고 문인의 작업실을 둘러본 다음 크레타의 독립을 위한 투쟁의 역사에 대해 알아볼 수 있다. 비잔틴 제국과 베네치아 공화국, 오스만 제국 시기의 민속 예술이 서로 융합되는 현상도 알 수 있다. 박물관의 하이라이트는 엘 그레코라는 이름으로 더 유명한 스페인의 르네상스 화가 도메니코스 테오토코폴로스의 작품 2점이다. 그의 작품 중 '그리스도의 세례'와 '시나이 산과 성 카타리나 수도원 풍경'만이 크레타 섬에 남아 있다.
크레타 역사 민속박물관Creta Historical Museum은 1903년 건립된 신고전주의 양식의 건물에 자리하고 있다. 박물관은 4세기~제2차 세계대전 종전까지의 이라클리온의 역사를 연대기순으로 전시하고 있다. 고고학 박물관과 더불어 이라클리온Heraklion 최고의 박물관이라 여겨지고 있다.
AG 칼로케리노스 실에서 관람을 시작한다. 이곳에는 17세기 이라클리온Heraklion의 모습을 재현한 축소 모형이 전시되어 있다. 40곳에 이르는 당대의 명소에 각각 불을 밝혀 볼 수 있도록 전시되어 있다. 아름다운 자수와 직물과 조각이 전시된 민속예술 전시와 화려한 벽화와 비문을 볼 수 있는 비잔틴 전시도 놓치지 말자.
'크레타의 자유를 위한 투쟁' 전을 둘러보며 독립을 쟁취했던 짧은 시기에 대해 알아보고, 중세와 르네상스 컬렉션의 군복과 여성용 장신구가 전시되어 있고, 위대한 작가 니코스 카잔차키스의 작업실을 재현해 놓은 전시실에 들러보면 좋다.

Sofokli Venizelou 27, 항구 옆, 베니젤로 거리에 위치 ©6€ ☎+30-281-028-3219

Leoforos Nearchou

베네치아 항구
Old Venetian Harbor

이라클리온Heraklion 항구의 요새 성벽에 앉아 크레타의 반짝이는 바다 위로 고기잡이배들을 바라보는 장면은 잊을 수 없다. 외부의 침략으로부터 항구를 수호했던 오래된 요새는 400년 동안 변함없이 자리를 지키고 서 있다. 그리스의 작은 섬들 사이를 왕복하는 여객선을 구경하거나, 미리 예약해 둔 배를 타고 다른 섬으로 당일 여행을 떠나는 것도 좋다.

이라클리온Heraklion 항구 2곳은 오래된 베네치아 항구와 현재 여객선이 정기적으로 드나들고 레스토랑과 상점과 관광안내소가 자리한 현대적인 교통의 요지이다. 배를 타고 크레타 섬에 도착한다면 크레타 섬에서 가장 북적대는 이곳 이라클리온 항구에 내릴 가능성이 높다.

400년이 넘은 베네치아의 유적지를 배경으로 알록달록한 고기잡이배들이 물 위를 떠다니고 외부의 침략으로부터 도시를 보호했던 코울레스 요새 위에서 바다를 굽어보고 있는 요새 벽에는 성 마가의 날개 달린 사자가 조각되어 있는 것을 볼 수 있다. 도시를 향해 서면 커다린 베네치아 아치들이 보인다. '아스날리'라고 부르는 구주물은 수리를 위해 정박한 배가 머물던 곳이었다. 한때, 화약과 무기의 저장고로도 사용되었다. 아름다운 해변 산책로를 따라 레스토랑과 상점들이 자리하고 있다. 25번 아우구스투스 거리 끝자락에 위치하고 있는 이라클리온 항구는 시청에서 걸어서 15분 거리에 있다.

이라클리온 항구
Heraklion Harbour

항구에 자리 잡은 요새는 이라클리온Heraklion의 상징으로서, 500년 넘게 도시를 수호하였다. 500년도 더 전에 외부의 침략에 대비해 도시를 수호하던 파수병들처럼, 코울레스 요새에 서서 이라클리온 항구Heraklion Harbour 너머 바다를 내려다 볼 수 있다. 군인들의 막사와 감옥을 방문하고, 적국의 배를 향해 불을 뿜었을 대포도 구경하자. 성벽의 삼면에는 베네치아를 상징하는 성 마가의 사자가 대리석으로 조각되어 있다.

기록에 따르면 이라클리온 항구에는 10세기부터 요새가 있었다. 오늘날의 요새는 1523~1540년에 베네치아 인이 만든 것이다. 원래 이름은 '바다의 바위'라는 뜻의 '로카 아 마레'였다. 현재 이름은 요새를 뜻하는 터키어에서 왔다. 위풍당당한 사각 모양과 튼튼한 벽은 이라클리온 시민들에게 도시의 힘과 번영을 상징한다.

항구 서쪽 방파제에 우뚝 서 있는 덩치 큰 코울레스 요새는 커다란 성 마가의 사자가 새겨진 대리석 부조를 볼 수 있다. 요새 안으로 들어가 26개의 방을 둘러보자. 방들은 낮은 아치형 입구로 분리되어 있는데, 군인들이 기거하던 장소와 무기고도 볼 수 있다. 크레타 반란군들의 수용소로 사용된 방들을 둘러보면 요새에 귀신이 출몰한다는 소문이 나게 된 이유를 알 수 있을 정도로 음침하다. 요새 꼭대기에 올라 성벽 사이로 펼쳐지는 드넓은 바다의 전경을 마음에 담아보고, 수평선을 바라보면 터키인들의 침략에 대비해 경계를 늦추지 않는 베네치아 파수꾼이 된 기분이 들 것이다.

벰보 분수

Bembo Fountain

고대부터 사용된 크레타 섬에서 가장 오래된 분수대는 수 세기 동안 이라클리온Heraklion의 식수대 역할을 하였다. 베네치아 석조 장식으로 꾸며진 벰보 분수에는 이라클리온Heraklion 최초로 흐르는 물이 공급되었다. 분수 뒤쪽에는 로마인 석상이 자리하고 있는데, 지금도 그 문장(紋章)을 뚜렷이 볼 수 있다. 바로 옆에 있는 카페는 마을의 펌프 시설이 있던 곳이었다.

벰보 분수는 1552~1554년에 지안마테오 벰보 총독에 의해 만들어졌다. 벰보 분수는 이라클리온Heraklion의 주민들에게 중요한 역할을 하였다. 그전까지 이유타스 산에서부터 수도교를 통해 물이 운반되었지만 도시 안으로 흐르는 물을 만든 것은 벰보 분수가 처음이다. 분수 중앙에는 물이 솟는 곳 뒤쪽으로 로마 파수병이 서 있는데, 이 파수병은 머리가 없다. 파수병은 이에라페트라 근방에서 제작되어 분수대와 합쳐졌다.
제작된 지 500년 가까운 시간이 지났지만, 벰보 분수는 오늘날까지 사용되고 있다. 조각 양옆의 기둥과 베네치아의 문장(紋章)을 보면 고딕과 르네상스 양식을 확인할 수 있다. 더욱 가까이 다가가면, 내부가 당대의 전형적인 그리스 건축 양식의 화려한 꽃무늬로 장식된 것을 볼 수 있다. 벰보 분수 옆의 6각 건물은 터키가 만든 노변의 공공 분수대인 '세빌'이었다고 한다. 과거에는 이곳까지 산속 눈이 배달되어 지나는 이들이 찬물을 사 먹었다고 전해진다.

Plateia Kornarou

+30-281-028-2402

성 미나스 성당
St. Minas Cathedral

크레타 혁명을 상징하는 성당으로 웅장한 규모는 보는 사람을 압도한다. 유려한 선과 부드러운 곡선, 스테인드글라스와 쌍둥이 종탑과 아치의 비례가 아름답다.

내부에서는 천장화, 프레스코화, 제단화 등의 예술 작품을 볼 수 있다. 거대한 성당에 앉아 평화로운 고요에 빠지는 것도 좋고, 미사에 참여하여 수천 명의 사람들이 부르는 노랫소리에 귀를 기울이는 것도 좋다.

성 미나스 성당St. Minas Cathedral은 이라클리온의 수호성인인 성 미나스St. Minas를 기리기 위해 1862~1895년까지 건립되었다. 한 번에 8,000명을 수용할 수 있는 이곳은 그리스 최대의 종교 건축물이다. 성당에 들어가기 전, 규모와 대칭의 미를 생각하고 매끄러운 기둥과 유려한 선, 높이 솟은 아치가 조화롭게 어울리는 현상을 확인한다. 중앙의 돔 양옆으로 솟은 종탑이 웅장하다. 내부로 들어가면 밖에서 보던 것보다 훨씬 규모가 큰 느낌이 든다. 제단화는 성 카르타키스를 기리고 있다.

거대한 천장화와 벽화, 단순한 아름다움이 빛나는 스테인드글라스 창이 이 거대한 성당에 고귀함을 더한다. 바로 옆에 있는 성 미나스St. Minas 예배당은 성당보다 더 오래된 건물이다. 1735년에 세워졌으며, 건립 당시의 특징 중 많은 부분이 오늘날까지도 그대로 있다.

성 티토스 성당
Agios Titos Church

25 Augustou St.

크레타 섬의 수호성인에게 헌정된 비잔틴 성당은 세계사에 길이 남은 개조와 용도 변경을 거쳤다. 이라클리온 한복판에는 가장 중요한 기념물 중 하나인 성 티토스 성당Agios Titos Church이 있다. 로마 제국 시대까지 거슬러 올라가는 이 성당은 섬을 거친 로마, 오스만과 베네치아의 통치자들에 의해 개조되고 재건되었다.

지금은 정교회로 자리를 지키고 있는 건물 안에서 한적한 분위기를 느끼며 비잔틴 미술과 성당 안쪽의 스테인드글라스를 구경하면서 당시를 느낄 수 있다.

이라클리온과 크레타 섬의 수호성인인 성 티토스Agios Titos는 사도 바울의 제자이자 크레테 최초의 주교였다. 그에게 헌정된 초기 성당은 로마 통치 시대였던 961년에 건축되었으며, 그 이후로 수많은 변화를 거쳤다. 베네치아 인들은 이곳을 새롭게 개조했고 오스만제국은 이슬람 사원으로 바꿨으며, 8세기의 지진 이후에는 재건축이 진행되었다. 성당에 원래 있었던 다수의 종교 유물은 베네치아로 옮겨졌지만, 1966년에 성당에 반환된 성 티토스Agios Titos의 유명한 두개골은 지금도 볼 수 있다.

안으로 들어가기 전에 매끈한 석조 외관, 스테인드글라스 창문과 장엄한 나무문을 보고 입장하자. 저녁에는 푸른 불빛이 돔 지붕을 비추고 창문의 다채로운 이미지가 어둠 속에서 빛을 발한다. 하얀 내벽이 매력적인 건물 안으로 들어가면 아기오스(성자) 스피리돈, 티토스와 니콜라우스를 기념하는 3개의 넓은 신랑이 보인다. 은색 성물함 왼쪽에는 성 티토스의 두개골이 보관되어 있다. 조금 더 안쪽으로 가면 나무로 만든 화려한 신도석과 성화벽을 장식하고 있는 비잔틴 종교화를 감상할 수 있다.

크레타 섬의 '포도'

크레타는 포도 생산에 관한 한 그리스에서 가장 크고 중요한 섬이다. 주로 해안가에 위치한 평야 지대는 토지의 일부에 불과하며, 나란히 자리 잡은 높은 산들이 동쪽에서 서쪽으로 섬의 척추를 형성하고 있다. 최남단 끝에 위치한 이 섬은 그리스에서 가장 더운 기후를 가지고 있으며 수없이 많은 관광객의 발길이 끊이지 않는 곳이기도 하다. 하지만 산악 지대가 이 지역의 기후, 그리고 나아가서 크레타 섬의 포도 생산에 미치는 영향은 막대하다.

포도 생산자들은 고지대에서 포도를 경작함으로써 에게 섬 대부분의 다른 지역에서 누리기 어려운 더욱 서늘한 중기후의 혜택을 볼 수 있다. 즉, 크레타의 포도원 대다수는 고지대의 북방 경사면에 자리 잡고 있어 뜨거운 아프리카의 남풍으로부터 안전하다.

크레타는 약 15%에 달하는 그리스 포도원들의 고향이다. 그 노른자 땅에는 이라클리온Heraklion 지역, 그리고 이어서 차니아Chania, 레씸노Rethymno 그리고 라씨씨Lassithi가 포함된다. 토양은 대부분 점토와 석회석으로 구성되며 점토질 함량이 높은 지역이 많다. 토양의 비옥도는 평범한 수준으로 경사면은 평야 지대에 비해 토질이 떨어지는 편이다.

크레타에는 일곱 개의 와인 아펠라시옹이 있으며 말바지아 패밀리 중 두 곳이 이에 포함된다. 그중 다섯은 이라클리온과 가깝고 나머지는 라씨씨 지역의 씨티아Sitia 마을에 있다.
화이트 씨티아는 레몬 느낌을 주는 품종인 빌라나Vilana 최소 70%와, 꽃의 복합적인 느낌을 부여하기 위해 트랍사씨리Thrapsathiri를 블렌딩해 만든다. 씨티아 레드는 부드럽고 풍부한 느낌을 주기 위해 리아티코Liatiko 100%를 사용하나, 생산자들은 색과 산미를 강조하고 적당히 높은 알코올 도수를 가미하기 위해 만딜라리아 20%를 첨가하는 것이 허용된다.
리아티코로로 고품질의 농밀한 스위트 와인이 만들어진다. 또한 주로 아씨르티코, 아씨리, 트랍사씨리, 리아티코와 소량의 뮈스까 오브 스피나스Muscat of Spinas와 말바지아 디칸디아Malvasia di Candia의 복합적인 블렌딩으로 스위트한 와인을 생산하는 말바지아 – 씨티아 아펠라시옹이 있다.

더욱 오래된 세 개의 이라클리온 아펠라시옹은 드라이 또는 스위트 레드의 다프네스Dafnes, 드라이 레드만을 생산하는 아르카네스Archanes, 그리고 드라

이 화이트와 레드를 생산하는 최대 아펠라시옹은 페자Peza이다. 모든 주품종 중 빌라나는 주요 화이트 품종이며 코스티팔리Kostifali는 가장 유명한 레드 품종이다.
다프네스는 리아티코 100%를 사용하여 스파이시하고 힘이 넘친다. 아르카네스와 페자의 레드는 진하고 가죽 느낌과 높은 알코올 함량, 낮은 산도 및 부드러운 탄닌을 지닌 코스티팔리 75% 그리고 만딜라리아를 사용한다. 아르카네스는 더욱 진하고 구조감이 뛰어나며 페자는 풍부한 향과 우아함을 보여준다. 페자에서는 또한 빌라나 100%로 레몬 향의 산뜻함이 넘치는 화이트 와인이 생산된다. 이라클리온의 최근 아펠라시옹 두 곳에는 이 지역의 고전적인 아펠라시옹 세 곳이 모두 포함된다.
칸다카스-칸디아ChandakasCandia 아펠라시옹에는 빌라나와 아씨르티코, 아씨리, 트랍사씨리 및 비디아노Vidiano를 최소 15%까지 사용해 만든 드라이 화이트, 그리고 만딜라리아와 코스티팔리로 만든 드라이 레드가 포함된다. 말바지아 칸다카스 – 칸디아 아펠라시옹은 스위트 화이트 와인이 허용되며 동일한 품종에 말바지아 – 씨티아와 비디아노를 함께 사용한다. 비디아노는 희귀한 화이트 품종으로 품질에 대한 훌륭한 잠재력을 보여주면서 점점 주목받고 있다.

아펠라시옹과 무관하게 크레타의 와인 생산자들은 여러 가지 흥미로운 방식으로 자신들의 포트폴리오를 넓혀가고 있다. 포도원들은 보르도와 론의 품종을 재배하고 그런 시도들은 상당 부분 진정한 잠재력을 보여주고 있다. 보다 더 중요한 사실은, 몇몇 젊은 와인 메이커들이 다프니 또는 플리토Plyto, 또는 솔레라 배트에서 숙성한, 셰리 느낌의 마루바스Marouvas 같은 잊혀진 스타일의 와인 등 거의 멸종되다시피 한 지역 품종들을 부활시키는 노력을 통해 그야말로 흥미로운 와인들을 만들어내고 있다는 것이다.

Mykonos
미코노스

미코노스

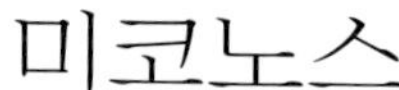

MYKONOS

미코노스로 가는 가장 좋은 방법은 고속페리를 이용하는 것이다. 비행기는 40분정도가 소요되지만 공항까지 가서 기다리는 시간과 미코노스 섬에서 다시 시내로 들어가는 시간까지 생각한다면 고속페리의 4시간과 차이가 없다. 그러나 페리를 타면 아름다운 그리스의 바다를 감상할 수 없다는 단점이 있다.

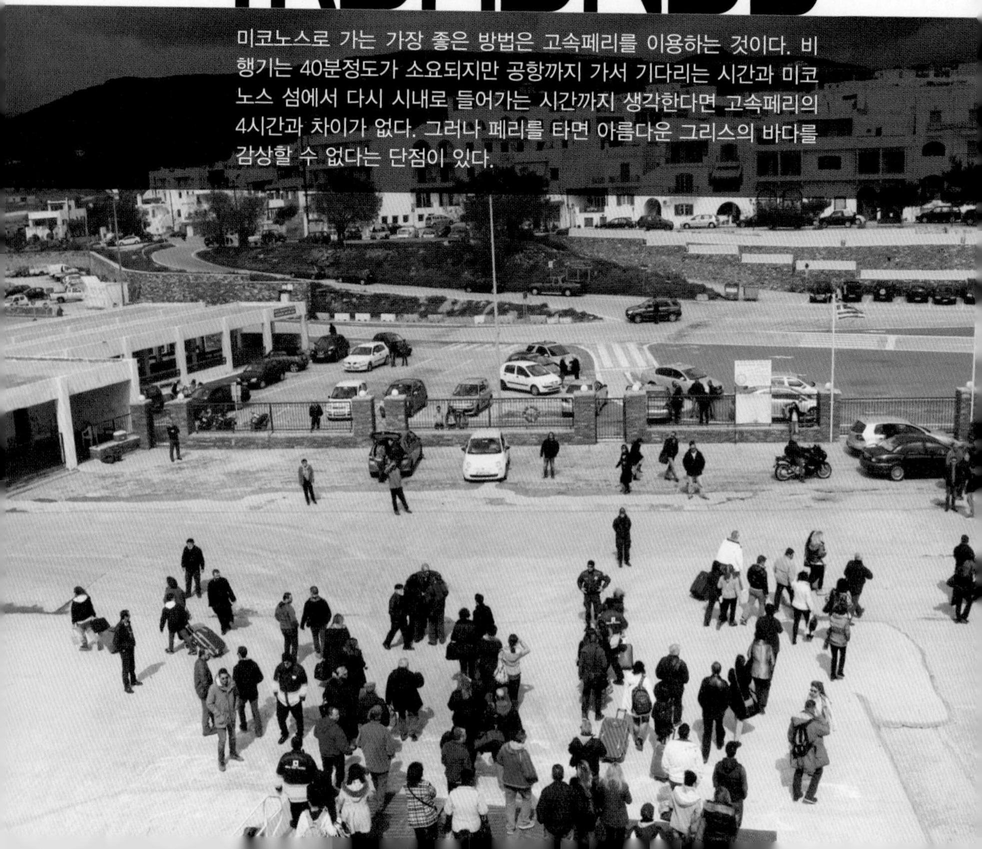

미코노스 IN

페리

그리스 섬을 가는 가장 일반적인 방법은 역시 페리이다. 아테네의 피레우스 항구에서 블루 스타 페리Blue Star Ferry, 헬레닉 시웨이즈Hellenic Seaways등이 저렴하여 섬에 들어가는 것이 일반적인 방법이 되었다. 하지만 겨울에는 고속페리가 운행을 안 하기 때문에 미코노스 섬까지는 약 7시간정도가 소요되고 하루에 1편 아침 7시 40분에 출발한다. 2시 30분 정도에 미코노스 섬에 도착하면, 다시 관광객을 태우고 아테네 페레우스 항구로 10시 정도에 도착하는 페리만이 운행을 하기 때문에 일정을 여름과는 다르게 조절해야 한다. 또한 여름에는 미코노스 섬에서 바로 산토리니 섬을 들어가는 페리가 있지만 겨울에는 아테네로 갔다가 다시 산토리니로 들어가야 해서 겨울에는 보통 1개 섬만 여행하는 것이 일반적이다.

출발지	페리 종류	소요시간	운임
아테네(라피나)	고속페리	2시간	56€
아테네(피레우스)	일반페리	4시간	53€
산토리니(신 항구)	고속페리	2시간 30분	38€
크레타(헤라클리온 항구)	고속페리	4시간 30분	82€
아테네(피레우스)	일반페리	7시간	37€

비행기

미코노스 섬에는 비행기로도 들어갈 수 있다. 겨울에는 항공기편으로 들어가는 것이 시간적으로는 더 효율적이다. 에게안 항공과 저가항공인 올림픽 항공이 미코노스편을 운항하고 있다.

여름에는 하루에 최대 4편까지 운항을 하지만 겨울에는 하루에 1편만 운항이 되고 있어서 반드시 미리 항공권을 구입하여 여행일정을 계획해야 한다. 국내선은 특히 일찍 구입할수록 저렴하기 때문에 시간과 가격을 확인하는 습관을 갖도록 하자. 약 30~40분 정도가 소요되고 요금은 20~100€까지 다양하다.

항구나 공항에서 시내 IN

버스와 택시

항구에 내리면 왼편에 버스가 기다리고 있다. 또한 택시들도 관광객이 내리는 시간에는 어김없이 대기하고 있어 시내까지 이동하는 것은 어렵지 않다. 다만 겨울에 공항에는 버스보다 택시만 대기하는 경우도 있다.

버스는 1.6€, 택시는 10€정도이나 공항에서는 20€까지 받는다. 항구에서 시내까지는 걸어서 약 20분 정도가 소요되어 걸어서 해안을 따라 걸어가는 관광객도 꽤 있다. 공항에서 시내까지 약 2.5㎞ 떨어져 있는데 일반적으로는 버스를 타고 가지만 겨울에는 버스가 없어 택시를 타는 경우도 많다.

렌트카

렌트카는 미리 예약을 하고 갈 필요는 없다. 항구앞에는 매우 많은 렌트카회사들이 있어서 항구에서 바로 렌트카를 빌려서 시내로 들어갈 수 있다. 국제운전면허증도 요구하지 않아서 자신의 운전면허증과 여권만 제시하면 바로 빌려서 들어갈 수 있다.(다만 여름에는 자동변속기 차량은 미리 예약해야 한다. 대부분 중국과 일본 관광객이 많아서 자동 변속기 차량은 없는 경우가 대부분이다)
시내까지는 렌트카가 별 필요가 없지만 섬을 둘러보는 데는 렌트카만한 것이 없다. 도로도 단순하여 지도만 있으면 네비게이션도 필요없다. 자신이 원하는 차량을 팜플렛을 보고 선택하면 되지만 도로가 좁기 때문에 소형차를 빌리는 것이 운전하기에 편하다. 2일에 보통 20€부터 시작하니 흥정으로 렌트카를 빌리고 단지 회사차량의 보험가입여부만 미리 확인하는 것이 좋다. 운전자가 23세미만이면 차량을 빌려주지 않는 회사들도 많다.

미코노스 시내 추천 일정

만토광장(택시정류장) → 아키 캉바니 해변(Akti Kambari) → 민속박물관 →파라포르티아니 교회 →리틀 베니스 → 풍차 → 알레프탄드라 광장 → 에게안 해양 박물관 → 시내 골목길 → 농업 박물관(보니 풍차 / 포토 존) → 고고학 박물관 → 만토광장(택시 정류장)

미코노스 전체 추천 일정

1박 2일

미코노스 시내 → 슈퍼 파라다이스 비치(1일) → 미코노스 섬 일주(2일)

2박 3일

미코노스 시내 → 슈퍼 파라다이스 비치(1일) → 미코노스 섬 일주(2일) → 델로스 섬 투어

미코노스 섬
이해하기

여행 시즌

미코노스 섬은 다른 그리스의 섬들과 같이 여름에 휴양지로 여행하는 장소이다. 4월까지는 휴양지로 준비작업을 하고, 5월에 오픈하여 6~9월까지 여름 바캉스 시즌을 나며, 10월에 겨울을 준비한다.

매년 미코노스는 휴양지로 이름을 날리고 있다. 6, 9월에 한산하여 여유롭게 섬을 즐길 수 있고 7~8월까지는 매우 많은 관광객들이 섬에서 바캉스를 즐긴다.
겨울에는 춥고 습기가 많아 건물 외벽의 페인트가 벗겨지기 때문에 2월부터는 새로 건물을 정비하고 페인트를 새로 칠해야 한다. 그래야 여름 건조기에 전 세계의 관광객들을 맞이할 수 있다.

둘러보기

미코노스 섬은 타운이 한곳에 집중되어 있다. 미코노스의 아름다운 경치를 바라보는 장소는 농업 박물관이 있는 보니 풍차이다. 아키 캄파니 해변부터 오른쪽으로 돌아 리틀 베네치아를 거쳐 풍차를 따라 올라가면 일단 멈추어 바다를 바라본다. 여기에서 시내의 골목길을 따라 들어가면 아기자기한 아름다운 골목길 풍경에 카메라의 셔터를 누르게 된다. 미코노스 가장 높은 농업 박물관으로 올라가면 한눈에 미코노스 섬을 바라볼 수 있다.

먹거리

미코노스 섬에서는 아름다운 바다만큼 맛 좋은 해산물 요리가 전 세계의 입맛을 녹인다. 특히 문어요리가 유명하지만 어떤 해산물 요리라도 실망하지 않을 것이다. 아키 캄바니 해변Akti Kambani을 따라 늘어선 레스토랑은 밤늦게까지 관광객들의 소리로 요란하다.

쇼핑

미코노스 섬에서는 아름다운 바다만큼 맛 좋은 해산물 요리가 전 세계의 입맛을 녹인다. 특히 문어요리가 유명하지만 어떤 해산물 요리라도 실망하지 않을 것이다. 아키 캄바니 해변Akti Kambani을 따라 늘어선 레스토랑은 밤늦게까지 관광객들의 소리로 요란하다.

민속 박물관
Forklore Museum

미코노스 섬에서 사람들이 어떻게 살아왔는지를 알 수 있는 박물관으로 가구와 공구, 도자기, 민속악기 등을 전시하고 있다. 작은 박물관으로 일반적인 박물관을 생각하면 실망하기 쉬운 박물관이다.

- 아키 콤바니 해변에서 오른쪽으로 돌아가면 보이는 파라포르티아니 교회 건너편
- 18:30~21시(평일) / 19시~21시(일요일) 여름에만 오픈
- 입장료_ 3€

니콜라스 교회
Nikolaos Church

지금도 예배를 보는 장소로 쓰이는 니콜라스 교회는 미코노스에서 편하게 예배나 그리스 정교회의 분위기를 느낄 수 있는 교회이다.

교회에서 바라보는 바다도 풍경이 아름답다. 해질 때 교회의 경건한 분위기가 여름에는 퇴색되기도 하지만 여전히 미코노스 주민들의 교회역할을 충실히 수행하고 있다.

파라포르티아니 교회
Paraportiani Church

미코노스에 있는 400여개의 교회중 미코노스를 상징하는 교회로 비잔틴과 미코노스 건축 양식이 혼합되어 있다. 중세에 성문 옆에 세워져 문이라는 뜻의 포르타Porta라는 이름의 교회가 되었다. 5개의 교회가 2층 구조로 이루어져 있다. 2층의 동그란 돔 구조 밑에 문안에 2개의 건물이 들어가 있다.

리틀 베니스
Little Venice

이탈리아의 베네치아 공국은 도시국가이지만 많은 도시들을 지배했었다. 15세기까지 미코노스도 베네치아 공국의 지배를 받아 베니스 양식의 건물들이 모여있게 되었다.

부둣가에 있는 형형색색의 건물들을 '리틀 베니스'라 부른다. 16~17세기까지는 해적들의 섬으로 사용되며 바다를 보며 감시하고 즐길 수 있는 바Bar와 숙소로 변하게 되었다. 리틀 베니스 위에 5개의 아름다운 풍차가 보인다.

에게안 해양 박물관
Aegean Maritime Museum

그리스 최초의 박물관이라는 타이틀이 무색한 매우 작은 박물관이다. 초기 미노안 시대부터 19세기까지 배와 관련한 수집품들이 전시되어 있다. 1985년 드리코풀로스가 설립했다고 한다.

🏠 아키 콤바니 해변에서 쇼핑거리를 따라알파방크를 지나 하겐다즈를 오른쪽으로 돌아가서 30m정도
🕒 10~13시 / 18:30~21시 / 여름에만 오픈
€ 4€

농업 박물관
Agricultural Museum

미코노스 타운, 즉 호라마을을 볼 수 있는 곳이 보니 풍차라고 불리우는 농업 박물관이 있는 곳으로 모코노스 뷰View 포인트이다. 풍차는 16세기에 만들어져 지금도 작동을 하고 있는데 미코노스의 풍차는 펠리컨과 함께 미코노스를 대표하는 상징물이다.
여름에는 풍차의 작동방법을 관람할 수 있다. 해질때정도에 미리 농업박물관을 보고 해지는 장면을 보며 하루를 마치면 바다처럼 나의 마음도 넓어질 것이다.

고고학 박물관
Archaeologicaal Museum

미토노스 섬의 역사를 알고 싶다면 고고학 박물관을 꼭 방문해 보자. 델로스와 레니아, 미코노스에서 발견된 조각상이나 도자기, 보석 등을 전시하고 있다.
기원전 7세기경 트로이 목마의 기록이 담겨져 있는 도자기가 가장 중요한 유물이다. 파로스 섬에서 나온 헤라클레스의 동상도 볼만하다.

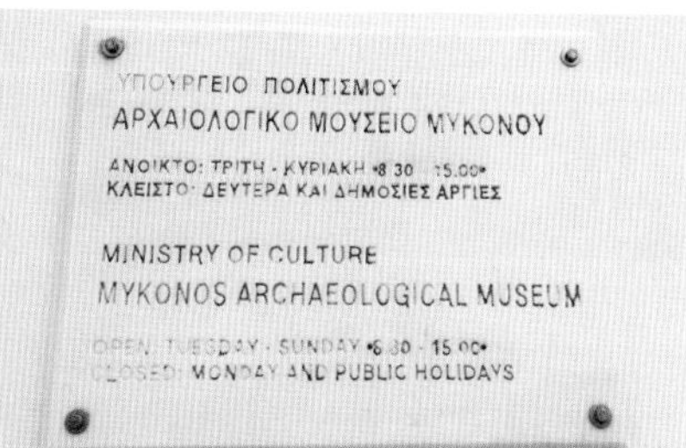

레메초 터미널에서 해안으로 나 있는 도로를 따라 카페 블루를 찾아 오른쪽으로 돌아가면 보임
8~15시(화~토요일) 10~15시(일요일) 월요일은 휴무 　성인 2€ / 어린이 1€

만토 광장
Manto

택시 정류장으로 사용하고 있는 만토 광장은 미코노스에서 만남의 광장으로 사용되고 있는 장소이다. 또한 항구에서 버스로 미코노스 타운을 오는 관광객들도 버스 정류장까지 5분 정도 걷는 길을 걷지 않고, 항구로 돌아갈 때는 택시를 타는 경우가 일반적이다. 택시요금은 항구까지 10€이다.

알레그로
Alegro

아키 캄바니 해변에서 가장 유명한 레스토랑으로 바다를 바다보면서 아침에 먹는 그릭 샐러드와 해산물요리가 인기가 많다. 여행자에게 힐링이 되는 풍경과 맛있는 음식은 가슴속 깊이 간직할만한 맛이다.

위치 아키 캄바니 해변 중앙
시간 9시~2시 **요금** 그릭샐러드 9€, 해산물요리 10€~

마도파스
Madopas

아키 캄바니 해변에서 가장 유명한 레스토랑 중 하나로 언제나 사람들로 북적인다. 미코노스 주민들도 자주 찾는 현지인들에게 유명한 레스토랑이다. 메인요리부터 디저트까지 다 맛이 좋다.

위치 아키 캄바니 해변 중앙
시간 9시~2시 **요금** 그릭샐러드 9€, 해산물요리 10€, 피자 12€

마마카스
Mamacas

그리스 전통음식을 맛볼 수 있는 레스토랑으로 인기가 많다. 메인 코스요리를 저녁에 즐기려면 미리 예약을 해야 할 수도 있다. 연인과의 추억을 남기고 싶다면 적극 추천한다.

위치 아키 캄바니 해변 중앙
시간 9시~2시 **요금** 메인코스 30~40€

스칸디나비안 바
Skandinavian Bar

여름에 젊은이들로 붐비는 바로 유럽의 낭만과 젊음을 느끼고 싶다면 저녁에 들어가 맥주와 춤 등을 즐기면서 미코노스 밤의 추억을 만들 수 있을 것이다.

위치 만토 광장 뒤로 골목길을 걸어 올라가면 왼쪽에 보임
시간 19시~2시 **요금** 맥주 5€, 칵테일 8€

타베르나 알람브라
BluAlegro

2층에서 바라보는 미코노스 바다는 아름답다. 레스토랑과 카페를 동시에 겸하고 있는 블루는 경관이 아름다워 항상 만석이다. 미코노스 타운에서 가장 아름다운 석양을 볼 수 있는 카페이다.

위치 하모니 호텔 오른쪽 2층, 고고학 박물관 왼쪽
시간 9시~24시(라운지), 레스토랑은 점심 12시부터 **요금** 커피와 드링크 3.5~12€,스테이크 19€

마르코폴로
MarcoPolo

타베르나전문점으로 신선한 해산물로 만드는 요리는 정말 달콤하다. 미코노스에서 가장 저렴하게 일품요리를 즐길 수 있는 타베르나 전문점이지만 밤늦게까지 술을 마시는 젊은 이들이 많다.

위치 하라카 놀이터 왼쪽, 파브리카 광장 주변
시간 12시~익일 03시
요금 메인코스 7~20유로

하모니 호텔
Harmony Hotel

블루 라운지 위에 있는 호텔로 아름다운 경관 때문에 항상 예약이 힘든 호텔이다. 항구에서 내리면 바로 보이기 때문에 입지 조건도 좋다. 근처에는 렌트카부터 슈퍼메켓 등이 있어 편하다. 다만 미코노스 타운과는 약 5분 정도의 거리가 떨어져 있어 다양한 음식을 밤에도 즐기기에는 좋지 않지만 조용한 분위기를 좋아하는 사람들이 좋아한다.

홈페이지 www.harmonyhotel.gr
위치 블루 라운지 위로 2블록 요금 싱글 100€(성수기 220€), 더블 130€(성수기 270€)

리바 수트
Riva Suites

하모니 호텔보다 나중에 들어선 호텔로 아파트같은 분위기의 호텔이다. 블루 라운지 위에 있는 호텔로 아름다운 경관 때문에 요즈음 인기가 높다. 하모니호텔보다는 약간 가격도 저렴하다. 근처에는 렌트카부터 슈퍼마켓 등이 있어 편하다. 다만 미코노스 타운과는 약 5분 정도의 거리가 떨어져 있어 다양한 음식을 밤에도 즐기기에는 좋지 않다. 조용한 분위기는 원하는 관광객이라면 추천한다.

홈페이지 www.rivasuites.gr
위치 블루 라운지 위로 2블록 요금 싱글 80€(성수기 200€), 더블 100€(성수기 240€)

레토 호텔
LETO Hotel

고고학박물관과 미코노스타운의 중간에 있는 호텔로 입구로 들어서면 정원이 있고 뒤에 호텔이 있다. 최근에 리모델해서 시설은 미코노스에서 가장 좋다. 편안하고 깨끗한 시설로 성수기전에 빨리 예약을 해야 머물 수 있다. 원목 분위기의 객실은 마음을 편안하게 해준다.

홈페이지 www.letohotel.gr
위치 고고학박물관과 미코노스타운의 중간 요금 싱글 70€(성수기 100€), 더블 100€(성수기 140€)

미코노스의
골목길
Van Gandie
HONEY
KPATEISTE
ΚΑΘΑΡΗ
PASTER

기념품 샵의
아기자기한
기념품들

Santorini
산토리니

산토리니

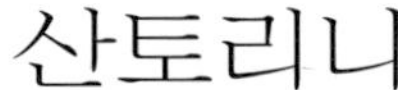

축복받은 날씨와 절벽 꼭대기에 그림엽서처럼 완벽하게 자리 잡은 그리스의 섬, 산토리니는 평화로운 휴가를 위한 이상적인 장소이다. 산토리니는 왜 그토록 수많은 관광객들이 그리스의 섬을 찾아 여행을 떠나는지 한번 찾게 되면 완벽한 이유를 알 수 있다. 선명한 색감의 바다와 하늘은 경탄을 고무시키고, 한결같이 따뜻한 기후와 여유로운 분위기는 더욱 멋스럽다.

지금의 산토리니는 매우 한적하지만, 그 시작은 아주 달랐다. 3,600여 년 전에 대형 화산이 폭발한 '미노스 문명의 폭발'이라 일컫는 이 사건으로 초승달 모양의 화산구 또는 분화구가 생겼고, 오늘날 이곳이 산토리니로 여겨진다.

산토리니
파악하기

산토리니라는 이름의 탄생

섬의 이름은 13세기 성 이레네를 추모하는 베네치아 사람들에 의해 지어졌다. 1956년 산토리니는 대형 지진으로 황폐화되었고, 수많은 고대 건축물이 파괴되었다. 하지만 역사적인 스타일을 배려해 재건축이 다시 시작되었다.

산토리니라는 이름의 탄생

피라는 산토리니의 수도로 대부분의 크루즈가 정착하는 항구이며, 신혼여행과 휴양을 위한 최고의 장소이다. 섬의 북쪽 끝에 위치한 그림 같은 이아는 산토리니에서 가장 오래된 마을로 그리스의 상징적인 흰색 집들을 배경으로 사진을 찍기에 이상적인 곳이다. 이아에서 만나는 환상적인 일몰은 그 동안 수많은 예술가들에게 영감을 주었다. 피르고스의 마을에서는 푸른색 돔 지붕의 교회, 오래된 스타일의 술집과 집, 15세기 모습을 그대로 담고 있는 성들을 구경할 수 있다.

산토리니 해변

산토리니의 기후는 1년 내내 온화하여 여름 평균 낮 기온은 29도이며, 겨울에는 15도이다. 여름 성수기에는 관광객들로 붐빈다. 편안한 일광욕을 원하신다면 페리볼로스, 페리사의 흑사장 해변을 찾아가보자. 메사 피가디아와 포리 역시 환상적인 암석 해변을 구경할 수 있는 좋은 곳이다.
산토리니는 섬의 동쪽에 있는 공항을 이용해 이동할 수 있다. 잘 닦여진 도로로 주요 지역을 쉽게 방문할 수 있다. 산토리니는 매우 작기 때문에 대부분의 지역을 렌터카나 택시로 이동하기 때문에 대중교통은 거의 이용하지 않는다는 사실도 잊지 말자!

산토리니 IN

페리

산토리니를 가는 가장 일반적인 방법은 역시 페리이다. 아테네의 피레우스 항구에서 블루 스타 페리Blue Star Ferry, 헬레닉 시웨이즈Hellenic Seaways 등을 이용해 산토리니로 들어간다.
또한 여름에는 가까운 미코노스를 먼저 들렸다가 산토리니로 들어가지만 겨울에는 미코노스에서 산토리니를 가는 페리가 운행을 하지 않아서 동시에 이용할 수 없는 점을 알고 있어야 한다. 대부분은 겨울에 산토리니로만 간다.

겨울에는 고속페리가 운행을 안 하기 때문에 산토리니까지는 약 8시간 정도가 소요되고 하루에 1편 아침 7시 40분에 출발한다. 3시 30분 정도에 산토리니에 도착하면, 버스나 렌트카를 이용해 피라나 이아 마을까지 이동한다. 처음에 급격한 경사가 있는 굴곡진 도로를 따라 올라가기 때문에 렌트카를 이용할 때는 주의해야 한다. 3시 30분에 도착한 블루스타 페리는 다시 관광객을 태우고 아테네 페레우스 항구로 12시 30분 정도에 도착하기 때문에 지하철이나 버스를 이용해 아테네 시내로 들어갈 수 없다는 점도 알고 있어야 한다.

비행기

산토리니에는 비행기로도 들어갈 수 있다. 겨울에는 항공기편으로 들어가는 것이 시간적으로는 더 효율적이다. 에게안 항공과 저가항공인 올림픽 항공이 산토리니편을 운항하고 있다.

여름에는 하루에 최대 8편까지 운항을 하지만 겨울에는 하루에 1편만 운항이 되고 있어서 반드시 미리 항공권을 구입하여 여행일정을 계획해야 한다. 국내선은 특히 일찍 구입할수록 저렴하기 때문에 시간과 가격을 확인하는 습관을 갖도록 하자. 약 40~50분 정도가 소요되고 요금은 20~100€까지로 미코노스와 가격이 비슷하다.

항구나 공항에서 시내 IN

항구나 공항에 내리면 왼편에 버스가 기다리고 있다. 또한 택시들도 관광객이 내리는 시간에는 어김없이 대기하고 있어 피라나 이아 마을까지 이동하는 것은 어렵지 않다.
버스는 1.6€, 택시는 15€ 정도이나 공항에서는 20€까지 받는다. 항구에서 피라나 이아 마을까지 걸어서는 이동할 수 없다. 렌트카 회사들도 많아서 렌트카로 바로 이동하는 것도 좋은 방법이다. 다만 렌트카 가격은 반드시 협상을 하여 렌트카 비용을 줄이는 것이 효율적이다.

렌트카

렌트카는 미리 예약을 하고 갈 필요는 없다. 항구 앞에는 매우 많은 렌트카 회사들이 있어서 항구에서 바로 렌트카를 빌려서 시내로 들어갈 수 있다. 국제운전면허증도 요구하지 않아서 자신의 운전면허증과 여권만 제시하면 바로 빌려서 들어갈 수 있다.(다만 여름에는 자동변속기 차량은 미리 예약해야 한다. 대부분 중국과 일본 관광객이 많아서 자동변속기 차량은 없는 경우가 대부분이다)

산토리니는 시내가 이아와 피라 마을이 분리되어 있어서 렌크카가 효율적이고 협상만 잘 한다면 렌트카 비용도 줄일 수 있어서 렌트카가 편리하다.
시내까지는 렌트카가 별 필요가 없지만, 섬을 둘러보는 데에는 렌트카만한 것이 없다. 도로도 단순하여 지도만 있으면 네비게이션도 필요없다.

자신이 원하는 차량을 팜플렛을 보고 선택하면 되지만 도로가 좁기 때문에 소형차를 빌리는 것이 운전하기에 편하다. 2일에 보통 30€부터 시작하니 흥정으로 렌트카를 빌리고 단지 회사차량의 보험가입여부만 미리 확인하는 것이 좋다. 운전자가 23세미만이면 차량을 빌려주지 않는 회사들도 많다. 여름에는 주차 공간이 부족하므로 주차가 쉽지 않고, 지정된 주차공간이 아니면 견인되는 경우도 발생한다.

버스

버스는 산토리니를 여행하는 가장 기본적인 방법이다. 버스 요금은 항구에서 피라 마을까지는 1.6€, 피라에서 이아마을까지는 2.2€, 피라에서 피르고스까지는 1.8€로 나누어진다. 버스 정류장은 아주 작아서 버스 터미널인지 모르는 경우도 생기기 때문에 위치는 반드시 확인해 놓아야 한다.

버스시간표

피라 → 키마리	키마리 → 피라	피라 → 페리사	페리사 → 피라
	7:10		6:45
7:30	7:45	7:10	7:50
9:00	9:15	8:45	9:15
10:15	10:30	10:00	10:30
11:30	11:45	11:15	11:45
12:40	12:55	12:40	13:10
13:30	13:45	13:50	14:10
14:00	14:45	14:00	14:45
15:30	15:45	15:30	16:00
17:30	17:45	16:45	17:15
19:15	19:30	19:15	19:35

피라 → 아크로티리	아크로티리 → 피라	피라 → 이아	이아 → 피라
	7:20	6:50	7:30
8:45	9:05	8:20	8:40
10:00	10:20	10:15	10:35
11:15	11:35	11:30	11:50
12:40	13:00	12:40	13:00
14:00	14:20	14:00	14:30
15:30	15:50	16:30	16:50
16:45	17:00	18:00	18:50

택시

택시는 페리를 내리면 버스정류장 옆에 있기 때문에 찾는 것은 어렵지 않다. 항구에서 피라 마을까지는 약 20€의 비용이 소요된다. 피라 마을에서 이아마을까지는 약 15€가 소요되므로 항구에서 이아마을까지는 약 30€의 비용을 달라고 한다.
택시가 미터기로 계산을 하지 않고, 처음부터 흥정을 많이 하기 때문에 비용이 결정되면 이동을 하는 것이 좋다. 피라 마을과 이아 마을 다 버스 정류장 옆에 택시정류장도 같이 있다.

보트 택시

보트 택시는 여름에만 이용할 수 있다. 비치로 이동하는 경우에 사용하는데 선착장에서 내리지 않고 바닷물에 내리므로 조심해서 내려야 한다.

산토리니 시내 추천 일정

버스 정류장(택시정류장) → 선사 박물관 → 메트로 폴리탄 교회 → 고고학 박물관 → 주얼리 거리 → 케이블카 → 구항구 → 페트로스 M 노미코스 컨퍼런스 센터

아무리비치
이아 마을
부르볼로스비치
Vourvoulos
이메로비글리
Imerovigli
피라 마을
화산섬
모노리토스공항
보토나스
Vothonas
엑소 고니아
Exo Gonia
메사 고니아
Mesa Gonia
신항구
Port Athinios
프르고스
Pirgos
키마리
Kamari
키마리 비치
파로스
FAROS
엠포리오
Emporio
아크로티리
Akrotiri
페리사
Perissa
블랙비치
레드비치

산토리니 전체 추천 일정

1박 2일
피라 시내 → 카마리 비치(1일) → 이아 마을 → 아르메니 비치(2일)

2박 3일
피라 시내 → 카마리 비치(1일) → 화산섬 투어 → 이아 마을(2일) → 아르메니 비치나

산토리니

화산섬 투어

산토리니는 화산섬으로 기원전 1500년 전에 폭발이 있어 지금도 섬의 외곽에서 보면 검은 화산재와 칼데라부분이 보인다. 화산의 분화구였던 네아 까메니Nea Kameni로 이동해 화산섬을 둘러보고 티라시아 섬 등의 산토리니 주변을 배를 타고 보는 투어이다. 투어는 2시간부터 3시간, 6시간, 보트 포함 1일 투어까지 다양해졌다.

투어에서 가장 중요한 부분은 타고 온 배를 잘 찾는 것이다. 수영복을 갈아입을 탈의실이 없어 온천과 수영 후에 다시 돌아가서야 샤워가 가능해 불편함을 호소하는 관광객들도 많다. 여름에는 햇빛이 매우 강하기 때문에 선글라스와 선크림이 반드시 필요하고 화산섬을 둘러볼 때는 운동화가 필요하지만 수영을 할 때는 슬리퍼가 필요하니 미리 준비해야 한다.(아쿠아슈즈를 신고 슬리퍼와 운동화의 기능을 모두 사용할 수 있다) 또한 물과 먹을 것도 주지 않고 구입해야 하는데 비싸므로 미리 준비하는 것이 좋다.

종류	소요시간	주요 프로그램	요금(1인당)
화산섬 관광 (Only Voicano)	2시간 (11:45~14:00)	화산섬	13€
반나절 보트 관광 (Half Day Boat Tour)	3시간 (11:00~14:00,14:00~17:00,17:00~20:00)	화산섬, 온천 수영	20€
1일 보트 관광 (Full Day Boat Tour)	6시간 (10:45~16:30,11:45~17:30)	화산섬, 온천 수영, 티라시아 섬, 이아	28€
전통 보트 관광 (Full Day Boat Tour with Transter)	7시간 (11:45~17:30)	화산섬, 온천 수영, 티라시아 섬, 이아	29€
보트 관광과 일몰 코스 (Full Day Boat Tour with Sunset OIA)	8시간 30분 (10:45~일몰)	화산섬, 온천 수영, 티라시아 섬, 이아	34€
선셋 크루즈 (Sunset Tour)	5시간 (15:30~일몰)	화산섬, 온천 수영, 이아, 저녁 식사 포함	25€
준비물 : 수영복(미리 입고 출발), 수건, 모자, 아쿠아슈즈, 선글라스, 선크림, 수경, 물, 커피,다과			

산토리니 섬
이해하기

여행 시즌

산토리니는 그리스의 섬들 중에서 가장 해외 관광객이 많이 찾는 섬이다. 산토리니의 코발트 블루 지붕으로 우리에게 각인되어 있다. 다른 그리스 섬들처럼 4월까지는 휴양지로 준비작업을 하고, 5월에 오픈하면서 6~9월까지 여름 바캉스 시즌을 나며, 10월에 겨울을 준비한다.
매년 똑같은 순서로 한해가 지나간다. 6, 9월이 7~8월에 비해 한산하여 여유롭게 섬을 즐길 수 있고 7~8월까지는 매우 많은 관광객들이 섬에서 바캉스를 즐긴다.
겨울에는 춥고 습기가 많아 건물 외벽의 페인트가 벗겨지기 때문에 2월부터는 새로 건물을 정비하고 페인트를 새로 칠해야 한다. 그래야 여름 건조기에 전 세계의 관광객들을 맞이할 수 있다.

둘러보기

산토리니는 피라 마을과 이아 마을로 크게 구분된다. 항구에서 가까운 마을은 피라이고, 우리가 아는 포카리스웨트의 광고 속의 지붕은 이아 마을에 있다. 보통 피라 마을에 먼저 숙소를 정하고 3일차에 이아마을로 이동하는 경우가 많아 1박 2일 정도는 피라 마을에 숙소를 정하는 것이 좋다.
이아 마을은 피라 마을보다 아름다운 해지는 장면을 볼 수 있고, 마을 옆의 아르메니 해변에서 즐길 수 있지만 페리를 타는 위치까지의 거리가 피리 마을보다 먼 단점이 있다.

먹거리

지중해의 신선한 해산물로 만든 해산물 요리는 산토리니 음식의 자랑이다. 주얼리 거리의 시작점에 위치한 오벨릭스는 싸고 맛좋은 수블라키로 유명하지만 누구나 아는 만남의 장소로도 유명하다.

쇼핑

오벨릭스를 따라 나있는 주얼리 거리 양 옆으로 각종 보석은 물론 기념품, 현지 특산품들이 진열되어 있다. 특히 올리브 제품이 관광객에게 인기가 좋다.

그리스의 섬의 하나

델로스 섬

그리스, 에게 해의 키클라데스 제도, 3.5㎢의 가장 작은 섬을 원으로 둘러싸고 있다고 하여 이름이 붙여진 섬이다. 그리스신화에 아폴로 신이 태어난 곳으로 미코노스 섬에서 투어로 많이 다녀온다. 델로스 섬은 기원전 7세기, 고대 종교의 순례지로 번영을 누려서 그리스 유적이 많이 남아있다.

델로스섬 유적지 전경

그리스 신화의 태양 신 아폴론 신앙의 중심지이자 페르시아 해상 동맹의 국제 무역항으로 고대 그리스에서 중요한 역할을 담당했다. 기원전 3천년 경의 키클라데스 문화유적을 포함해 풍부한 고고학 유적이 남아 있어 관광객이 많이 찾는 관광지이다. 이 작은 섬이 고대 그리스에서 종교와 정치, 경제적으로 중요한 역할을 한 이유는 그리스 신화 때문이다. 신화에는 제우스의 애인이었던 여신 레토가 헤라 여신의 질투로 출산할 곳을 찾아 헤매다 델로스 섬에서 아폴론과 아르테미스를 낳았다고 한다. 이 신화의 전설 때문에 고대 그리스인들은 델로스 섬을 신성한 곳으로 여겼고, 아폴론 신을 숭배하였다. 지금도 아폴론 신앙의 흔적이 남아 있다.

델로스 동맹과 무역의 중심지

허물어진 터와 도리아식 기둥만 남아 있지만, 아폴론 신전, 아테나 신전, 포로스 신전, 헤라 신전 등의 흔적이 남아있다. 항구에서 아폴론 신역으로 가는 성스러운 길에는 대리석 사자상이 나란히 서 있다. 7세기경 낙소스 인이 바친 것으로 원래는 10개였지만 현재는 5개만 남아 있다. 사자상 옆에 성스러운 호수는 레토 여신이 아르테미스와 아폴론을 낳은 곳으로 알려져 있다. 현재는 물이 없이 메마른 상태다.

델로스 섬의 경제적 번영을 알려주는 시장 터와 시장 터를 덮은 편마암 포상에는 차양을 쳤던 기둥의 흔적이 남아있다. 상업의 신 헤르메스에게 헌정된 신전과 고급 주택 기단들도 많이 발견되었다. 기원전 2세기 후반 건물인 디오니소스의 집은 디오니소스 모습을 새긴 아름다운 모자이크 장식으로 유명하다. 우물터와 5천 명이 넘는 인원을 수용할 수 있는 극장 터 등 많은 유적이 발굴되었다. 현재 델로스 섬은 일반인이 살지 않는 무인도이기 때문에 낮에는 관광객들로 붐비지만 밤이면 적막에 휩싸인다.

델로스 역사

델로스 동맹은 기원전 5세기 경 아테네를 중심으로 한 그리스 도시 국가들의 해상 동맹으로 페르시아에 대항하기 위해 결성된 '델로스 동맹'으로 알려져 있다. 델로스 섬이 선택된 이유는 아폴론의 탄생지로 신성시되어 전쟁을 피할 수 있었기 때문이다. 델로스 섬은 에게 해의 중앙이라는 위치를 활용해 페르시아와의 중계무역으로 로마 시대까지 번영을 누렸다. 하지만 기원전 1세기 경, 로마 지배에 반기를 든 미트리다테스 6세를 계기로 델로스 섬은 역사의 뒤편으로 사라졌다. 19세기 후반, 신전과 보물창고, 시장, 회관, 주택, 극장 등의 건물 터와 모자이크, 조각 등 많은 고대 유적과 유물이 나오면서 주목을 받았고 지금은 관광지로 널리 이름을 알리고 있다.

스위트 팝
Sweet Pop

피라 중심부에 위치한 저렴한 숙소로 최근에 리모델링하여 깨끗하다. 특히 테라스가 딸린 야외 수영장과 다양한 서비스가 제공되고 있다.

위치 Main Street 84700, Fira City Centre
비용 1박 : 140€
전화 22860-24661

산 조르지오
San Giorgio

피라 중심부에서 약간 떨어져 있는 아파트로 황토색의 외관은 부드러운 느낌이지만 내부는 북유럽풍의 세련된 분위기를 연출한다. 친절한 직원들은 각종 투어 예약도 대행해주어 편리하게 산토리니에서 즐길 수 있는 좋은 숙소이다.

위치 Main Street 84700, Fira City Centre
비용 1박 : 240€
전화 22860-24849

솔라리스 호텔
San Giorgio

대형 수영장이 인상적인 피라의 중심부에 위치한 유명한 호텔이다. 호텔에서 에게 해의 해지는 아름다운 장면도 호텔에서 볼 수 있다. 신혼부부에게 인기가 높아서 항상 예약이 힘든 호텔이다.

위치 Main Street 84700, Fira City Centre
비용 1박 : 120€
전화 22860-28531

센트럴 피라 호텔
Central Fira Hotel

피라의 중심에 위치하면서도 피라마을이 보이는 대중적인 호텔이다. 테라 고고학 박물관, 선사시대 박물관 등이 200m정도 떨어져 있다. 신혼부부보다는 가족이 주로 묵는 호텔이다.

위치 Main Street 84700, Fira City Centre
비용 1박 : 120€
전화 22860-28531

아스테로리토스
Asterolithos

칼데라에서 걸어갈 수 있는 거리에 있는 피라 중심에 있는 유명한 아파트이다. 레스토랑과 상점이 주변에 있어 밤에도 시끄러울 수 있는 단점이 있지만 활기찬 분위기를 좋아한다면 추천하는 숙소이다.

위치 Danezi M 84700, Fira City Centre
비용 1박 : 300€
전화 22860-28652

빌라 아가스
Villa Agas

피라 중앙 광장에서 800m정도 떨어진 조용한 숙소로 레스토랑이 주위에 없어서 활기찬 분위기를 원하는 여행객에게는 추천하지 않는다. 중심부에서 떨어져있지만 버스정류장에서 가까워 불편하지는 않다. 다만 처음에 찾아가기 힘든 점이 불편하다.

위치 Main Street 84700, 칼터라도스
비용 1박 : 110€
전화 22860-27661

레지던스 스위트
Residence Suites

이아 마을의 절벽 꼭대기에 있는 풍경이 아름다운 아파트이다. 발코니에서 아름다운 풍경의 조망이 가능하고 야외 욕조가 신혼부부에게 최적의 분위기를 자아낸다. 이아 마을 중심가에 있어 일몰 명소와 레스토랑이나 상점과 가깝다.

위치 Main Street 84702, Oia　　비용 1박 : 220€
전화 22860-71114

알렉산더스 부티크 호텔
Alexander's Boutique Hotel

칼테라의 꼭대기에 위치해 거리에서는 떨어져 있지만 조망이 상당히 아름답다. 전통적인 동굴형 구조로 내부 인테리어는 간단하다. 하지만 분위기가 아늑해 신혼부부들에게 인기가 높다. 특히 해지는 일몰과 이아마을을 한눈에 볼 수 있는 숙소는 찾기가 쉽지 않다.

위치 Main Street 84702, Oia　　비용 1박 : 320€
전화 22860-73114

무제스 스튜디오 아파트
Muses Studios Apt

이아 마을의 메인 거리를 막 벗어난 중심부에 위치한 아파트로 에게 해와 섬을 동시에 바라볼 수 있는 상당히 세련된 인테리어를 가진 아파트이다. 타인의 간섭을 안 받고 싶은 부부들에게 인기가 높다.

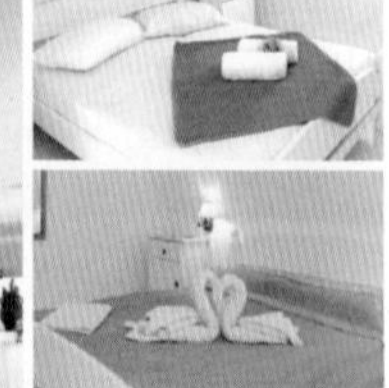

위치 Main Street 84702, Oia　　비용 1박 : 300€
전화 22860-87113

피라

FiRA

산토리니의 수도, 피라(Pira)는 그림 같은 풍경으로 관광객들이 꼭 방문해야 할 곳이다. 해변의 환상적인 전망은 압권이다. 피라에서 가장 인상적인 점은 400m 높이의 칼데라, 화산 폭발로 생성된 분화구에 위치한 점이다. 피라의 새하얀 집들은 마치 절벽 끝에 미끄러지듯 자리 잡고 있다. 마을의 서쪽에서는 에게 해와 지중해의 장엄한 절경을 구경할 수 있다. 테라시아 섬, 네아 카메니, 칼데라의 양쪽 끝 등의 지역을 골라 여행할 수도 있다.

About

피라

여행하는 방법

피라Pira에서 가장 매력적인 관광은 그냥 걷고 구경하는 것이다. 피라 자체의 아름다운 전망이 가능한 아기우 미나를 거닐고, 절벽 아래에 있는 구항구도 향해 내려가 보자.
지그재그 길을 따라 거닐다보면 당나귀를 타는 관광객의 즐거움도 볼 수 있다. 절벽 아래로 내려갔다면 절벽아래에서 왕복 케이블카를 타고 올라오면 된다.

피라의 매력

1956년 지진으로 인해 피라Pira의 18세기식의 건물들은 많이 파괴되었다. 하지만 마을의 역사를 잘 고려해 수많은 건물들이 복원되어 흰색, 부드러운 분홍색, 파란색으로 이루어져 있다. 살구색의 성당은 스카이라인을 이루고 있으며, 피라Pira의 보기 드문 그리스 정교 건축물 중 하나이다.

피라Pira는 인기 여행지로 여름에는 수많은 인파로 붐비고, 크루즈 덕분에 더욱 인기가 많다. 활동의 중심지는 피라Pira의 주요 광장인 플라테이아 테오토코포울로이다. 현지인들과 어울릴 수 있는 좋은 장소이고, 광장을 나오면 레스토랑, 기념품 숍, 갤러리 등이 즐비한 좁은 골목길은 여행의 또 다른 재미이다. 저녁에는 수많은 크루즈 고객들이 돌아오기 때문에 카페, 레스토랑, 바Bar들은 많은 사람들로 북적이게 된다.

피라 박물관에서는 산토리니의 역사도 알 수 있다. 선사 시대 테라 박물관에는 보석, 도자기, 식물 화석과 같은 신석기와 청동기 시대의 유물들을 만날 수 있다. 산토리니 역사 문화 고고학 박물관에서 산토리니의 고고학 역사에 대해 살펴볼 수 있다. 피라는 산토리니 공항에서 차로 10분 거리에 있다.

뷰 포인트
View Point

산토리니 피라 마을의 최고의 전망을 자랑하는 곳은 프랑코 바FRANCO BAR옆으로 조금가면 보이는 자포라Zafora이다. 이 곳은 케이블카를 타러 가는 곳을 지나 해안으로 다가서도 자포라 카페 앞이 나온다.

왼쪽에는 피라 마을이 한눈에 보이고 오른쪽에는 컨퍼런스 센터가 보인다. 앞에는 화산섬을 계속 빙빙도는 크루즈를 볼 수 있다. 또한 케이블카가 구항구Old Port를 따라 내려가거나 다시 올라오는 장면도 볼 수 있다.

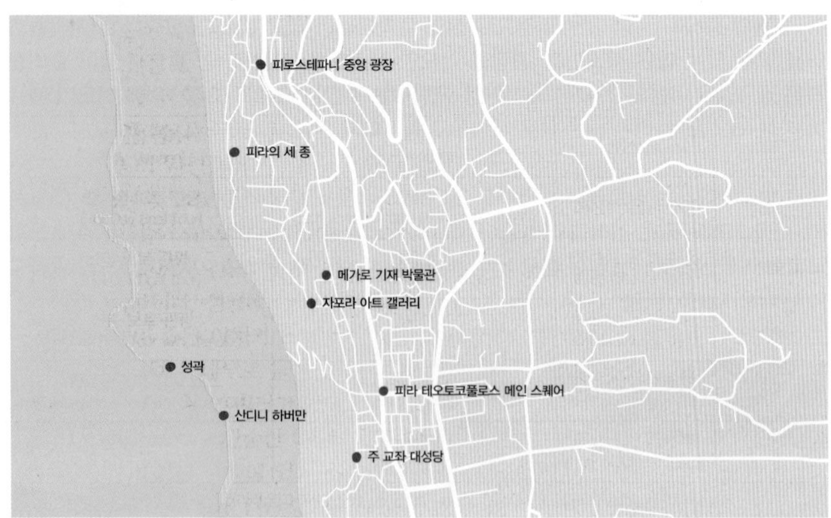

케이블카와 구 항구
Cable Car & Old Port

피라 마을에서 케이블 카를 타고 구 항구Old Port로 내려갈 수 있다. 카페 자포라로 들어가다 보면 오른쪽에 케이블 카를 탑승하는 입구가 보인다.
성수기에는 20분 정도마다 운행을 하지만 케이블 카 탑승인원이 없으면 탑승하는 인원이 모일때까지 기다렸다가 인원이 채워지면 운행을 시작한다. 특히 여름에는 계단을 따라 구 항구로 내려가거나 다시 올라오는 것이 힘들기 때문에 케이블 카를 주로 이용한다. 특히 해질 때 타고 내려가는 산토리니 바다의 풍경은 정말 일품이다.
구 항구Old Port는 지금은 산토리니에서 화산섬을 가는 크루즈나 투어상품으로 크루즈를 운행하는 항구로만 사용된다. 하지만 관광객들에게는 구 항구로 내려가는 계단이 매우 아름다워 여름에는 당나귀 택시로 올라가기도하고 걸어서 내려가기도 한다.

동키 택시
Donkey Taxi

당나귀 택시로 피라의 구 항구Old Port를 올라갈 때 이용해 보면 추억도 되고 흔들림을 느끼면서 신기하기도 하다.
마리나투 거리라고 부르는 가파른 계단을 올라가므로 핸드폰을 떨어뜨려 망가지는 경우가 종종 일어난다. 여름에는 당나귀 택시를 타는 관광객이 많아 흥정을 하기가 쉽지 않지만 달라는 대로 주면 가격이 상당히 높다.

선사박물관
The Museum of Prehistoric

산토리니의 시작을 알 수 있는 선사시대의 유물을 볼 수 있는 박물관으로 벽화와 토기가 대부분이다. 숙녀와 파피루스, 푸른 원숭이라고 이름 붙여진 벽화가 가장 인기가 많다. 화산섬인 산토리니에 오랜 세월 인간의 발전 과정이 있었다는 것을 신기해 하는 관람자들이 많다.

IRIANA
Cafe
MILO
CABLE CAR

이아

OiA

산토리니의 북쪽 끝에 위치한 아름다운 흰색 집들이 푸르른 대양을 향해 있는 그리스에서 가장 매력적이고 낭만적인 해안 마을, 이아의 일몰은 환상적이다. 산토리니에 왔다면 이아는 꼭 들러야 할 꿈의 장소이다. 새하얀 건물에 푸른 문이 특징인 집들, 푸른 돔 지붕의 교회와 풍차가 한 장의 그림을 완성한다. 마을 자체는 가파른 절벽에 위치하며 에게 해를 근사하게 전망할 수 있다. 피라와 다르게 이아에는 소형 선박들이 부두 아래를 왔다 갔다 한다.

집들은 금방이라도 무너질 듯 보이지만 여전히 그림 같으며, 새하얀 집뿐만 아니라 파스텔톤의 집도 있다. 일부 2층으로 구성된 카페 타노스 피타는 선장들을 위해 지어진 집들이다. 나머지는 좀 더 소박한 히포스카파 집들이다. 많은 건물들이 일부는 돌로 지어졌고, 거주하는 사람들을 위해 내부의 온도를 일정하게 유지해 준다. 신혼여행이나 휴양을 위한 관광객들을 위해 훌륭한 숙박 시설들도 마련되어 있다.

이아
여행하는 방법 & 매력

여행하는 방법

작지만 미로 같은 이아를 구경하는 가장 좋은 방법도 역시 그냥 걷는 것이다. 인상적인 종탑을 보유하고 있는 플라사니 파나기아 교회에 들르는 것도 잊지 말자. 해군 해양 박물관에는 과거 그리스 항해의 산토리니의 역할에 대해 알 수 있다.

오래된 저택에 있는 박물관에는 선원들의 가구, 오래된 장비, 희귀한 사진들이 전시되어 있다. 절벽 아래의 작은 길을 따라 아무디의 작은 항구에도 가보자. 식당을 찾아 신선한 해산물 요리도 즐겨볼 수 있다.

이아의 매력

이아에 있는 동안에는 사진을 찍느라 쉴 새 없이 바쁠 것이다. 실제로 이아의 아름다움은 수많은 전문 예술가들을 이곳에 불러들였기 때문에 마을 어디에나 다양한 미술관도 산재해 있다.
이아의 일몰은 수많은 관광객이 찾게 만드는 요소이다. 보라, 주홍, 붉은색의 오묘한 색채들로 하늘은 물들게 되어 발코니가 있는 곳에서 와인 한 잔을 마시며 자연이 주는 경외로운 아름다움에 취해 볼 수 있는 여유를 만끽할 수 있다.
피라에서 버스를 타고 이아로 이동할 수 있고 택시와 렌터카를 이용할 수도 있다.

ΣΥΒΑΡΙΣ

YOU CAN FIND
ORIGINAL WARNER BROS
T-SHIRTS INSIDE OUR STORE

Tourist Information Center
Accommodation-Island Tours-Wine tours
Point to Point 24hTransfers-Sunset Cruises
Car Rental
Transfers
24 cash
Euronet
ATM OPERATES
FROM APRIL TO OCTOBER
ΤΟ ΑΤΜ ΛΕΙΤΟΥΡΓΕΙ
ΑΠΟ ΑΠΡΙΛΙΟ ΜΕΧΡΙ ΟΚΤΩΒΡΙΟ
VISA
VISA
Santorini Activities
With SantoriniShuttle.com
Reserve 24 h private/shared
TRANSFERS
Airport or Port
Santorini Beaches
Perissa,Kamari,Akrotiri
BOOK YOUR TRANSFER HERE
ACCOMMODATION
Bike Rental

해상 박물관
Maritime Museum of Thera

산토리니에 소수의 사람들만 살았을 20세기 초만 해도 천명도 안되는 주민이 다였다. 설상가상으로 1956년에는 지진까지 발생하여 5백명도 안 되는 주민만 남았었다. 이후 다코로니아 선장이 해상 박물관을 설립하고 해상역사와 선박들을 모으고 조각상 등을 전시하면서 지금의 해상 박물관이 되었다.

굴라스 성채
Goulas Castle

산토리니의 아름다움은 역시 일몰의 장관이다. 피라 마을의 일몰도 아름답지만 우리가 포카리스웨트 음료의 광고로 보았던 장면은 굴라스 성채에서 보는 일몰장면이었다.
여름에 해지는 장면을 보기위해 보통 1시간 전에는 대기를 하면서 자리를 잡아야 볼 수 있다. 너무 많은 관광객들로 짜증이 나기도 하지만 붉게 물든 석양을 보면 짜증은 환희로 바

아무디 베이
Ammoud Bay

굴라스 성채에서 오른쪽 바다로 보이는 깊게 절벽아래가 아무디 베이이다. 계단만 214개를 내려가야 갈 수 있다. 아무디 만으로 들어가 있어 아무디 베이는 안전하고 항구에서 들어오는 신선한 해산물 요리가 유명하다.
굴라스 성채에서 일몰을 감상하기 힘들다면 아무디 베이로 내려와 타베르나에서 보는 일몰도 아름답다. 아무디 베이의 정교회 센터 광장에서 내려가려면 286개의 계단을 내려가면 아르메니 비치Armeni Beach가 나온다.

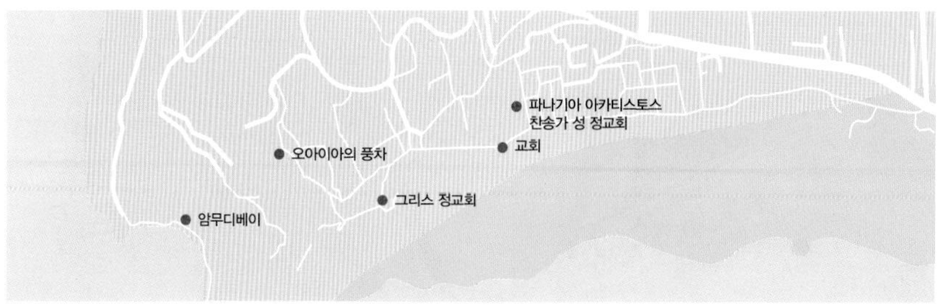

오벨릭스
Obelix

산토리니 피라 마을에서 가장 유명한 수블라키 테이크아웃 전문점이다. 또한 가장 약속을 잡기가 편한 지점이기도 하여 산토리니를 다녀온 사람들은 오벨릭스는 다 알 것이다. 즉석에서 만들어 주는 수블라키와 기로스는 맛나다. 수블라키의 가격도 2.3€부터 시작해 가격도 부담이 없다.

위치 피라 마을 택시정류장에서 중심거리 데시갈라 거리를 따라 올라가면 보임

시간 12시~새벽 3시

요금 수블라키 2~3€, 기로스 2~2.5€

중화대반점
China Restaurant

그리스에서 갑자기 중화요리집을 보게되면 반가울 것이다. 하지만 우리가 아는 중화요리는 없다. 배달도 가능하다는 장점도 있지만 2층에 있는 전망이 좋아 항상 관광객들로 붐빈다.

위치 피라 케이블카 탑승장으로 올라가는 길

시간 12시~24시 **요금** 수프 4€, 코스요리 7~13€

자포라 레스토랑
Zapora Restaurant

피라 마을에서 가장 전망이 좋은 레스토랑으로 인기가 높다. 테이블에 앉아 에게해를 감상하면서 해산물 요리를 먹으면 맛없는 요리도 맛있을텐데, 직원은 친절하고 요리도 훌륭하다. 특히 연인들이 많이 찾는다.

위치 케이블카 탑승장에서 바다를 따라 걸어 오른쪽 도보 1분
시간 12시~23시
요금 수불라키 13€, 칼라마리(오징어) 9€

프랑코 바
Franco's Bar

자포라와 같이 피라 마을에서 가장 좋은 전망을 가지고 있는 곳으로 자포라보다 비싼 요리를 판매한다. 특히 여름에는 해가 지기 2시간 전부터 위치를 선점하려는 사람들로 자리잡기가 쉽지 않다. 특별요리는 칵테일이 유명하고, 직원은 친절하고 요리도 훌륭하다. 특히 연인들이 많이 찾는다.

위치 케이블카 탑승장에서 바다를 따라 걸어 오른쪽 도보 1분
시간 12시~23시
요금 칵테일 18€, 마가리타 15€

엘리아
Elia Restaurant

2층이지만 풍경이 멋지지는 않다. 스파게티와 화덕에서 구운 피자가 인기메뉴이다. 해산물요리를 멋지게 장식해 먹는 맛이 있다.

위치 케이블카 탑승장에서 시내로 내려오는 길 도보 5분
시간 13시~23시
요금 피자 13€, 해산물 요리 10€

닉 더 그릴
Nick the Grill

피라 마을에서 얼마 안 되는 버거를 파는 곳이다. 대부분, 수블라키와 피자, 파스타를 주로 판매를 하는데, 저렴하게 판매하는 버거가 맛이 좋다. 밤 늦게 피라 마을을 한참 돌고나면 배가 고플 때 먹으면 힘이 솟는다.

위치 케이블카 탑승장에서 바다를 따라 걸어 오른쪽 도보 1분
시간 12시~24시 **요금** 버거세트 6~10€

피자리아, 젤라테리아
Pizzaria, Gelateria

대중적인 피자와 젤라또를 파는 레스토랑으로 특별한 맛보다는 누구나 좋아하는 맛을 가진 음식점이다. 가격도 10€ 정도로 한끼를 해결할 수 있는 메뉴가 대부분이다.

위치 마르티오스 거리 중간
시간 12시~23시 **요금** 피자, 파스타 10€~, 젤라또 4€

와인 광장

그리스가 최고 수준의 유명 휴양지임은 두말하면 잔소리다. 하지만 그리스가 자랑하는 놀라울 만큼 다양한 와인 관광에 대해서는 아직도 충분히 알려져 있지 않다. 그리스는 와인 전문가들은 물론 와인에 관한 경험을 일상생활에 접목하고자 하는 소비자를 위한 자원으로 넘쳐난다. 그리스를 방문하는 것만으로도 진정한 와인 홍보대사가 되기에 충분하다.

가장 이상적인 여행의 출발점은 그리스 각지의 와인로드이다. 그중 가장 유명한 것은 북부와 중부 그리스, 아티카, 크레타의 와인로드 및 펠로폰네소스의 와인로드이다. 절경으로 가득한 이들 루트를 따라 수많은 수도원과 현대식 또는 고풍스러운 와이너리로 가득한 메트소보 또는 아토스 산(성스러운 산)의 전통 산악마을을 볼 수 있다. 또한 와이너리뿐만 아니라 레스토랑과 호텔 그리고 몇몇 농산품을 생산하는 장인들을 만날 수 있다.

와인로드 외에도 그리스는 가이드 투어, 테이스팅, 셀러 판매 프로그램 등 특별한 경험을 선사하는 와이너리로 가득하다. 수없이 많은 최신 시설과 바이오클리매틱bioclimatic 와이너리에서는 차별화된 서비스와 건강관리 인프라를 통해 고객들에게 셀러나 포도원에서 실습을 통한 체험의 기회도 제공한다. 멋진 자연환경 속에 자리 잡은 와이너리들은 시음 및 만찬은 물론 다양한 행사를 주최하기도 한다.

지중해 요리의 진수인 그리스 요리는 물론이고 최고급 레스토랑에서는 다양한 세계 요리도 즐길 수 있다. 음식점 대부분이 훌륭한 그리스 와인을 갖추고 있으며, 이울러 음식과 와인의 비중을 동등하게 취급하는 신세대 와인바도 만날 수 있다. 아테네, 앨룬다Elounda, 미코노스Mykonos, 산토리니, 테살로니키, 할키디키, 로데스, 코르푸 및 몇몇 다른 지역의 업소들은 수많은 명품 레이블 또는 희귀한 과거 빈티지 와인을 포함한 더욱 다양한 와인 리스트를 구비하고 있다. 또한 신세대 그리스 소믈리에들은 그리스 와인에 대한 해박한 지식과 열정으로 최고의 와인을 선택하는 데 도움을 준다.

그리스는 진정한 여행의 참맛을 제공한다. 일반 대중에게 생소한 놀랍도록 다양한 자연, 문화 및 사회적 특징들을 바탕으로 통념을 넘어선 진정한 그리스의 현대적 면모를 보여주기에 충분하다. 훼손되지 않은 미지의 자연이 선사하는 비교를 불허하는 아름다움과 다양한 생물이 공존하는 해양 공원, 자연 보호구역이 여행자들을 기다리고 있다. 섬 지역과 본토의 전통 건축물들은 경이로움은 선사하며, 마케도니의 산악마을, 이피루스, 펠로폰네소스 또는 크레타 섬, 중세의 요새와 지하 동굴 집은 절대 놓쳐서는 안되는 경험이다.
일상생활의 중심에 자리 잡은 인간적 요소 또한 서비스의 중요한 부분이라 할 수 있다. 그리스 사람들이 와인을 보관하는 곳은 다름 아닌 그들의 가슴속이다.

그리스 와인

그리스 와인이 세계 무대에 등장한 것은 불과 20년 전이지만, 현대의 와인 소비자들은 그 어느 때보다도 그리스 와인이 전하는 메시지를 열린 마음으로 받아들일 준비가 되어 있다. 이는 단순히 와인의 품질에 국한되지 않고 세계 와인 시장에서 그리스 와인이 처한 역학 관계, 트렌드, 균형 및 불균형을 반영하는 것이기도 하다. 그리스는 오늘날 시장에서 특색이 넘치면서도 더욱 특별하고 높은 경쟁력을 지닌 와인을 선보이게 되었다.

그리스는 와인에 관한 한 아마도 세계에서 가장 오랜 역사를 지닌 국가일 것이다. 그리스에서 와인은 고대로부터 현재에 이르기까지 그리스 문화의 핵심이었다. 그리스가 최초의 와인 생산국인지는 확실하지 않지만 적어도 와인에 관련된 모든 분야, 즉 포도나무 재배, 생산, 법률 제정, 교역 및 와인의 소비 등을 총망라한 문화적 발전이 고대 그리스에서 유래했을 가능성이 크다.
하나의 음료이자 문명의 매개체로서 와인은 아마도 19세기 이전까지 전례 없는 수준으로 발전했다. 와인 등급 제도의 발전으로부터 와인 작가의 등장, 그리고 심포지엄에서 중요한 역할을 한 '외노후oinohoo(오늘날의 소믈리에에 해당)'에 이르기까지, 고대 그리스의 와인은 고상하기 이를 데 없는 격식과 더불어 향유되었다.

그리스 와인이 지닌 유구한 역사의 증거는 오늘날까지도 뚜렷이 남아 있다. 수세기에 걸친 모든 기록을 간직하고 있는 역사적인 포도원들이 그것이다. 그 명맥을 이어오는 대표적인 포도원들은 산토리니에서 찾아볼 수 있다. 스스로 뿌리를 내린 이들 포도원들은 필록세라로부터 안전한 3500년의 역사를 자랑하는 세계적인 유산이다.

이 특출한 생태계는 상당 부분 자연적 선택을 통해 발전해 왔으며 병충해로부터 안전한 지역에 위치하고 있다. 결과적으로 농약의 필요성이 극도로 줄어들면서 그리스 포도원 대부분은 유기농 또는 기타 대체 경작 방식에 적합한 조건을 갖추게 되었다.

하지만 이 같은 위대한 유산에도 불구하고 그리스 와인은 과거의 영광이 아닌 현재의 경쟁력만으로 홍보해야 하는 상황이다. 지난 30년 사이 그리스의 와인 생산에 불어온 변화의 바람과 함께 오늘날 와인은 전통적인 농업 부문에서 독립된 첨단 분야로 인식이 전환되고 있다. 그리스의 생산자들은 사람, 교육, 지식 및 기술에 대한 투자에 주력하면서 가파른 학습 곡선을 그려왔다. 현재 그리스에서 생산되는 와인의 품질은 다른 어떤 나라와의 경쟁에서도 뒤지지 않는 수준이며 일부 특성들을 바탕으로 그리스 와인은 독보적 지위를 차지하고 있다.

그리스의 와인 생산은 현대적 방식을 따르는 동시에 인간적 접근법을 고수하고 있다. 전통 방식의 장점을 살리는 한도 내에서 현대화가 이루어진 것이다. 최신 설비를 갖춘 수많은 신생 업체는 대부분 중소 규모를 유지하고 있다. 하지만 그리스 기준에 의한 중소 와이너리는 유럽이나 신세계 국가의 평균 수준에 비하면 규모가 작은 편에 속한다. 한편 소유주에 의해 리모델링되어 '신생 업체들'과 경쟁이 가능해진 전통 와이너리들이 시장의 경쟁에 도전하고 있다. 그리스 와인 생산의 정수는 가족 소유의 부티크 와이너리이다. 그리스 와인은 순전히 개인식으로 와인 산업에 종사하는 생산자들의 창조물인 것이다. 이러한 사실은 포도원과 와이너리마다 묻어나는 개인들의 손길에서 직접적으로 느낄 수 있다.

식재에서 가지치기, 수확에 이르기까지 포도원의 공정 일체는 수작업으로 진행된다. 막대한 규모의 수작업으로 인해 인건비가 증가될 수 있는 반면 최고 품질의 와인을 생산하기 위한 핵심 요소인 세밀한 부분에 대한 주의와 최상의 포도 선별이 가능해진다. 섬세한 수작업은 바로 그리스의 포도원들이 산토리니의 쿨루라kouloura 시스템 및 파로스의 아플로타리아aplotaria 시스템 등 세계에서 유례를 찾아볼 수 없는 독특한 재배 기술로 넘쳐나는 이유를 설명해 준다. 그리스는 수세기에 걸친 역사를 자랑하는 포도 생산자와 와인 메이커들이라는 풍부한 유산을 지니고 있다. 무엇보다도 희망적인 것은 첨단 포도 재배 기술 등 혁신 기술의 도입으로 인해 포도원에서 이루어지는 어려운 작업들이 오히려 주목받고 있다는 사실이다.

그리스 와인의 차별성

오늘날 세계 와인 시장은 점점 더 그리스 와인과 그 속에 담긴 철학에 주목하고 있다. 그리스 와인의 차별성을 한마디로 정의한다면 음식과 잘 어울리는 와인이라고 할 수 있을 것이다. 그리스 사람들은 간단하게라도 음식과 함께 와인을 마시고, 마찬가지로 한 잔의 와인을 곁들이지 않는 식사란 생각조차 할 수 없는 일이다.

몇몇 국가에서 생산되는 수많은 현대적 스타일의 와인들은 명품으로 거듭나며 사실상 그 자체로 하나의 요리가 된다. 다만 이 와인들은 첫 모금은 입맛을 사로잡을지 모르지만 다음 잔으로 넘어가기에는 한계가 있다. 그리스 와인에 차별성을 부여하는 또 다른 요인은 바로 알코올의 함량이다. 현재 알코올 도수가 14도 또는 훨씬 높은 와인을 생산하는 것이 세계적인 추세이며 이는 부드럽고, 묵직하며 꽉 찬 느낌을 부여하기 위한 것이다.

정반대로 그리스에서는 와인이 주가 되기보다 음식의 맛을 살리기 위해 와인에 적정량의 알코올을 함유하는 경우가 대부분이다. 그리스인에게는 음식과 와인이 어우러져 1+1=3 이라는 시너지 효과를 창출하는 것이야말로 가장 중요하다고 할 수 있다. 그리스 와인은 우아함과 질감, 상쾌함 그리고 복잡 미묘하면서도 지나치지 않은 풍미를 통해 그러한 목적을 달성하고 있다. 다양한 음식과의 조화, 적정 도수의 알코올 그리고 마시기 편한 스타일이 가장 중요한 요소로서, 이는 수세기 동안 그리스인들이 한 잔의 와인을 통해 추구해온 것이다. 본질적으로 그리스 와인은 그리스를 넘어 세계의 모든 음식과 완벽한 궁합을 이룰 수 있다.

그리스의 와인 생산 문화가 세계 수준에 더 부합한다는 사실을 보여주는 또 하나의 흥미로운 사례는 오늘날의 "떼루아의 발굴"이라는 개념이다. 전 세계에서 포도를 생산하고 있지만 "원산지 특유의 개성"을 제대로 전달하는 와인은 글자 그대로 제한적이고 희소하다. 21세기의 위대한 와인들은 그 아로마와 미감을 통해 특별한 떼루아로부터 태어났음을 증명하고 있다.

전 세계적으로 떼루아라는 개념 자체에 대해 논란이 분분하지만 진정한 떼루아 와인을 만들어내기 위해서는 시장 주도적인 접근법이 아닌 두 가지의 필수 조건이 있다.

첫째 조건은 떼루아의 잠재력을 극대화하기 위해 충분한 시간을 투자하는 것이다. 둘째는 소규모 생산 방식이다. 이는 떼루아를 중시하는 와인 생산자들이 토양, 기후, 그리고 포도나무의 생리 같은 가치가 대량생산에 의

해 퇴색하지 않고 그러한 가치의 실현에 초점을 맞추기 위한 것이다. 그리스 와인은 이 두 가지 조건을 훌륭하게 충족시키고 있다. 그리스의 와인 생산 전통은 인간 중심적이며 '대지와의 교감'이라는 장인정신을 담고 있다. 그뿐만 아니라 그리스인들은 오랜 세월 동안 와이너리를 운영하면서 떼루아의 잠재력 표현을 극대화할 수 있었다. 그리스는 놀랄 만큼 다양하고 독특한 떼루아를 자랑하며, 생산자들은 원산지의 특별함이야말로 와인에 차별성을 부여하는 핵심이라는 사실을 이해하고 있다. 수많은 이들이 성배Holy Grail처럼 여기는 떼루아 와인이 그리스에서는 지극히 자연적인 산물에 지나지 않는 것이다.

그리스 와인의 특별함을 보여주는 또 다른 요소는 탁월한 가치이다. 그리스 와인은 결코 저렴하지 않지만 저가 시장에서 경쟁할 만큼 최상의 품질로 가격 대비 최고의 가치를 보여준다. 수많은 그리스 와인이 만약 유럽 국가에서 생산되었다면 2~3배의 가격으로 판매되었을 것이다. 그럴 정도로 높은 품질을 지니고 있다. 다양한 시장에서 수많은 와인이 고가에 판매되고 있으나, 그러한 가격은 브랜드 이미지나 마케팅 전략에 힘입은 경우가 많으며 반드시 품질과 비례하지는 않는다. 하지만 그리스의 와인 생산자들은 가격 정책에 관한 한 한층 현실적인 접근이 불가피한 그리스 시장과 뗄 수 없는 관계에 놓여 있다. 그리스 와인에 소비되는 모든 달러와 파운드, 유로화가 한 잔의 와인에서 더욱 풍부한 개성과 고유의 품질을 보장해준다.

그리스 와인의 차별성은 와인 전문가들에게 중요한 수단이 되고 있다. 제한된 생산량을 감안하면 그리스의 와인 브랜드가 연간 몇 백만 케이스의 판매 실적을 올리면서 주요 수출 시장을 장악할 가능성은 현저히 낮지만, 그럼에도 불구하고 그리스 와인은 세계시장에서 가격 대비 최고의 품질을 자랑하고 있다. 이것이 바로 뛰어난 품질, 적정한 가격을 지닌 그리스 와인이 고유한 특성을 바탕으로 신선하면서도 진정 차별화된 대안이 될 수 있는 이유이다. 와인에 대한 전문적 지식 유무에 상관없이 새로움을 갈구하고 다양성에 대한 필요를 이해하는 모든 이에게 최고의 즐거움을 선사한다. 그리스 와인은 장구한 세월 동안 그와 같은 필요를 충족시키는 방향으로 발전해왔다.

그리스의 독특하고 다양한

떼루아

떼루아란 포도가 자라는 데 영향을 주는 지리적, 기후적인 요소와 포도 재배법을 모두 포괄하는 단어이다. 그리스가 지중해성 기후의 수혜자라는 점에서 포도의 재배가 다른 와인 생산국과 다른 독특한 점을 가지고 있다. 주로 해안가를 따라 분포한 전형적인 지중해성 기후를 보이는 여러 지역이 있는데, 동일한 지중해성 기후라도 북쪽이나 내륙으로 갈수록 급격히 다른 양상을 나타낸다.

마케도니아Macedonia, 이피루스Epirus, 트라키아Thrace, 중부 그리스 및 펠로폰네소스Peloponnese 중심부에 위치한 몇몇 지역은 전형적인 지중해성 기후보다는 대륙성 기후에 훨씬 가깝다. 저지대에서도 많은 강설량을 보이는 겨울 날씨는 더욱 혹독하다. 봄은 습하고 서늘하며, 여름 기온은 온화하고 저녁에는 서늘하기까지 하다. 가을은 마찬가지로 춥고 습하다. 마지막으로, 초가을에 찾아오는 폭풍은 주로 서부 그리스의 아펠라시옹appellation에서 흔한 현상으로, 이 지역은 그리스에서 일반적으로 습도가 높은 곳에 속한다. 폭풍우가 오기 전에 최적의 포도 성숙도를 얻는 것이 포도 생산의 핵심인 만큼 해마다 세심한 관리가 요구된다.

그리스 포도생산의 상당 부분은 서늘한 기후대에 속한다. 현재 최고급 와인 생산을 위한 서늘한 기후의 중요성에 대해서는 많은 논란이 있으며, 서늘한 기후와 우수한 품질이 정비례한다는 설이 지배적이다. 하지만 따뜻하거나 더운 세계의 여러 와인 산지에서 놀랍도록 훌륭하고 진정한 클래식 와인이 생산되는 것을 감안할 때 이는 사실과 거리가 멀다고도 할 수 있다. 더욱이 품종을 고려하지 않고 서늘한 기후만을 논하는 것은 기본적으로 어불성설이다.

프랑스 북부의 론Rhone 지역과 같은 특정 와인 산지는 리슬링Riesling을 재배하기에 너무 더울 수도 있고, 그르나슈 누아Grenache Noir를 재배하기엔 너무 추울 수도 있다. 서늘한 기후가 포도 생산자들로 하여금 해마다 충분히 완숙된 포도를 성공적으로 수확할 수 있게 하는 지역과 품종의 조합을 함께 고려한 개념이라고 한다면, 상당한 비율의 그리스 포도원이 서늘한 기후대에 분포하고 있다고 할 수 있다.

와인 생산에 관한 한 그리스는 크게 다섯 지역으로 나눈다: 북부 그리스(트라키아, 마케도니아, 이피루스 등), 중부 그리스 및 아티카, 펠로폰네소스와 이오니아 섬, 크레타 그리고 마지막으로 에게 섬이 이에 속한다.

그리스 와인지의 특징

1. 그리스는 전체 포도원 면적이 약 110,000ha로 포도 생산지로는 좁은 편이다. 경작지 현황은 지난 10여 년 동안 매우 안정적이었지만 향후 소량 증가될 전망이다. 생산자의 수는 180,000명에 달하며 이는 토지를 소유한 농업 종사자의 약 5분의 1에 해당한다. 포도원에 속하는 평균 사유지 면적은 0.5ha를 조금 웃도는 수준으로, 이는 그리스에서 포도재배가 다분화한 영역임을 보여준다. 현재 와인을 생산하는 와이너리의 수는 900개 이상이지만 매주 그 수가 증가하는 추세이다.

2. 그리스는 전 세계에서 17번째의 와인 생산국으로 연간 약 2900만hl(2014년)을 생산한다. 스타일은 화이트가 지배적이며 레드는 전체 생산량의 3분의 1 정도이다. 예상대로 그리스 토착 품종이 전체의 90%로, 생산되는 와인의 대부분을 차지한다. 생산량을 따질 때 가장 중요한 포도 품종은 사바디아노Savatiano, 로디티스Roditis, 뮈스까 패밀리(블랑Blanc, 알렉산드리아Alexandria, 함버그Hamburg, 그리고 아기오르기티코Agiorgitiko이다.

크레타 섬, 펠로폰네소스, 마케도니아 및 중부 그리스의 주된 생산 거점은 아티카Attica 지역의 아테네Athens와 비오티아Viotia; Boetia이다. 가장 넓은 레드 와인 아펠라시옹은 네메아Nemea이다; 드라이 화이트는 파트라스Patras; 스위트 와인은 사모스Samos; 그리고 파트라스는 마브로다프네Mavrodaphne 품종의 본부이며 또한 스위트 레드 아펠라시옹이기도 하다. 하지만 그리스의 극소수 지역은 포도 재배가 전무한데 대부분 거친 지역이다.

원산지 명칭 보호 등급을 보유한 지역은 총 33곳으로, 기존의 OPAP(VQPRD의 그리스 버전) 또는 OPE(AOC의 그리스 버전)가 그 전신이다. 가장 중요한 아펠라시옹은 산토리니 PDO(아씨르티코 품종 사용), 네메아 PDO(아기오르기티코 사용), 만디니아 (모스코필레로 사용), 나우싸 및 아민테오 (시노마브로 사용)이다. 또한 지역 와인과 더불어 전통특산품보증(TSG–Traditional Speciality Guaranteed) 분류에 속하는 두 가지 스타일을 모두 아우르는 100개에 달하는 신규 등급인 지리적 표시제(PGI– Protected Geographical Indication)가 있다.

그리스의 번영과 쇠퇴

아테네의 번영

페르시아가 그리스에 지긴 했지만, 페르시아는 언제든 그리스를 칠 수 있는 강대국이었다. 그래서 기원전 477년, 아테네를 비롯한 그리스의 폴리스들은 페르시아의 침략에 대비해서 페르시아 전쟁을 승리로 이끌었던 아테네를 중심으로 델로스 동맹을 맺었다. 델로스 동맹의 힘에 밀려 페르시아는 점차 에게 해에서 손을 뗐고, 에게 헤는 아테네가 차지하게 되었다.

페르시아의 위협이 사라진 것처럼 보이고, 아테네가 해상 무역을 독차지하자 동맹국들 사이에서는 다시 아테네에 대한 불만이 많아졌다. 그러자 아테네는 동맹국들은 더욱 강하게 억누르고, 동맹기금을 관리하는 금고를 델로스에서 아테네로 옮겨 버렸다. 이 돈을 아테네의 성벽을 쌓고 페르시아 전쟁으로 파괴된 시장과 아크로폴리스를 다시 세우는 데에 써 버렸다. 그 덕분에 아테네는 더욱더 발전해 갔는데, 이것을 이끈 사람은 기원전 460년쯤에 아테네의 지도자가 된 페리클레스였다.

델로스동맹

델로스 동맹은 델로스를 중심지로 하여 맺은 해상 동맹이다. 각 동맹국은 배와 선원을 직접 제공하거나, 함대 운영에 필요한 동맹 기금을 내야 했다. 아테네는 동맹기금을 아테네의 이익을 위해 사용하곤 했으며, 기원전 454년에는 동맹 기금을 델로스에서 아테네로 옮겼다. 델로스 동맹의 중심이 델로스에서 아테네로 바뀐 것이다.

페리클레스는 민회의 권한을 강화해서 전쟁이나 식량 공급같이 중요한 일은 관리가 될 수 있도록 했다. 그리고 민회에 참가하는 사람이나 관리는 나라에서 수당을 받았다. 그래서 가난한 사람이라도 관리로 일할 수 있고 시민들이 직접 정치에 참여할 수 있는 직접 민주주의가 실현되었다. 그러나 아테네의 민주 정치가 아테네의 모든 주민에게 자유로운 참정권을 준 것은 아니었다. 20세 이상의 남자만이 민회에 나가서 토론이나 투표를 할 수 있고 관리가 될 수 있었다. 여성과 노예, 외국인은 그런 권리를 갖지 못했다. 특히 시민들 대신에 주요 경제 활동과 집안일을 떠맡은 노예들은 정치에 참여할 꿈도 꾸지 못했다.
그러나 이와 같은 한계는 있었지만 페리클레스와 같이 유능한 지도자를 맞이한 기원전 5세기 중엽의 아테네의 정치는 이상적인 민주 정치의 모습에 매우 가까운 것이었다.

페리클레스(기원전495~429)
명문 집안 출신으로 평민의 편에 서서 귀족들의 권리를 빼앗고 평의회와 민중 재판소, 민회가 실권을 갖도록 하여 그리스 민주 정치를 확립했다. 한편으로 델로스 동맹의 지배를 강화하여 동맹국들을 아테네의 속국처럼 만들었다. 페리클레스시대에 아테네는 전성기를 맞이했다.

그리스의 민주정을 자랑스러워한 페리클레스

아테네 인들은 조국을 위해 싸우다 죽은 전사들을 국립묘지에 묻고 장례식을 치러 주었다. 장례식 때 페리클레스가 한 연설의 내용을 보면 그가 그리스의 민주 정치 체제를 얼마나 자랑스럽게 생각했는지 잘 나타나 있다.

"우리의 정치 체제는 남의 것을 모방한 것이 아니라 오히려 남들의 모범이 되고 있습니다. 정치의 책임을 몇 사람이지지 않고 많은 사람이 골고루 나누어지기 때문에 민주주의라고 부릅니다. 그리고 개인 사이에 다툼이 일어나더라도 모든 사람이 법 앞에 평등하여, 이와 함께 계급에 상관없이 능력에 따라 공직자를 선출합니다. 나라에 뭔가 이바지할 수 있는 사람이라면 가난하더라도 조국으로부터 혜택을 받을 수 있습니다. 우리는 자유롭게 공직에 종사하고, 서로 일상생활에 힘씁니다."

스파르타의 번영

아테네와 같이 해상 무역과 상공업이 발달한 폴리스에서는 평민의 힘이 커져서 민주 정치가 발달했지만, 스파르타는 아테네와 많이 달랐다. 도리아 인이 펠로폰네소스 반도로 내려오면서 세운 스파르타는 라코니아와 메세니아 같은 넓은 들판에 자리를 잡았다. 그러고는 기원전 8세기 말과 기원전 7세기 말 2차례에 걸쳐 메세니아 전쟁을 벌여 영토를 넓혀 나갔다. 이곳에 살던 원주민들은 스파르타에 맞서 거세게 저항했지만, 강력한 스파르타 군을 이겨 낼 수는 없었다.

스파르타는 정복한 땅을 시민에게 골고루 나누어 주고 원주민들은 노예로 삼았는데 이들을 헤일로타이라고 불렀다. 헤일로타이는 나라에서 정해준 땅에 살면서 스파르타 시민의 땅을 경작하고 그 대신 나라에 공물을 바쳐야 했다. 덕분에 스파르타의 남자들은 군사 훈련과 전쟁에만 힘쓸 수 있었고 스파르타는 금세 펠로폰네소스 반도에서 가장 힘이 센 폴리스가 되었다. 그런데 스파르타 시민의 수는 헤일로타이의 1/10도 채 되지 않았다. 그래서 스파르타는 헤일로타이가 반란을 일으키지 못하도록 끊임없이 감시하고 통제해야 했다. 스파르타의 사회를 유지하고 계속 지배자의 위치에 있기 위해 스파르타의 모든 시민은 전쟁 때나 다름없이 군사 훈련을 하고 엄격한 교육을 받았다.

스파르타 시민에게는 자유로운 개인 생활이 허락되지 않았다. 오직 훌륭한 전사가 되기 위해 훈련과 교육을 받았고, 어른이 되어서도 용감한 전사로서 언제든 싸울 준비가 되어 있어야 했다. 그러기 위해서 스파르타 시민은 먹고사는 데에 걱정이 없어야 했다. 그래서 스파르타 시민들을 먹여 살리는 일은 헤일로타이가 맡고, 무기나 농기구의 생산과 장사는 페리오이코이라고 불리는 사람들이 맡았다. 스파르타는 외국에서 새로운 민주주의 사상이 들어올까 봐 외국과의 교역도 철저히 막았다. 이렇게 해서 그리스에서 가장 강한 육군을 가진 스파르타는 페르시아 전쟁에서 이름에 걸맞은 활약을 보여 주었다. 기원전 480년의 테모르필레 전투에서 스파르타 군대는 모든 군사가 죽을 때까지 페르시아에 맞서 싸웠다. 또 아테네가 살라미스 전투에서 페르시아 해군을 격파하자 스파르타는 기원전 479년에 플라타니아 전투에서 페르시아 육군을 무찔렀다.

페르시아 전쟁을 승리로 이끈 뒤, 스파르타는 펠로폰네소스 반도에 있는 폴리스들을 모아 펠로폰네소스 동맹을 맺었다. 이렇게 해서 스파르타와 아테네는 그리스의 지배권을 사이에 두고 점점 더 치열하게 경쟁을 벌이게 되었다.

스파르타의 신분 제도

스파르타에는 3개의 신분이 존재했는데, 자유민인 스파르타 시민과 그 가족, 절반의 예속민인 페리오이코이, 완전한 예속민인 헤일로타이가 그들이다. 최상층인 스파르타 시민은 폴리스를 이끌어 가면서 폴리스의 운영을 함께 책임지는 사람들이었다. 스파르타 시민은 생산 활동은 전혀 하지 않고 오로지 전사의 임무에만 전념했다. 페리오이코이는 '주변 사람들'이라는 뜻인데, 대개 상업이나 수공업에 종사했다. 이들은 스파르타에 세금을 내고 전쟁이 일어나면 군인으로 나가 싸우면서 약간은 자치를 할 수도 있었다. 반면, 헤일로타이는 스파르타의 국가 노예로서 농업에 종사했고 스파르타 시민들에게 일정량의 수확을 바쳐야 했다. 이들은 스파르타 인의 감시와 탄압 속에서 고통스러운 삶을 살아야 했다.

펠로폰네소스 전쟁

페르시아 전쟁을 승리로 이끈 뒤, 상공업이 더욱 발달하고 인구가 늘어난 아테네는 더 많은 식량과 원료를 차지하기 위해 서부 지중해까지 넘보고 있었다. 그러자 서부 지중해의 해상권을 쥐고 있던 코린토스가 아테네를 막고 나섰다. 스파르타는 아테네를 견제하기 위해 같은 동맹국인 코린토스 편을 들었다. 결국 기원전 431년에 스파르타와 펠로폰네소스 동맹국들이 아테네에 침입함으로써 펠로폰네소스 전쟁이 시작되었다. 전쟁이 시작될 때만 해도 아테네는 돈도 많았고, 병력도 풍부했다. 그런데 기원전 430년, 아테네에 갑자기 흑사병이 돌았다. 전쟁이 일어나자 아테네로 피난을 와 있던 사람이 많았기 때문에 피해는 더욱 컸다. 많은 사람이 흑사병으로 목숨을 잃었고 1년 뒤에는 페리클레스마저 흑사병으로 죽고 말았다.

사정이 이렇게 되자 아테네 안에서는 전쟁을 계속하자고 주장하는 사람들과 스파르타와 평화를 맺자고 주장하는 사람들 사이에 다툼이 일어났다. 전쟁을 계속하자는 주장이 우세해 아테네는 스파르타를 공격했지만, 내분으로 약해진 아테네는 결국 스파르타에 크게 지고 말았다. 스파르타 또한 큰 싸움을 치르느라 어렵기는 마찬가지였다. 그래서 두 나라는 기원전 421년에 평화 조약을 맺었다. 이 틈을 타 다시 힘을 얻은 아테네는 기원전 407년, 다시 스파르타를 공격했다. 하지만 내부 싸움으로 여전히 혼란스러웠던 아테네는 아이고 스포타미 해전에서 스파르타에 졌고 결국 기원전 404년, 스파르타에 항복하고 말았다.

이렇게 펠로폰네소스 전쟁에서 지면서 아테네는 에게 해의 해상권을 잃고 스파르타에 졌고 결국 기원전 404년, 스파르타에 항복하고 말았다. 그러나 펠로폰네소스 전쟁이 끝났다고 해서 그리스에 평화가 찾아온 것은 아니었다. 이후에도 계속 그리스는 전쟁과 대립의 소용돌이 속에서 불안한 나날을 보내야 했다.

투키디데스의 펠로폰네소스 전쟁사

투키디데스가 쓴 "펠로폰네소스 전쟁사" 덕분에 펠로폰네소스 전쟁에 관해서는 매우 자세하게 전한다. 아테네 출신이었던 투키디데스는 펠로폰네소스 전쟁이 매우 중대한 사건이며 또 쉽게 끝나지 않으리라는 것을 알고 전쟁에 대해 기록을 하기로 마음먹었다. 그는 기원전 424년에 장군이 되었는데, 그해 겨울 스파르타의 장군 브라시다스에게 기습 공격을 당해 암피폴리스라는 도시를 빼앗기고 말았다. 이 사건으로 추방을 당한 투키디데스는 추방당해 있던 20년 동안 펠로폰네소스 지방을 돌아다니며 자료를 모으고 기록을 해서 "펠로폰네소스 전쟁사"를 썼다. 이 책은 모두 8권으로 되어 있는데, 전쟁이 일어나게 된 원인에서부터 전쟁이 끝나기 7년 전인 기원전 411년까지의 상황이 빠짐없이 기록되어 있다. 인물과 사건을 매우 생생하게 묘사하고 있고, 수집된 자료 또한 매우 정확하고 엄격하다. 미완성이기는 하지만 지금 남아 있는 역사서 중 가장 훌륭한 책으로 평가된다.

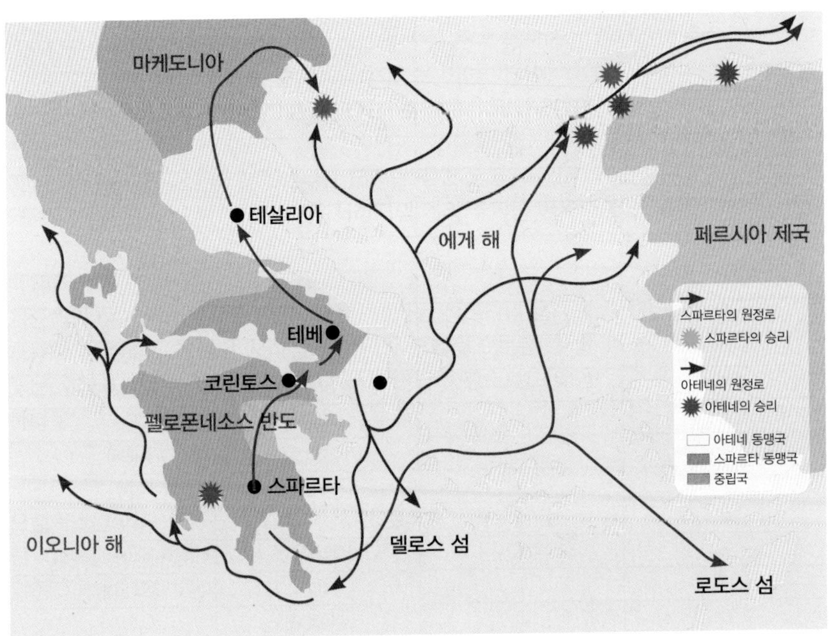

여행중 알면 편리한 그리스어

그리스를 여행하다보면 현지인들과 의소소통은 당연히 필요하다. 호텔이나 YHA, 레스토랑과 타베르나에서는 영어를 대부분 사용하기 때문에 그리스어는 필요없다. 섬으로 들어가면 가끔씩 그리스어를 알아야 편리할 때가 있다.

기본 글자

그리스에서는 영어와 그리스어가 같이 표기되어 어려움은 없지만 지도를 볼 때 그리스어로 표기되어 답답할 때가 생긴다. 이럴 때 그리스 알파벳표를 참고하자.

대문자	소문자	그리스식	영어식 발음 (예)
Α	α	alfa	A (cat)
Β	β	beta	V (vion)
Γ	γ	gama	Y (yet)
Δ	δ	delta	TH (the)
Ε	ε	epsilon	E (set)
Ζ	ζ	zita	Z (zebra)
Η	η	ita	I (six)
Θ	θ	theta	TH (theme)
Ι	ι	ghiota	I (six)
Κ	κ	kapa	K (key)
Λ	λ	lamda	L (love)
Μ	μ	mi	M (man)
Ν	ν	ni	N (new)
Ξ	ξ	ksi	X (text)
Ο	ο	omikon	O (box)
Π	π	pi	P (power)
Ρ	ρ	rho	R (run)
Σ	σ	sigma	S (sun)
Τ	τ	tau	T (tea)
Υ	υ	ipsilon	I (six)
Φ	φ	fi	F (fun)
Χ	χ	chi	H (hi)
Ψ	ψ	psi	PS (tips)
Ω	ω	omega	O (box)

시내 관광지

띤 아고라 (시장)

또 무시오 (박물관)

따 아르헤아 (유적지)

띤 빠랄리아 (비치)

띤 뜨라뻬자 (은행)

기본회화

야사스 (안녕하세요)
아디오 (안녕히 가세요)
에프하리스또 (감사합니다)

칼리메라 (아침인사)

헤레떼 (오후인사)

칼리스뻬라 (저녁인사)

요일

데에프떼라 (월요일), 뜨리띠 (화요일), 떼따르띠 (수요일), 뻼프띠 (목요일)
빠라스께비 (금요일), 싸바또 (토요일), 끼리아끼 (일요일)

조대현

63개국, 298개 도시 이상을 여행하면서 강의와 여행 컨설팅, 잡지 등의 칼럼을 쓰고 있다. KBC 토크 콘서트 화통, MBC TV 특강 2회 출연(새로운 나를 찾아가는 여행, 자녀와 함께 하는 여행)과 꽃보다 청춘 아이슬란드에 아이슬란드 링로드가 나오면서 인기를 얻었고, 다양한 여행 강의로 인기를 높이고 있으며 "해시태그 트래블" 여행시리즈를 집필하고 있다. 저서로 하노이, 달랏, 나트랑, 푸꾸옥, 베트남, 체코, 크로아티아, 아이슬란드, 몰타, 오스트리아, 런던 등이 출간되었고 북유럽, 스페인 이탈리아 등이 발간될 예정이다.

폴라 http://naver.me/xPEdlD2t

그리스 여행

인쇄 I 2025년 1월 15일
발행 I 2025년 2월 22일

글 · 사진 I 조대현
펴낸곳 I 해시태그출판사
편집 · 교정 I 박수미
디자인 I 서희정

주소 I 서울시 강서구 허준로 175
이메일 I mlove9@naver.com

979-11-94557-10-4 (03920)

• 가격은 뒤표지에 있습니다.

• 파본은 구입하신 서점에서 교환해드립니다.

※ 일러두기 : 본 도서의 지명은 현지인의 발음에 의거하여 표기하였습니다.